Coordenação:

Andréia Roma
Viviane Thaís de Araújo
Andreia Monteiro

Prefácio:

Daniela Reinehr
Vice-governadora do
Estado de Santa Catarina

EMPREENDEDORAS
DE ALTA PERFORMANCE
SANTA CATARINA

Editora Leader

Copyright© 2020 by Editora Leader
Todos os direitos da primeira edição são reservados à Editora Leader

Os artigos publicados nesta obra refletem a experiência e o pensamento de cada coautora, não havendo necessariamente relação direta ou indireta, de aceitação ou concordância, com as opiniões ou posições das demais convidadas.

Diretora de projetos:	Andréia Roma
Revisão:	Editora Leader
Capa:	Editora Leader
Projeto gráfico e editoração:	Editora Leader
Livrarias e distribuidores:	Liliana Araújo
Atendimento:	Rosângela Barbosa
Organização de conteúdo:	Tauane Cezar e Milena Mafra
Diretor financeiro:	Alessandro Roma

Dados Internacionais de Catalogação na Publicação (CIP)
Bibliotecária responsável: Aline Graziele Benitez CRB-1/3129

E46 Empreendedoras de alta performance de Santa Catarina /
1. ed. [Coord.] Andréia Roma, Andreia Monteiro, Viviane Araújo
– 1 ed. – São Paulo: Leader, 2019.

ISBN: 978-85-5474-069-6

1. Empreendedorismo feminino. 2. Autobiografia.

I. Roma, Andréia. II. Monteiro, Andreia. III. Araújo, Viviane
IV. Título.

CDD 658.314

Índices para catálogo sistemático:
1. Empreendedorismo feminino
2. Autobiografia

2020
Editora Leader Ltda.

Escritório 1:	Escritório 2:
Depósito de Livros da Editora Leader	Av. Paulista, 726 – 13° andar, conj. 1303
Rua Eratóstenes Azevedo, 204	São Paulo – SP – 01310-100
Jd. São José – São Paulo – SP – 02969-090	

Contatos:
Tel.: (11) 3991-6136
contato@editoraleader.com.br | www.editoraleader.com.br

Conheça a Coletânea Empreendedoras de Alta Performance

Um projeto ambicioso e pioneiro no mundo com abrangência nacional: até 2021 pretendemos lançar 27 livros, um de cada Estado brasileiro, com a trajetória de empreendedoras de alta performance. Idealizado por uma empreendedora no mundo editorial, a CEO da Editora Leader, Andréia Roma, tem como propósito compartilhar as histórias de mulheres de todo o Brasil, criando com isso uma conexão em que todas terão o mesmo objetivo, que é vestir a camisa do seu Estado e valorizar o feminino através de suas próprias histórias de vida, que ficarão marcadas para as gerações futuras.

Nossa visão é ampliar o networking de cada uma das mulheres que participam como coautoras da obra, proporcionando maior visibilidade no setor que representam em seu Estado, através de suas histórias.

Nossa missão é atravessar fronteiras para reunir em vários livros mulheres determinadas, ousadas, que venceram dentro do seu setor, registrando seus exemplos e fortalecendo a autoestima e confiança de futuras jovens que terão a obra como inspiração.

Nossos valores neste projeto são conduzir as obras para que se tornem um marco cultural a partir da ideia de que, proporcionando às mulheres brasileiras se expressarem em seus setores, possamos inspirar nossa juventude através dos aprendizados e lições de vida que elas compartilham.

Nossa responsabilidade social neste projeto, além de contar as histórias de mulheres de todo o Brasil que estão fazendo a diferença em suas áreas, é levantar a bandeira da responsabilidade social no âmbito do empreendedorismo feminino, e assim apoiar o próximo com um olhar de amor sem julgamento. Na noite de lançamento de cada volume desta coleção nas livrarias serão repassados 10% das vendas para uma instituição local indicada pelas coautoras.

Uma obra de arte em cada Capa

Cada uma das capas dos Estados terá a assinatura de um artista escolhido pela Editora Leader, pois acreditamos que uma obra é arte e por isso se perpetua por várias gerações. Valorizamos assim não só as coautoras como também o olhar a arte e a sensibilidade de artistas brasileiros.

Um exemplo de artista que esbanja talento e nos dá a honra de assinar as capas de nossas obras é W. Veríssimo. Ele desenhou as capas de *Empreendedoras de Alta Performance Mato Grosso do Sul* e *Empreendedoras de Alta Performance Rio de Janeiro*. Natural de Franca/SP, é artista plástico, professor de artes, graduado pela Universidade de Franca/SP, diretor da escola de arte W. Veríssimo, também em Franca. Já realizou e participou de diversas exposições, no Brasil e no Exterior.

Paulo Seccomandi também nos brinda com sua criatividade e assina a capa de Empreendedoras de Alta Performance de Goiás. Ele começou a sua carreira na década de 90, como ilustrador. Após inovar e escolher outros espaços para expor, como pranchas de surf, jet-ski, capacetes, móveis, imóveis, as paredes simplesmente se tornaram uma espécie de tela em branco para Seccomandi.

Sobre a Editora Leader e a idealização do Projeto

Muitas mulheres, ao receberem o convite para participarem deste projeto, me diziam que não se viam como empreendedoras, e você ao ler este texto também pode achar o mesmo. Mas deixe que eu lhe conte algo importante: a palavra Empreendedorismo significa empreender, resolver um problema ou situação complicada.

Empreender é também agregar valor, saber identificar oportunidades e transformá-las. O conceito de empreendedorismo foi utilizado inicialmente pelo economista Joseph Schumpeter, em 1950, e é essencial nas sociedades em todos os setores, pois é através dele que empresas e pessoas buscam a inovação, preocupam-se em transformar conhecimentos. Eu respondia para as convidadas, quando elas diziam não serem empreendedoras, o seguinte: "Dentro da sua área quantas pessoas já influenciou? Dentro de sua área quantas pessoas ou setores transformou?" E a resposta era que já tinham feito isso, e muito! Então, ao ler esta apresentação, lembre-se: você é empreendedora e pode transformar e influenciar qualquer área em que esteja. Isso só depende de você!

Conheça outros títulos da coleção

Empreendedoras de Alta Performance
Mulheres como você contando suas estratégias

É o primeiro livro da Coletânea.

Traz executivas e empresárias bem-sucedidas, determinadas, persistentes e apaixonadas pelo que fazem. A obra foi reconhecida pelo RankBrasil, o Guiness Brasileiro, como o primeiro livro com o maior número de Empreendedoras de Alta Performance. O prefácio é de Luiza Trajano, presidente do Magazine Luiza, e a coordenação ficou a cargo de Andréia Roma, CEO da Editora Leader; Tatyane Luncah, publicitária e coach; e Vanessa Cotosck, empresária e treinadora. A capa foi inspirada em Amelia Earhart e desenhada pelo artista Eduardo Kobra.

Empreendedoras de Alta Performance | Piauí

O livro possui o prefácio da então vice-governadora do estado do Piauí, Margarete de Castro Coelho, e coordenação de Cacilda Silva e Andréia Roma, idealizadora do projeto e CEO da Editora Leader, que destaca que ver materializadas as histórias dessas grandes empreendedoras piauienses é mais um sonho realizado e que não existe fórmula exata para o sucesso. "Como editora e empreendedora sempre considerei importante registrar a biografia das pessoas para que, no futuro, a sociedade e as famílias pudessem resgatar esse legado intelectual. Aprendi com minha experiência, porém, que tudo começa com dedicação e comprometimento e que cercar-se de pessoas que te completam e estar sempre aberta para novos caminhos é de extrema importância", disse.

Empreendedoras de Alta Performance | Rio de Janeiro

Traz histórias emocionantes de 17 empreendedoras dos mais diversos setores, de origens diferentes, porém, com muitas coisas em comum: a vontade de vencer, a força para superar obstáculos, a resiliência, e acima de tudo a generosidade e a coragem de compartilhar suas dificuldades e vitórias. Mostra ainda um panorama econômico do Rio de Janeiro, por meio da atuação das coautoras. A capa é de W. Veríssimo.

Empreendedoras de Alta Performance | Mato Grosso do Sul

O livro possui coordenação de Mônica Fernandes e Andréia Roma, idealizadora do projeto e CEO da Editora Leader. Esta obra traz os relatos de 14 empreendedoras do Mato Grosso do Sul que revelam os caminhos que trilharam até conquistar seu lugar de destaque nos negócios e carreira, contribuindo ainda com a pujança econômica do seu estado e do país. São histórias repletas de desafios, superação e resiliência que transformam essas mulheres em exemplos para quem almeja se desenvolver tanto profissional quanto pessoalmente.

Empreendedoras de Alta Performance | Goiás

Este livro é o registro dos legados e trajetórias de mulheres que realizaram seus sonhos em diversos setores. São 26 coautoras, das áreas de educação, estética, moda, comércio, Coaching, gestão, saúde, entre outras. Ao longo de seus relatos, mostram sua força de vontade, garra e muito trabalho, ao vislumbrar oportunidades de negócios ou carreira. A CEO da Editora Leader, Andréia Roma, assina a coordenação ao lado de Gerdane Brito, Gláucia Yoshida e Ludimila Estulano.
A capa é de Paulo Seccomandi.

Empreendedoras de Alta Performance | Minas Gerais

Nesta obra, estão reunidas 16 coautoras, de diversas áreas de atuação, que têm em comum as habilidades essenciais de verdadeiras empreendedoras, seja em negócios próprios ou atuando como executivas. A coordenação é de Andréia Roma, diretora de Projetos e CEO da Editora Leader, e de Léa Macedo, profissional que atua em desenvolvimento transformacional pessoal e profissional. Nos relatos dessas mulheres que se destacam por ajudarem a levar desenvolvimento econômico a seu Estado, encontramos assuntos como princípios espirituais, pessoais, familiares e profissionais; e os cinco pilares para o crescimento profissional, entre outros temas.

 Acesse o QR Code e saiba mais sobre a coleção

Agradecimentos

por Andréia Roma

As nossas coautoras, tanto nesta quanto em outras obras, sempre demonstram seu agradecimento por participar de nossas obras. Mas eu também tenho enorme gratidão a elas por aceitarem nosso convite e abrilhantarem o conteúdo de nossos projetos.

Eu me surpreendo a cada livro da nossa coleção nacional de empreendedoras. Digo, sinceramente, que não imaginava quantas histórias maravilhosas de superação, resiliência, garra, trajetórias exemplares havia Brasil afora. Eu idealizei e tive o privilégio de conhecer essas mulheres empreendedoras, executivas, profissionais, filhas, mães, avós, esposas, em todos esses papéis buscando sua realização, e transformar suas histórias em legado.

Agradeço a cada uma de nossas coautoras por poder compartilhar tanta riqueza de vida, tantos exemplos, tanta verdade, tanta emoção.

É motivo de orgulho para mim e para a Editora Leader divulgar e registrar esses relatos e saber que, através delas, podemos fazer diferença na vida de muitas pessoas. Nossas coautoras, além de colaborarem para o empreendedorismo feminino e torná-lo cada dia mais forte, também incrementam a economia de seus Estados, proporcionando desenvolvimento econômico e progresso para o País.

Meu agradecimento especial às coordenadoras Viviane Thaís de Araújo e Andreia Monteiro, pela sensibilidade em selecionar cada uma das convidadas, pois com este cuidado enriqueceram a obra com histórias inspiradoras. Não poderia deixar de agradecer também à vice-governadora de Santa Catarina, Daniela Reinehr, por nos brindar com o prefácio, validando assim o projeto no Estado.

Gostaria de agradecer ainda a cada uma das empresas e profissionais pelo patrocínio e apoio em nossos lançamentos.

Aproveito para deixar registrado que o propósito deste projeto é dar a chance a muitas mulheres de assumirem o protagonismo de suas vidas e valorizar quem são e aonde chegaram.

E por último, mas não menos importante, agradeço a Deus por me permitir concretizar este e outros projetos da Editora Leader.

por Andreia Monteiro

É com muito orgulho e felicidade que sou uma das coordenadoras desta grande obra. Um livro que trará maior representatividade para as mulheres empreendedoras, dando voz e vez a tantas mulheres catarinenses que vêm fazendo a diferença. Será um verdadeiro marco para a história da mulher empreendedora do estado de Santa Catarina. E como sou grata por fazer parte de tudo isso! Foi um grande presente e eu não poderia deixar de agradecer.

Primeiramente a Deus, por estar sempre à frente de tudo em minha vida.

Agradeço a Andréia Roma pela confiança. Você é uma grande mulher e está construindo um grande legado.

Agradeço aos meus pais por me permitirem voar sobre outros horizontes.

Agradeço ao meu marido, Fabiano, e meu filho, Miguel, pelo amor incondicional e por sempre me apoiarem em meus projetos.

E por último a você, leitor! O que você encontrará nas próximas páginas são grandes histórias, de diferentes perfis de mulheres, mas todas elas com um profundo amor e a missão de fazer a diferença neste mundo.

Boa leitura!

por Viviane Thaís de Araújo

Eu acredito genuinamente que a mulher tem um papel essencial para o desenvolvimento da humanidade em todos os seus desafios e, por isso, me conecto naturalmente com qualquer movimento legítimo que vá nesta direção.

Eu também acredito que as vivências e aprendizados de cada pessoa têm um poder incrível de inspirar muitas outras a se movimentarem para buscar e encontrar o próprio caminho na jornada da vida. Empreender nada mais é do que se colocar em função efetiva para o mundo, solucionando problemas reais, enquanto se constrói a própria jornada.

Estar na coordenação desta obra traduz minhas crenças em ação concreta, me faz sentir útil e funcional às pessoas e ao mundo, e meu coração transborda de alegria!

Agradeço à Andréia Roma, idealizadora deste magnífico projeto, a confiança e o respeito pelas minhas ideias e pelo meu jeito de fazer, a sensibilidade por acolher minhas preocupações e a agilidade em encaminhar as questões práticas para assegurar o primor na entrega do que foi planejado. Roma é uma mulher que decide e faz, uma verdadeira líder.

Minha gratidão também à Andreia Monteiro, que dividiu comigo a coordenação local numa bela complementaridade, dando-me o que eu não tinha e recebendo o que pude oferecer e a ela agregou. Juntas fomos e somos mais.

Agradeço à Editora Leader e toda a sua competente e afetuosa equipe pela atenção e suporte durante todo o processo editorial. A excelência desta obra passou por muitas mãos, mentes e corações.

E, em especial, meu agradecimento a cada uma das mulheres que aceitou o desafio de compartilhar sua jornada empreendedora nos textos maravilhosos que você vai ler em todas as páginas deste livro. Cada história é singular como a beleza de uma semente que se tornou fruto, partindo de uma intenção ou de um acaso, nutriu-se do que a vida ofereceu, resistiu a intempéries inesperadas, cresceu e hoje alimenta tantos e tantas.

Você se reconhecerá em muitas histórias e entenderá que, assim como o mundo merece e precisa de mulheres como elas, também merece e precisa de mulheres como você.

Boa leitura!

Viviane Thaís de Araújo

Prefácio

"O que você pode me contar sobre você e sua vida?"

Quantas vezes você já ouviu esta pergunta? Sempre que isso me acontece, respiro fundo, penso e de forma quase que instantânea me vêm à memória momentos específicos, alguns extremamente felizes, que me põem brilho nos olhos, outros nem tanto, e que também ficam evidentes em minhas expressões. São passagens diferentes, mas todas significativas, porque representam uma trajetória de vida que me fez ser o que sou e chegar onde estou. Pensar nisso me emociona, me reensina e também me fortalece.

O mesmo aconteceu quando me apresentaram as narrativas que compõem este livro que você tem em mãos, no qual estão reunidas lindas histórias de mulheres catarinenses, com diferentes procedências, origens, ocupações, temperamentos, idades e experiências. Educadoras, empresárias, profissionais liberais, cada uma delas tem muito a dizer e a ensinar. São diferentes visões registradas em um mesmo tempo, enriquecidas pela cultura ímpar e diversificada de nosso Estado, que sempre teve mulheres guerreiras no sentido exato da palavra, que nos deixaram como legado força e coragem.

Ao assumirem o protagonismo nos próprios relatos, elas aceitam expor suas histórias, diferentes entre si, mas sempre comoventes – porque se referem a jornadas de vida, afinal – e instigantes, e nos conduzem por situações de realização, dificuldades, conquistas, recolocação, empoderamento e também autoaceitação. Mostram, orgulhosas, seus belos e importantes lugares na sociedade, conquistados muitas vezes de forma solitária e com dificuldade, e que passam a representar muito para o coletivo justamente pelo significado que adquire cada uma dessas vitórias.

São mulheres com muita coragem, que ao divulgar memórias e fatos pessoais permitem que suas vidas sejam vistas por diferentes olhares, abrindo espaço, sim, para questionamentos, mas absolutamente para julgamentos.

Como empreendedoras, em algum momento cada uma de nossas protagonistas identificou uma oportunidade para alçar novos voos, colocando em prática iniciativa e criatividade, mas sobretudo muita bravura, determinação e força de vontade, características de quem nasce com a alma feminina. Talvez tenham sentido receio perante o desafio que se apresentava, mas não creio que tenham sentido medo. Mais importante ainda: não desistiram. São mulheres, afinal!

Ao ter contato com este projeto já me senti inspirada pelo que estava por vir, e, antes mesmo de conhecer as personagens autorretratadas nas páginas a seguir, sabia que a leitura seria fácil e a emoção, minha companheira constante. Compartilhar experiências de vida, impressões e sentimentos é enriquecedor. Aprendemos tanto com as histórias semelhantes às nossas quanto com as diferenças de posicionamento e argumentações.

Como é bom estar de coração aberto para conhecer novas pessoas e diferentes realidades. E como é boa a sensação de que são histórias em construção, mulheres que têm sonhos ainda a realizar, conquistas para comemorar... pessoas em plena existência.

Alguns dos relatos aqui apresentados nos mostram mulheres com jornada tripla, que precisam se dividir entre compromissos profissionais, familiares e afazeres domésticos, muitas vezes enfrentando cenários desanimadores e preconceituosos no mercado de trabalho. Mas a experiência nos mostra que mulheres são seres resilientes, capazes de transitar com determinação por esses diferentes ambientes, sem perder sua essência. Merecem, por isso, ter suas atitudes reconhecidas e suas histórias registradas.

Leia este livro como se estivesse passeando por Santa Catarina e visitando cada uma das autoras dos valiosos relatos aqui reunidos. Tenho certeza que, assim como eu, você irá se surpreender e emocionar. E, quando lhe perguntarem o que você pode dizer sobre você e sua vida, muitas dessas histórias visitarão sua memória.

Daniela Reinehr

Vice-governadora de Santa Catarina

Primeira vice-governadora de Santa Catarina, é natural de Maravilha, cidade com cerca de 25 mil habitantes localizada na região Oeste do Estado. Nascida em 4 de abril de 1977, é casada e mãe de dois filhos.

Em busca da independência financeira e realização profissional, em 1996 ingressou na Polícia Militar, onde ficou até 1999, quando saiu para concluir o curso de Direito na Universidade Comunitária da Região de Chapecó (Unochapecó).

Formada, dedicou-se ao exercício da profissão e alcançou reconhecido sucesso, com atuação nas áreas de Direito Empresarial, Administrativo, Civil e Comércio Exterior.

Além disso, é empreendedora, produtora rural e atuante na

defesa das causas de pessoas com necessidades especiais e do empreendedorismo.

Antes de ser eleita vice-governadora de Santa Catarina, Daniela Reinehr nunca havia concorrido a um cargo público, mas desde 2013 participava ativamente de movimentos populares, com foco no combate à corrupção. É cofundadora do movimento Chapecó e o Brasil Contra a Corrupção.

Em novembro de 2018, a convite da Comunidade Internacional Brasil & Israel, esteve em Israel, onde recebeu a medalha "Israel 70 anos" e o título "Embaixadora Extraordinária da Paz".

Sumário

Viver para inspirar e inspirar para viver 23
    Alessandra Meneghini

Acreditar e amar 33
    Amélia Malheiros

A vida começa aos 40? 47
    Ana Paula Coelho Tonolli

Conquistando o mundo 57
    Ana Paula Fonseca

Empreendendo na Vida e nos Negócios 69
    Andreia Monteiro

Seu caminho é seu maior empreendimento 79
    Carolina Mansur

Vem para cá, você não está sozinha 93
    Clea Biscaia

Superação, confiança e respeito:
os clichês mais saborosos da minha trajetória 107
    Daiane Schmitz

Teatro. Alma, cura e ganha-pão 119
    Fernanda Moreira

As Quatro Estações
Lavras | Belo Horizonte | Rio de Janeiro | Joinville 133
    Gilda Maria Menicucci Balsini

Escolhas, experiências e verdades 145
    Iraci Seefeldt

Renovada e inabalável 159
    Jack Simonéia

Atitudes de uma jornada empreendedora 179
    Janaina Laszlo

Mulher em movimento 189
    Janete Krueger

O que a vida me ensinou... até aqui. 195
    Joana de Jesus

Olhares sobre o empreendedorismo:
escolhas conscientes, coragem e afetividade 209
    Karen D. Martins da Silva

Eu me descobri na Arte 221
    Kátia Siqueira

De degrau a degrau nós idealizamos nossos sonhos 231
    Keli Cristina Vieira Maffezzolli

Sobre intuição e propósito 245
    Larissa Kuhnen
    Mara Lucia Mafra

Um salão de beleza, propósito e coragem 259
   Leila Pereira
   Gisele Pereira
   Regina Pereira
   Nilda Pereira

Desafios de empreender e
os caminhos de autoconhecimento 273
   Maria Cláudia de Sena Abrahão

Os múltiplos papéis da mulher empreendedora 289
   Nadir Terezinha Koerich

Determinada a vencer 303
   Regina Célia Zimmermann da Fonseca

Rosa da Luz! 315
   Rosa da Luz

Faça o seu melhor, na sua melhor versão! 325
   Rosane Kunen

Empreendedorismo, fé e propósito 335
   Rute Pogan

Prefeita eleita pela espiritualidade 347
   Simoni Mércia Mesch Nones

Estou me tornando quem sonhei Ser! 357
   Vera Petry

Minha alma traduzida no meu negócio 369
   Viviane Thaís de Araújo

Alessandra Meneghini

Viver para inspirar e inspirar para viver

1

Alessandra Meneghini

Graduada em Administração de Empresas. Sólida experiência em Recursos Humanos.

Esposa, mãe e dona de casa.

Coautora do livro *Mulheres Antes e Depois dos 50*, com selo da Editora Leader.

Contatos:

E-mail: alessandrameneghini9@gmail.com

www.alessandrameneghini.com.br

Quando fui convidada para escrever este capítulo, respondi prontamente: mas eu? Eu não sou dona de nenhuma empresa, não tenho nenhum negócio. Por que então o convite?

Conversando com uma amiga e empreendedora de alta performance, entendi e compreendi que o meu negócio é a vida.

O empreendedorismo está em constante movimento, não existe o perfeito. Assim é viver, sabe-se que não existe perfeição e mesmo assim corremos riscos.

Algumas definições importantes:

Empreender: decidir, realizar (tarefa difícil e trabalhosa); tentar, pôr em execução.

Meta: o objetivo a ser alcançado.

Visão: enxergar além, saber aonde se quer chegar num tempo determinado.

Missão: qual o propósito, por que existir.

Valores: crenças e atitudes da identidade da empresa.

São definições para que um processo visionário tome forma, tenha credibilidade e a ideia saia do papel. Muitas vezes o visionário(a) é apontado(a) como "louco(a)", mas a loucura empreendedora é a maravilhosa capacidade de ver o que os outros ainda não viram.

Assim, decido viver para inspirar pessoas, inspirar para viver intensamente numa caminhada definida por Deus através da positividade e da coragem.

Gasparense de coração. Joinvilense por escolha.

Fruto de Sérgio e Marli, em constante construção de uma história com Leandro e minhas melhores versões, Ricardo e Thaís.

Criada com princípios de honestidade, cônscia das obrigações e deveres, sempre respeitando conceitos, juízos e pensamentos considerados "certos" ou "errados".

De formação acadêmica sou administradora de empresas e de formação da vida, empreendedora.

Desde muito jovem, a coragem do arrependimento de ter feito prevaleceu sobre o medo de não arriscar, o cerne de uma vida de desafios.

Aos 17 anos iniciei uma carreira dentro do setor da indústria no Departamento de Pessoal, trilhando uma carreira sólida e reconhecida por aproximadamente 25 anos.

Aos 42 anos fui diagnosticada com a Doença de Parkinson, um dos DPs da minha vida. Poderia ser o fim de tudo. Troquei o Departamento de Pessoal, outro DP (para conhecer todos leia meu capítulo no livro *Mulheres Antes e Depois dos 50*, também da Editora Leader), por uma carreira de atitude diante da vida.

O Parkinson não é só tremor. É uma doença crônica, neurológica, progressiva e degenerativa. A doença tende a apagar os roteiros de execução de tarefas, condenando o paciente à limitação progressiva de movimentos, raciocínios, compreensão e memorização.

Fica muito difícil cortar carne, escovar os dentes, lavar o cabelo, se maquiar, escrever, abotoar uma camisa, amarrar um tênis. As pessoas percebem o andar travado, notam que existe algo de errado. Não dá para se iludir!

Os parkinsonianos, em sua maioria, são pessoas de elevada exigência e cobrança interior, perfeccionistas, intransigentes, bem eu.

Então, diante das adversidades, tracei minha meta. Resolvi encontrar alternativas criativas, leves, divertidas e decisões importantes de tratamentos, sempre numa deleitosa busca por viver intensamente cada momento.

Como diz a letra da música, de vez em quando uma surpresa vem nos balançar. Vieram o silêncio, a aceitação e o autoconhecimento, respectivamente.

Entre deixar o diagnóstico tomar conta de mim ou eu tomar conta dele, decidi tornar-me amiga do Parkinson, a melhor amiga dele e de mim mesma.

Respeitando a minha essência, resgatei minha autoestima, baseada na minha verdade, numa versão inspiradora: havendo esperança dá pra ser feliz com um diagnóstico.

"Os passos importantes em sua vida são dados quando você deixa de lado seu padrão habitual, seja por necessidade ou por opção." (Stanley M. Herman)

Uma empresa é a imagem do seu criador, é a sua verdadeira essência, lá está tudo no que se acredita. O primeiro passo do empreendedor é o conceito de si. Para inovar, mudar algo ou convencer alguém o empreendedor precisa estar e ser convicto das suas crenças individuais.

Arrisquei e investi escrevendo textos, livro, palestra e uma peça teatral. Analisei e corri riscos com a exposição da minha imagem, de ideias, da minha vida, convicções sem medo de ser feliz.

Encarar desafios diários transformando problemas em soluções é o dia a dia de qualquer empreendedor.

Os meus surgem diariamente! O andar ficando travado, mas desfilei numa passarela. Mesmo com movimentos lentos, pisei firme. Comecei com o Pilates, aulas de exercícios funcionais para movimentos e dança de salão. Não satisfeita pedi uma coreografia para meu professor, mas uma coreografia precisa de música.

Desafio aceito! Depois de uma conversa com o músico Augusto Klug, eu tenho a minha, com o nome de Vestido Branco (ouça no YouTube). Tudo para inspirar!

A coreografia? Ah, ficou linda.

E a música? Emocionante!

Aprendi que a oportunidade aparece para todos. Com ela surge a descoberta, metas e projetos. Enxergo oportunidades diariamente e do limão faço uma caipirinha.

Um empreendedor precisa estimular sua própria criatividade, inovar seu próprio negócio, criando uma vantagem competitiva para o produto/serviço.

A vantagem competitiva do meu negócio é fazer com que as pessoas saiam da invisibilidade perante a vida.

Nesta jornada, o que me fortalece é a minha família, em especial, meu marido, Leandro, que é incansável na sua dedicação e com seu amor não mede esforços para me oferecer o que há de melhor. São ingredientes essenciais para meu sustento e minha motivação, potencializando todas as minhas forças. Quero sempre lhe surpreender, Leandro, fazer o meu melhor.

Ricardo, o filho que me traz para a realidade e consciência do certo e o errado. E a Thaís, a filha que apresenta a alegria como ingrediente essencial de todos os dias.

Com essa equipe a vida significa felicidade, não por decisão, mas por atitudes.

O sucesso de todo empreendedor está na sua equipe. São necessárias pessoas comprometidas e motivadas. Formar uma equipe é reunir um grupo de pessoas que acreditam nas mesmas crenças e atitudes da empresa e as vivenciam.

Enfrento as fraquezas como se fossem a incúria dos homens, sempre de frente.

Minha maior fraqueza é falar em público, para mim, significa tremer, mas tremer muito. Então, palestrei e participei de campanha de empoderamento feminino. Surgindo a oportunidade, lá estou eu, firme e tremendo (rsrs). Mas eu preciso falar para as pessoas o quanto fica fácil se levar a vida mais leve e com mais sorrisos. Reclamar não resolve nada! Nunca resolveu. Se resolvesse, o mundo teria mais *cases* de sucesso.

A exposição me faz acreditar na superação de qualquer obstáculo, e esta, na possibilidade de mudar a vida de alguém.

Talvez me falte um pouco de disciplina. Reconhecer erros faz parte. Chama-se: humildade. O maior empreendedor da vida, Jesus Cristo, nos ensinou que a humildade transforma o mundo.

> *"O dinheiro faz homens ricos, o conhecimento faz homens sábios, e a humildade faz grandes homens." (Mahatma Ghandi)*

Modesta? Não. Mas, deixo para avaliação de quem lê.

A única certeza é que depende apenas de mim, por isso preciso agir e eu acredito nisso.

Minha meta, viver para inspirar. Minha prioridade, inspirar para viver.

Meu grande desafio: a cura. Neste dia será o início do lendário ditado "vou curtir a vida".

Perseverança tenho de sobra. O dia após dia é o meu sustento. Desistir? Nunca. Planejamento é intenso através da alimentação, exercícios, positividade, renúncias e escolhas. Entusiasmo sim, mas entusiasta me define muito mais. Tudo depende de uma atitude, assertiva ou não, mesmo assim é uma atitude.

Meu foco é na solução e tiro de letra trabalhar sob pressão. Não existe mais espaço para mimimi, precisamos praticar a resiliência.

O empreendedor de sucesso precisa ter com clareza e saber o que é importante para sua empresa para manter o foco. Na vida é igual.

Eu quero transformar o mundo, o meu mundo.

A cura está dentro de mim e de você. A cura do corpo e da alma. A cura da inveja e do negativismo. A cura da impaciência e da reclamação. A cura de achar que a felicidade depende do outro. A cura de não acreditar. A cura do Parkinson. A cura da falsidade. A cura da corrupção e do boicote. A cura da tristeza.

Eu acredito na cura.

Eu acredito na minha cura.

Eu acredito nos meus sonhos.

Por isso apresento um dos meus melhores produtos:

Vestido branco

Augusto Klug e Alessandra Meneghini

"Tudo bem, a vida não é fácil, mas está tudo bem.

De vez em quando uma surpresa vem te balançar.

Mas a vida é uma jornada, seja leve ou pesada.

Tudo passa no caminho, não dá pra parar.

E tem momentos pra morrer de rir e dias feitos pra você chorar.

Mas quem tem a alma livre, o sorriso verdadeiro não desiste e sim tem fé.

Tudo vai melhorar...

Eu gosto de gente honesta e sincera com quem possa dividir o rir e o chorar.

Eu gosto de dormir com a janela aberta pra deixar o sol entrar na hora certa e me acordar.

É preciso paciência pra escutar o coração.

O nosso corpo mostra como a nossa vida tem ido na contramão.

Alma lavada. Hoje e agora. Amigos. Filhos. Pais. Irmão.

Vestido branco.

Casa aberta, tudo vai passar e vai ficar tudo bem.

Olhe-se. Permita-se. Encontre-se. Descubra-se.

Obrigada por ser meu presente.

Obrigada por existir na minha vida.

Eu quero sempre te surpreender.

Você é o amor da minha vida.

Se faltar fé tens minha oração.

Na mesmice minha renovação.

Na tristeza tu tens meu sorriso e as minhas surpresas, o meu amor.

Nos problemas minha cumplicidade. Sensatez durante a tempestade.

Cerejeiras inteiras floridas e a fé na vida que Deus nos deu pra compartilhar.

E vai ficar tudo bem."

"Todos os nossos sonhos podem se tornar realidade, desde que tenhamos coragem para persegui-los." (Walt Disney)

"Ser empreendedora é um modo de viver, se reflete em atitudes diárias e requer muita persistência na caminhada da vida. Existirão muitos dias de trabalho e superação interna, para se obter o tão almejado sucesso, mas o importante é a caminhada, pois cada passo rumo ao desenvolvimento pessoal e à transformação do mundo a nossa volta é a certeza de que se está no rumo certo: visando fazer a diferença na nossa trajetória de vida!" (Alexandra Mastella)

Sair da invisibilidade da vida é uma experiência que requer atitude e coragem. Dá trabalho, mas vale cada segundo. A vida é o meu negócio e o seu. Invista na felicidade e lucre intensamente vivendo melhor. Encontre o foco e trace objetivos claros para a constante busca de tornar-se um ser humano melhor. Inspire-se no amanhecer. Agradeça mais um anoitecer. Pratique gratidão e reserve diariamente um tempo para Deus. O sucesso é garantido!

Viver para inspirar e inspirar para viver.

Amélia Malheiros

Acreditar e amar

2

Amélia Malheiros

Nascida em Blumenau-SC, em 18 outubro de 1964.

Filha de Amelia e José Malheiros. Casada com Marcos Cesar da Silva e mãe do Julio César de Oliveira.

Formada em Administração de Empresas pela FURB-Blumenau. Possui pós-graduação em Marketing pela FAE-Blumenau e MBA em Gestão Empresarial pelo INPG Blumenau.

Na Cia Hering foi gestora de comunicação institucional e sustentabilidade por mais de 20 anos e atualmente é gestora da Fundação Hermann Hering.

Cofundadora do SCMC - Santa Catarina Moda e Cultura. Voluntária da Junior Achievement Santa Catarina.

(Foto: Pancho)

Decidi começar olhando para uma menina que viveu uma infância alegre, saudável, em meio à natureza. Sem acesso a muitos brinquedos, junto com a irmã, o sobrinho e a melhor amiga partia para aventuras diárias. Com quase nada, faziam TUDO.

A brincadeira favorita era adotar uma goiabeira como casa e a partir daquele universo tudo se transformava. Perdia-se a noção do horário e só quando a mãe chamava, já na boca da noite, os quatro voltavam exaustos e felizes. Algumas lembranças também são doloridas.

Um certo dia, numa brincadeira mais ousada, eu exagerei no balanço e caí sobre o braço. Resultado... um osso quebrado, muita dor e a falta de coragem de voltar e contar sobre a travessura. A mãe entenderia, certamente, mas e o pai? Para aquele homem que trabalhava incansavelmente dia após dia pra sustentar sua dúzia de filhos um braço quebrado era uma preocupação a mais pra lidar. Com a cumplicidade da mãe, criamos uma estratégia, na ausência do pai eu poderia andar com o braço enfaixado e imóvel, assim a dor diminuiria.

Quando ele chegasse, eu teria que rapidamente tirar as faixas e fazer de conta que nada havia de errado ali. No primeiro dia foi fácil, mas a dor só aumentou, então a mãe se encheu de coragem e contou a façanha da Amelinha, meu apelido em casa.

Foi naquele momento que o pai deixou de ser distante e bravo como eu o via.

Imediatamente levou-me ao hospital, onde recebi o devido tratamento com gesso e todas as recomendações. Essa história engraçada e até descabida para o contexto atual mostra uma época em que a relação de pais e filhos era bem diferente. Havia na maior parte das famílias uma hierarquia muito presente, um respeito que beirava o distanciamento. Quase nada podia ser dito ou sentido. Assim eu e muitas mulheres que nasceram há mais de cinco décadas aprendemos desde cedo a obedecer e calar nossas emoções. Nem sempre expressávamos nossa vontade, nossos sonhos e desejos. As sequelas não tardariam a aparecer.

O que me resgatava sempre era minha imaginação. Não consigo precisar o ano, mas creio que foi por volta de 1970, quando meu pai construiu uma nova casa para a família, com muito mais espaço.

Alguns dos irmãos e irmãs mais velhos já haviam partido para constituir sua própria família, assim eu e minha irmã caçula ganhamos um quarto só nosso. E ainda melhor, no segundo andar dessa linda nova casa de madeira, que tinha uma varanda e aquele cheiro maravilhoso de casa nova!! A casa velha ainda estava de pé e servia de apoio até que a nova construção estivesse finalizada. Passamos então a brincar dentro da nova casa, e foi um período maravilhoso, que me traz recordações e memórias lindas.

Foi nesse período que desenvolvi uma técnica, talvez por necessidade de fuga da realidade. Todas as noites eu passava horas acordada revivendo o dia, não como tinha acontecido exatamente. Eu trazia os fatos à mente e dava outra moldura, outro contorno, simplesmente apagava da memória alguns elementos, fatos e falas e ressignificava a cena toda. Pintava um novo quadro com as minhas cores.

E eu também criava o dia seguinte, já imaginando os diálogos e tudo mais que poderia acontecer... e por fim fui ampliando o exercício e um dia lá estava eu a projetar a Amélia na vida adulta, segura de mim, plena, uma mulher realizada.

Na minha inocência, eu projetava uma Amélia executiva, caminhando pela principal rua de Blumenau (SC), e o charme ficava por conta de uma pasta branca, tipo 007, porém bem feminina. Eu estava sempre me dirigindo a algum evento ou a minha empresa. De olhinhos fechados aquela menina não se conformava nem queria seguir o destino que era o esperado para suas contemporâneas, ou seja, casar, criar seus filhos, atender as expectativas da sociedade e engolir seus sonhos. A possibilidade de cursar uma faculdade era mínima, dadas as condições da família. Por sorte e por influência da irmã mais velha (uma mulher guerreira que admiro e amo), tanto eu como a caçula tivemos condições de prosseguir nossos estudos e ao terminar o ensino básico fizemos o que na época se chamava "segundo grau". Para o contexto local, um grande avanço. Foi aí que desenvolvi outro comportamento, que, somado àquele de projetar outras realidades, complicou um pouco minha vida. Passei a ter muita pressa. Queria que tudo acontecesse logo, como se não houvesse um tempo certo para plantar, regar e colher. Eu queria pular da plantação à colheita.

Aos 16 anos conheci o homem com quem me casei, uma paixão da adolescente que já queria ser mulher. Nosso namoro me proporcionou uma certa liberdade de sair do contexto da casa e da família de origem. Encurtando esse capítulo, extraindo dele sua melhor parte, ao completar 20 anos nasceu meu filho. O maior presente do universo que mereci receber até hoje.

Ser mãe é sempre um desafio para qualquer mulher em qualquer idade. Não foi diferente comigo. Aos 20 tive que fazer escolhas e seguir em frente, tendo como prioridade agora a criação daquele lindo bebê que teve e tem meu amor maior. A tal pressa que me impulsionava a conhecer o mundo me levou a um casamento e uma relação de casal complexa. Em meio a fraldas e mamadeiras, a faculdade agora era ainda mais inatingível. Nesse momento da minha vida a maior alegria eram as descobertas e brincadeiras de mãe e filho.

Nas conversas (poucas) que tive com minha mãe a respeito das dificuldades do casamento, ela sempre me aconselhou a calar, ter paciência, aceitar as coisas com amorosidade e compaixão. Seus valores de vida sempre me inspiraram muito, mas naquele momento específico, muito jovem, ansiosa e imaginativa eu não queria esperar muito. Aos 23 anos o casamento chegou ao fim.

Olhando como se a vida pudesse ser traduzida simplesmente como uma linha do tempo, a primeira fase da infância foi de muita alegria, algumas dores e uma vontade imensa de escrever minha própria história. Daí veio a adolescência com tudo acontecendo precocemente, a entrada na vida adulta um pouco tumultuada trouxe grandes desafios. Muitos dos sonhos daquela menina que pintava o mundo a seu jeito parecia que não se realizariam.

Se, por um lado, seguir sozinha sendo meio pai e mãe de um filho que a cada dia se transformava em um menino inteligente, curioso, amoroso, alegre e lindo, trouxe ainda mais responsabilidades e obrigações a cumprir, por outro, como se dizia na época, as fichas começaram a cair. Sem concluir meus estudos, minhas chances de evoluir profissionalmente eram pequenas e mais do que ninguém eu sabia que para mudar meu destino muita dedicação e esforço seriam necessários.

Iniciei uma nova jornada profissional em uma das maiores empresas têxteis do Brasil. Não foi fácil. A oportunidade era para a área de call center. Em 1992 isso era uma novidade que permitia às empresas estabelecerem relacionamentos com seus canais de venda, de forma mais ágil e rápida, tendo o telefone pra encurtar essa distância. Os requisitos para a vaga pediam curso superior completo, ou cursando. Isso me desqualificava totalmente. Mesmo assim criei coragem e junto com mais de cem candidatas participei do processo seletivo. Preciso abrir aqui um parênteses e contar sobre esse processo. Em 1992 já se usavam recursos como dinâmicas de grupo e entrevistas diferenciadas. Mais do que requisitos técnicos para a função a ser desempenhada, os empregadores buscavam observar atitudes proativas, alguma liderança e especialmente boa comunicação. Foram muitos encontros do grupo sempre com triagens que eliminavam candidatos e candidatas que não reuniam as características desejadas. Ao longo do processo o grupo foi ficando próximo, os laços foram se estabelecendo e mesmo com um ar de competição o que reinou foi a união. Conheci durante essa seleção algumas das mulheres que mais admiro até hoje. Tornaram-se amigas para a vida toda. Poderia facilmente escrever outro capítulo, falando da garra, da força, da coragem de cada uma delas. Tornamo-nos confidentes e cúmplices umas das outras e, ainda que a rotina nem sempre nos permita estar juntas, nossas mentes e corações vibram em sintonia. Tenho certeza que essas mulheres maravilhosas que aqui não cabe nominar sabem de minha gratidão e amor por cada uma.

Seleção terminada, resultado anunciado. Consegui a vaga. Começava ali um novo capítulo que escrevi e escrevo com todo meu amor, afeto e entrega.

Lá se vão 27 anos, mas não vou sucumbir à pressa de trazer meu momento atual. Esta escrita está sendo um bom exercício de entrega com presença e carinho por minha história, que não é melhor, não é pior, maior ou menor que nenhuma outra, apenas é minha. E pela primeira vez paro para escrever algo que mostra a mim mesma que empreender na vida é também uma questão de escolha.

Primeiro dia de trabalho, aquela função toda de deixar filho na casa da mãe, tomar muitas conduções pra chegar no horário, eu decidi que precisava ter um carro. Ops..., não sei dirigir. Mas tem remédio. Meus poucos recursos me permitiram apenas algumas aulas na autoescola, o resto do aprendizado inicial veio com a ajuda do irmão que também me vendeu seu Fusca. Um belo carro ano 1976, que junto com meu filho eram meus bens mais preciosos... Que grande conquista e que gratidão imensa pois parece que a vontade de evoluir profissionalmente voltava a aflorar.

Os primeiros dias na grande empresa me deixaram insegura. A função exigia alguma habilidade de comunicação e de conhecimentos básicos de informática. O trabalho consistia em atender ao telefone, cumprimentar o representante comercial, perguntar amenidades pra quebrar o gelo e partir para a digitação de pedidos. Ficávamos em frente a um terminal de computador que estava conectado a um *mainframe*, onde seriam processadas as informações. Tudo agora parece ser pré-histórico, a capacidade que tenho atualmente no celular é infinitamente maior que a capacidade de processamento dos computadores de 30, 40 anos atrás. Mas já significavam um grande avanço. Eu senti uma grande dificuldade pois tinha que ouvir com atenção e ao mesmo tempo imputar os dados sem erros e de quebra ainda angariar a simpatia do representante do outro lado da linha. Com a autoconfiança crescendo, a ajuda das amigas e o apoio e carinho dos representantes (muitos deles, grandes amigos até hoje) me tornei uma boa atendente de telemarketing. Uau... queria mais, pois sabia que havia limitações salariais na função e com filho em casa crescendo, comendo muito e pedindo brinquedos novos eu não poderia ficar estagnada.

Com poucos meses de casa, fiquei sabendo que a empresa participaria de uma grande feira em outro estado. Uma das atendentes seria convidada para acompanhar e digitar os pedidos. Eu me candidatei logo e demonstrei toda minha disponibilidade e vontade. Não deu outra, fui escolhida. Lá estava eu, representando a empresa e me sentido absolutamente honrada pela chance.

Foi nessa fase, em que começava a reafirmar minha confiança, que conheci meu atual companheiro. Nos corredores da empresa, durante o intervalo.

E lá se vão 26 anos de união. Somos diferentes, mas na essência nos completamos. Um precisou do outro e a partir dessa troca nasceu uma cumplicidade que até hoje é nossa marca. Nesses próximos parágrafos vou compartilhar sobre a importância dessa estrutura familiar que nos permite empreender, crescer e transformar nossa realidade.

Quando você ingressa em uma cultura aberta, que lhe oferece possibilidades de criar sua própria carreira, porém não tem um plano, duas coisas podem ocorrer. Você fica estagnado e culpa o sistema que não lhe abriu as portas, ou você se torna protagonista e constrói as estradas do seu sucesso. Eu optei pelo segundo caminho.

Um dos aprendizados de maior valor que obtive convivendo com um diretor que foi (e é) um líder inspirador reforçou minha crença sobre gerar, manter e fortalecer relacionamentos e vínculos de longo prazo. Afinal, no mundo corporativo (assim como fora dele) você não faz nada sozinho e ao abrir suas portas e dizer muitos "sim" para as solicitações que aparecem você acaba criando uma grande rede.

Assim, aos poucos fui assumindo outras tarefas, conquistando espaços até que um dia recebi a ligação que mudaria minha jornada na empresa. O diretor de Marketing que já me conhecia dos processos de seleção interna me chamou para uma conversa e disse: "Amélia, esse não é um processo seletivo, já te conhecemos e sabemos que você tem potencial. O que tenho para te ofertar poderá ser um divisor de águas para você, só depende de ti. Porém antes de prosseguir preciso te perguntar se você está mesmo disposta e, mais ainda, se pode se comprometer em retomar teus estudos e cursar uma faculdade". Ainda sem saber direito do que se tratava, eu disse um sonoro "SIM, quero agarrar essa chance e conte comigo, voltarei a estudar".

Tratava-se de uma oportunidade para iniciar a área responsável pelo atendimento ao consumidor, o famoso SAC. A lei que outorgava direitos aos consumidores havia sido aprovada há poucos anos e a companhia já percebia que dessa relação com seu consumidor poderiam vir bons *insights*. Não foi fácil. Naquela década o brasileiro não tinha o hábito de interagir com suas marcas favoritas. Não se sentia ouvido, respeitado, enfim era o começo de um novo tempo que marcou em definitivo nossa forma de consumir e até hoje essa transformação é constante. Nos primeiros seis meses, recebi meia dúzia de cartas e alguns telefonemas e sempre que chegava uma peça devolvida com uma "não conformidade" eu levava para análise na Engenharia de Produto. Chegava com a peça debaixo do braço e ouvia do gerente "lá vem aquela menina, que não entende nada de produto e quer dar pitaco". Era verdade. Eu não tinha a menor noção da causa da reclamação, se era responsabilidade nossa ou mau uso. O que sabia é que o boca a boca era (e continua) sendo poderoso. A cada consumidor que o SAC encantasse, nós atingiríamos um grande número de pessoas e essa viralização do bem faria nosso SAC crescer. Assim foi.

O SAC se tornou referência para o segmento e por anos consecutivos recebemos o prêmio de melhor SAC do Brasil. Passei 12 anos à frente dessa área, que se tornou responsável por várias outras atividades e foi rebatizada de Marketing de Serviços. Tanto que em 1997, eu e minha equipe desenvolvemos o primeiro site da companhia e já em 1999 participamos do lançamento da primeira plataforma para vender vestuário na internet. Sempre dizendo SIM para todos os desafios que me eram apresentados, conquistando meu time e muitos parceiros de outras áreas da empresa, foi possível vencer todos os entraves e subir degrau após degrau. Essa escalada foi intensa, linda, prazerosa. Tive medo na maior parte do tempo, mas não perdi a confiança.

Meu pai, com sua sabedoria popular, era um homem que ensinava por parábolas e ditados. Criava e contava histórias que na época não faziam tanto sentido. Hoje quando olho pra trás percebo toda sabedoria que ali morava. Minha mãe, Amélia (sim temos o mesmo nome), foi uma mulher sensível e forte, meiga e poderosa. Sabia conduzir todas as situações do seu jeito e com ela aprendi que no outro dia tudo fica mais claro. O problema de hoje fica mais fácil de resolver no dia seguinte.

Fazendo um atalho, quero compartilhar uma experiência que também significa muito nessa trajetória. Em 2005 tive oportunidade de conhecer um movimento supervanguarda. Criado por empresários visionários e que já percebiam a velocidade das mudanças. Resolveram se unir e criar um movimento pela ressignificação da moda e do *design* catarinense.

O SCMC – Santa Catarina Moda e Cultura (www.scmc.com.br e @scmc) desde o início quebrou paradigmas. Colocou na mesma mesa concorrentes que no mercado competiam, mas que dos muros pra dentro tinham as mesmas dores e os mesmos *gaps* de performance. Assim, decidiram tirar de cena o receio da competição e buscar a força da união. Desde sempre estive presente aprendendo e assessorando esse grupo de empresas. Tanto que em 2015 tornei-me presidente do SCMC com imenso orgulho de representar os associados e o nosso estado. Em 2015 participei de um TEDx onde pude contar a experiência do SCMC. Enquanto escrevo este capítulo, divido meu tempo entre a gestão da plataforma e minha nova carreira.

Curiosa e movida a desafios, trouxe outro tema para o meu time que eu percebia fortemente na cultura da companhia. Sustentabilidade. Ainda hoje é um desafio equilibrar recursos e demandas a fim de gerar o ganha x ganha. Há 20 anos quando comecei a participar de capacitações, responder a questionários e conhecer ferramentas, esse era um território superdesconhecido. Aos poucos fomos criando mapas, trilhas e vivências para materializar e mostrar que é sempre possível adicionar valor ao negócio, sem subtrair desordenadamente do planeta. Hoje vejo o tema fazendo parte da agenda da alta liderança e sinto orgulho de ter provocado e contribuído.

Outro desafio, e esse dos bons!! Em meados de 2007 assumi a guarda do acervo história da companhia. Minha primeira impressão foi de desalento. Afinal, como justificar recursos para guardar a história passada, tendo que lidar com tantas demandas no presente. Até que um dia, mergulhando na documentação junto com minha parceira de trabalho, encontramos uma carta que descrevia a vontade de se constituir um museu que guardasse aquele legado de mais de 100 anos. A carta aguçou minha curiosidade. Procurei aquele mesmo diretor que tantas vezes me inspirou e perguntei: "Que tal, vamos fazer esse museu acontecer?" Entre erros e acertos, uma luta incansável por recursos, muitos aprendizados e fortes laços de amizade, abrimos o museu em 2010. Hoje está consolidado como um lindo equipamento turístico e cultural na cidade e tenho imenso orgulho de ter contribuído até aqui.

E como estou hoje? Mesmo sem ter saído de Blumenau, me tornei uma cidadã do mundo. Viajo, estudo, pesquiso, participo de muitos movimentos colaborativos e é nesse momento atual que me encontro mais plena. Aos 55 anos olho pro futuro com muita esperança e percebo o quanto posso ampliar minha caminhada. Mergulhei fundo no autoconhecimento e dia após dia, segundo a segundo busco presença e acolhimento, inclusive para minha sombra.

Quanto mais mascarei minhas imperfeições, mais dificuldade tive pra me aceitar. Um certo dia assumi a tal "síndrome do impostor". Perguntei a mim mesma, afinal, quem eu era? O que queria da vida? Por que faço o que faço? Será que sei fazer direito alguma coisa? E as respostas não estavam rasas nem fáceis.

Foi aí que me dei a chance de conhecer a Amélia que ainda trazia dentro de si muito daquela garotinha ansiosa, sonhadora e curiosa. Que veio colecionando lembranças e adicionando crenças. Muitas hoje já não faziam mais sentido. Como acomodar tudo isso? Busquei muitas terapias através de profissionais incríveis aos quais dedico aqui minha eterna gratidão. Joguei-me sem reservas e senti toda a dor da exclusão daquela parte minha que não tinha luz. Ansiedade, medo, o desafio da maturidade, o relacionamento de tantos anos e o fim de um ciclo na empresa que foi minha casa por tanto tempo.

Atravessei essa ponte com calma e quando cheguei do outro lado já me reconhecia como um ser mais integral. Nesse meio tempo criei minha própria empresa e passei a gerir uma fundação que tem como propósito atuar pelo empreendedorismo, tendo a moda como plataforma de educação e transformação.

A cada dia me desafio, me acolho, tento me aceitar. Empreender na vida é ter coragem, é ultrapassar o desconhecido e se fazer presente.

Se pudesse viver novamente a mesma vida, escolheria os mesmos pais, os mesmos irmãos e irmãs, o mesmo companheiro e o mesmo filho amado. Foi por eles e com eles que me tornei quem sou e só posso expressar em uma única palavra: AMOR.

Ana Paula Coelho Tonolli

A vida começa aos 40?

3

Ana Paula Coelho Tonolli

Microempresária do ramo da educação. Fundadora e administradora da Areté Línguas e Intercâmbio. Entusiasta da educação como ferramenta para o autoconhecimento e realização pessoal. Professora de Inglês, tradutora e intérprete. Graduada em Letras – Dupla Habilitação Língua Inglesa e Portuguesa pela Univille – Universidade da Região de Joinville (SC). MBA Identidade Empresarial – Business Intuition pela Antônio Meneghetti Faculdade.

Contato:
E-mail: ana@arete.net.br
LinkedIn:
www.linkedin.com/in/ana-paula-coelho-tonolli-0384aa8b/
Instagram: @ana_tonolli
Facebook: /anapaula.coelhotonolli

Domingo de manhã. Acabo de tomar meu café do jeito que eu mais gosto. Comi ovos, pães, bebi café preto sem açúcar, em silêncio. Tudo feito por mim na minha cozinha de 4m², no apartamento onde moro sozinha. O único som que me distraía de minha alegria interior nesse momento tão simples era o canto dos pássaros lá fora. Resolvi aproveitar este instante de contentamento com a vida para escrever. Faço parte do time de escritoras deste livro porque se acredita que eu sou uma empreendedora de alta performance. Vamos ver se até o final deste capítulo você concorda com isso.

Dizem que a vida começa aos 40. Bem, eu tenho 38 e sei que a minha começou bem mais cedo. Nasci em Joinville, Santa Catarina, em 1981. Família humilde. Três irmãos. Pais trabalhadores – muito trabalhadores. Da minha infância tenho memórias espetaculares de brincadeiras genuinamente divertidas com meus irmãos e primos nos sítios de meus avós maternos e paternos. Também houve momentos de sofrimento insuportável – mas esses eu prefiro deixar para lá.

Para encurtar uma longa história, da qual muitas memórias devo confessar que perdi, vale dividir com vocês o fato de que sou completamente independente financeiramente desde os meus 14 anos de idade. Isso pode espantar algumas pessoas a princípio, mas para mim foi muito tranquilo pedir para minha tia, que tinha uma confecção de lingerie, que me ensinasse a costurar enquanto ainda era adolescente. Precisava do emprego. Aprendi rápido e fazia muito bem o trabalho.

Sempre me orgulhei de saber fazer as atividades às quais me dispunha. Foi este o meu primeiro emprego e com o qual paguei o primeiro aluguel, antes de completar 15 anos de idade.

No entanto, ser uma adolescente com consciência de que o dinheiro que você tem no bolso vai dar para comprar um chineque[1] na padaria (se o preço não tiver aumentado), que vai compor a principal parte da sua próxima refeição, ensina muita coisa.

Em contraste à situação acima, também é com muita alegria que afirmo que nunca passei fome. Nunca me envolvi com drogas ou com nada ilícito. Mas isso não se deu por abundância de recursos, e sim pela minha inteligência de sempre dedicar a minha energia a pessoas e a situações que de alguma maneira depois me proporcionariam o modo de sustento. Eu não entendia isso no passado, mas já existia em mim a lógica do servir. E quantas pessoas espetaculares eu encontrei ao longo desta minha curta trajetória!

Foi através dessas pessoas incríveis que eu aprendi a costurar aos 14 anos de idade, a cozinhar e a atender em balcão de lanchonete, a limpar casas pelos anos seguintes, a estudar e a ter sede de conhecimento. A falar Inglês e a ensiná-lo, a me conhecer e a talvez inspirar outras pessoas a fazer o mesmo, e também a abrir e gerir o meu próprio negócio, gerando renda para mais cinco pessoas e impactando mais de 150 diretamente todos os meses.

Minha história com a língua inglesa é longa, começou lá na adolescência. Terminando o ensino médio, sem dinheiro – e também sem perspectivas de ir para a faculdade (fui a primeira e única pessoa até hoje em toda a minha família a se formar) –, resolvi fazer um curso técnico em secretariado. Dentro da grade do curso, havia o Inglês. Na primeira semana fizemos o teste de nível e fui colocada no intermediário. Mas

---

[1] Chineque é um pão doce tradicional na cidade.

como assim? Eu nunca havia estudado antes. Tinha apenas o Inglês aprendido nas escolas públicas onde havia estudado, e nem tinha muita lembrança daquelas aulas. Autodidata, foi assim que me rotularam na época.

Aquele curso técnico mudou a minha vida. Lá conheci a minha primeira *teacher* de Inglês, que me inspirou muito, e também a minha primeira terapeuta, que me mostrou que o mundo era muito maior do que eu acreditava. Ela me provocou a fazer o vestibular, e acreditou em mim. Mal sabia ela que eu não tinha nem ideia do que estava fazendo. Tudo aquilo era muito distante da minha realidade. Mas eu passei, e queria ir para a faculdade, mesmo sem entender o processo, sem grandes aspirações. Só queria seguir adiante, estudar. Queria saber das coisas, aprender.

A faculdade foi relativamente fácil. Difícil era pagar a mensalidade. Consegui bolsa de estudos. Estudei bastante. Ralei e me formei. Que momento alegre! Que orgulho de mim eu senti naquele dia. Lembrar-me disso ainda hoje me emociona, porque me lembra que eu sou capaz de realizar muitas coisas, mesmo sem recursos.

Depois da faculdade, passei por um período difícil. Distraí-me de minha ambição de ser alguém na vida. Vivia rodeada de amigos, bebia 'socialmente' bem mais frequentemente do que os outros jovens de minha idade. Não estudei absolutamente nada por alguns anos.

Casei, me divorciei. Não tive filhos. Alcancei um certo sucesso como professora. Meu trabalho era reconhecido pelas escolas onde eu lecionava e pelos alunos que eu ensinava. Todos pareciam ver o meu valor, menos eu. Entrei em crise. Sofria muito porque não via sentido em viver. Tinha três empregos, ganhava bem, morava em um lugar bacana, tinha amigos, ia a festas, era bonita e desejada pelos homens – aparentemente eu não tinha problemas, mas era extremamente infeliz. Uma ambivalência e um vazio sem fim!

Logo procurei ajuda e recomecei a fazer terapia. Dessa vez com outra profissional que me provocou à responsabilidade da autorrealização e do quanto eu estava desperdiçando a minha vida. Reconhecendo novamente o meu valor, retomei os estudos – algo que eu sempre gostei. Tenho estudado muito desde então. Fiz um MBA que me trouxe o *background* para empreender, tirei algumas de minhas certificações internacionais, viajei, voltei a ser feliz. Preparei tudo para que eu pudesse ter um projeto pessoal de trabalho que me proporcionasse a liberdade de atuar em sala de aula à minha maneira.

Por consequência de um carisma nato, sempre tive ao meu lado pessoas de vontade e bondade infinitas. Duas delas eu gostaria de agradecer nominalmente porque me deram a passagem para que eu pudesse ter o meu próprio negócio. À Mariana Barros, que me ofereceu o espaço e me ajudou a acreditar que eu poderia arriscar. E ao João Ayroso, por me dar o suporte burocrático e confiar incondicionalmente na minha idoneidade e no meu caráter. Eles ajudaram a *Areté*[2] a ter a sua sede.

Hoje administro minha escola de Inglês, onde exercito diariamente a alegria de colher um pouco dos frutos da minha história. A Areté é uma empresa que atende principalmente adultos com dificuldade para falar Inglês – sabe aquelas pessoas que já começaram diversos cursos e nunca avançam? Esse é o nosso público-alvo.

Eu comecei meu negócio sozinha em 2016, após me desligar de duas escolas onde lecionava. Já tinha trabalhado em várias escolas da cidade. Havia entendido que através de aulas particulares de Inglês eu conseguia impactar mais as pessoas, conseguia ajudá-las a atingir os seus objetivos individuais sem a necessidade de seguir um programa ou currículo fixo, sem fazê-las passar pelo constrangimento de expor-se a

---

[2] Areté é o nome da minha escola. Um conceito grego que muito resumidamente poderia ser traduzido como 'virtude', ou 'excelência'.

provas ou avaliações sem sentido. Sentia (e ainda sinto) tanta alegria em minhas aulas particulares que jamais as vi como trabalho. Era um prazer enorme ir de bicicleta atender as pessoas. E, por se tratar de uma empresa de serviços, não tinha despesas fixas. Comecei em um *coworking* que me possibilitava pagar apenas pelas horas em que utilizava a sala para aula. Atendia em empresas ou nas casas dos alunos, e às vezes na sala do *coworking*. Comecei do zero, sozinha. Investi minha boa-vontade e 18 horas diárias de trabalho, sempre com muita alegria.

Rapidamente, o número de pessoas procurando pelas aulas cresceu e eu trouxe outros profissionais para trabalhar comigo. Sempre tive bronca do fato de professores serem mal remunerados, e também da falta de responsabilidade com que muitos lidam com suas carreiras. Por isso, resolvi proporcionar a outros *teachers* a possibilidade de ter uma remuneração digna, desde que eles também se responsabilizem pelos seus resultados e pela sua formação. Alegra-me servir aos professores.

Todos os dias, quando abro a porta da casa estilo enxaimel onde estamos sediados, meu coração se enche de alegria e meu rosto resplandece em um sorriso capaz de contagiar qualquer um que por ali esteja. Quando vejo os alunos chegando, os professores os recebendo, sempre falando Inglês, rapidamente algo dentro de mim me lembra de que a vida faz sentido.

Através do exercício da seriedade com tudo que faço devido ao meu alto comprometimento com entregas, construí uma reputação de competência que me garante fechamentos de negócios em conversas informais. Cerca de 95% dos alunos de minha escola vieram até nós por recomendação. Nunca gastamos um centavo com publicidade. Isso é o resultado de uma vida inteira de dedicação e construção de mim mesma.

Mas como é que a menina pobre, magrela, de dentes desalinhados e maneiras brutas e hostis consegue hoje ser feliz e proporcionar sustento e alegria para outras pessoas ao seu redor?

É aí que a minha história se torna de fato interessante. Eu **estudo**. Esse é o meu primeiro segredo. Sigo estudando Inglês, que é o objeto do meu trabalho. Amo tanto a língua inglesa que não consigo passar um dia sequer longe da prática. Sei muito sobre ela. Tirei certificações internacionais, CAE, CPE, estudei no Exterior. Sei de cor aspectos da língua que muitos professores não saberiam nem onde consultar. E, acima de tudo isso, sei também que tenho muito que aprender. Meu amor pelo Inglês é tão grande que sobra para encantar os alunos que chegam à escola traumatizados com a experiência de aprendê-lo. Também acredito que esse amor pela língua inspira os professores que trabalham comigo – os quais constantemente provoco para que estudem mais.

Todavia, o estudo de mim mesma é o que me traz o resultado mais relevante. E este é o meu segundo segredo. É através do exercício sério do autoconhecimento que consigo conscientizar e trazer à tona toda a força da minha alma. Comecei a aprender que quem eu sou se manifesta constantemente em minhas ações independentemente de eu sabê-lo.

Mas e o que isso tem a ver com o meu negócio? Tudo. Quanto mais eu me conscientizo da minha força e do meu potencial, mais eu trabalho tranquila e feliz. E sabe o que acontece quando se tem conhecimento técnico e se trabalha feliz? Os alunos se encantam, porque encontram no serviço contratado não apenas o que buscavam – falar Inglês –, mas se deparam com uma *teacher* realizada que os provoca a se realizarem também. No fundo, no fundo, professores não ensinam o que está nos livros, professores ensinam o que são, através do exemplo. No final de uma aula trabalhada com seriedade e alegria, eu sempre me sinto mais capaz, e certamente os alunos também se sentem dessa maneira.

E este é um dos motivos de eu acreditar que minha vida começou bem antes dos 40. Apesar de eu ter vivido mais de 30 anos acreditando que a minha história havia sido triste, começo a conscientizar-me de que de fato não foi bem assim que tudo aconteceu. Ao estudar-me aprendo a cada dia a gozar da alegria de ser quem sou – quando fecho meus olhos e sinto a profundidade da minha alma, me permito sentir o prazer de simplesmente existir com alegria – e essa é a única performance que de fato importa para mim nesta existência.

Aqui também entra a responsabilidade que tudo isso traz. Sou consciente de que devo servir às pessoas ao meu redor e sei que é o meu papel trazer à tona o melhor delas – para o bem de si mesmas e do meu negócio por consequência.

A caminhada que me proponho a seguir em vida pode envolver muitos desafios fora de mim, mas algo de que eu não posso abrir mão, por amor à dignidade de mim mesma, é permitir-me sorrir – seja porque fui tocada pelo harmonioso canto de um pássaro, pelo estonteante nascer do sol, pelo erótico desabrochar de uma flor, pelo apetitoso sabor de um alimento ou pela sensação de dever cumprido por ter feito algo de belo para mim mesma ou para outro ser humano. E se for *in English*, o sorriso é ainda mais aberto.

No mundo moderno, é comum as pessoas serem avaliadas pela quantidade de seguidores que têm, pelos milhares de reais que trazem às suas empresas, pelas metas batidas ao final de cada mês. Eu já gosto de avaliar as pessoas pelo brilho no olhar. Todo ser humano que está se realizando como pessoa tem um carisma e um brilho cativante. E é com essas pessoas que eu gosto de me relacionar e aprender.

Se tudo isso que tenho vivido e a pessoa que eu sou me coloca na categoria das empreendedoras de alta performance eu realmente não sei. Mas existe algo mais importante do que você avaliar se eu me encaixo ou não neste grupo. Mais importante do que olhar para minha trajetória e avaliá-la, é você olhar para a sua. Ficarei feliz se este texto o fez parar por alguns instantes e refletir sobre a sua existência. Se isto aconteceu, já valeu a pena tê-lo escrito.

Os seus olhos têm brilhado ultimamente?

Ana Paula Fonseca

Conquistando o mundo

4

Ana Paula Fonseca

Empresária do ramo de cosméticos.
Contato:
E-mail: areaanafonseca@yahoo.com.br
Facebook: Ana Paula Fonseca
Instagram: anafonsecamk

Há 36 anos, nascia uma menina que sonhava em conquistar o mundo. Desde muito cedo sempre almejava grandes coisas. Porém, diante de uma origem humilde aprendeu também a importância de lutar por tudo aquilo que quisesse de fato conquistar. Hoje, posso afirmar ter sido essa uma das primeiras lições que a vida me ensinou.

Lembro-me também que sempre buscava aprender tudo que eu poderia, adorava sentar à mesa com os mais velhos, não para ouvir as conversas, mas para aprender com os mais experientes e observar o modo de pensar, de falar, de se comportarem. Quando meus pais me diziam para ir brincar com as outras crianças, me recordo de ficar chateada, pois dizia, com a inocência de uma menina: gosto de aprender e não de ensinar. Atualmente aprendi quão valioso e prazeroso é você também poder ensinar às pessoas o quanto elas podem sonhar e conquistar e ver essas transformações nelas mesmas.

Hoje entendo que na maior parte das vezes aprendemos infinitamente mais quando ensinamos do que quando sentamos pra estudar.

Minha mãe sempre me mostrou o valor de se ter uma família, pois ela havia perdido seus pais ainda na infância, e a vi passar uma vida inteira priorizando a família. Em contrapartida, nunca abriu mão da sua carreira e sempre conseguiu equilibrar muito bem sua vida profissional e familiar, sempre se dedicando com muito amor a tudo que fazia.

Já na minha adolescência, queria trabalhar com o intuito de conquistar a tão sonhada liberdade, sentimento tão aflorado nessa fase de nossas vidas. Porém, meu pai, que não havia tido oportunidade de estudar, sempre me ensinou a importância de se adquirir conhecimento. Eu me recordo de suas palavras: "A única coisa que eu posso te dar e nunca ninguém vai te tirar são os estudos".

A todo momento via e sentia o esforço que meus pais faziam para que eu tivesse as melhores chances na vida.

Era chegada a hora, então, de decidir meu futuro profissional e de certa forma qual caminho minha vida teria dali para frente. Senti uma responsabilidade muito grande em tomar uma decisão tão importante sem ter vivido ainda experiências que me dessem total segurança para isso. Porém, na maior parte das situações que a vida nos traz, precisamos correr riscos, e ali estava eu diante de uma decisão a ser tomada, mas não tinha ferramentas suficientes para isso, não me sentia preparada, contudo, precisava ser feito. Assim sendo, optei em cursar Direito, pelo simples fato de poder ajudar as pessoas a lutarem pelos seus objetivos, afinal, essa sempre foi uma característica muito evidente em mim.

E assim foi, cursei a faculdade e estagiei durante os cinco anos do curso com uma magistrada, fiz pós-graduação e cheguei a advogar por pouco mais de dois anos. No entanto, não estava satisfeita com o trabalho em si, pois não sentia que estava realmente ajudando pessoas, e tampouco com a remuneração auferida nesse momento inicial que a carreira jurídica proporciona. No entanto, eu tinha uma necessidade inerente de permanecer trabalhando, pois aquele sentimento de lutar pelos meus ideais continuava ali, vivo, desde a minha infância.

Foi nessa fase que conheci meu marido. Um momento da minha vida em que me sentia um tanto quanto incomodada, pois não me via como uma profissional bem-sucedida, e sentia como se minha vida estivesse simplesmente passando sem eu saber exatamente o que estava fazendo ali e o porquê de estar vivendo aquilo tudo.

Foi então que no dia 26 de abril de 2011 uma nova oportunidade de negócio surge para mim, por meio de uma amiga. Tratava-se, porém, de algo totalmente inovador para mim, fora do que um dia havia imaginado como modelo de trabalho e não tinha a menor ideia de como daria conta de fazer tudo aquilo.

Acontece que juntamente com essa grande oportunidade ressurgem aqueles sonhos daquela menina que desejava conquistar o mundo. Encorajada pelos meus próprios sonhos decidi aceitar o desafio e me tornei uma empresária do ramo de cosméticos.

Nesse primeiro momento não tive o apoio e incentivo da maior parte das pessoas ao meu redor. Afinal de contas, abandonar a carreira jurídica, ainda que nos seus primeiros passos, para iniciar em uma empresa que eu sequer havia ouvido falar, poderia, sim, parecer loucura. Além de todo o preconceito que vivi por deixar de exercer uma profissão socialmente aceita e desejada para vender batom de porta em porta.

Eu de fato tive muito medo ao tomar essa decisão, pois havia todos os indícios de que esse projeto não seria promissor, já que não tinha o capital necessário para dar início a um empreendimento, não conhecia os produtos com os quais iria atuar, não sabia exatamente qual seria a função que iria desempenhar e tampouco me imaginava exercendo qualquer atividade relacionada à venda de produtos, ainda mais de beleza, pois nem sequer usava cosmético algum até então. Mas nessa minha trajetória aprendi que coragem não é ausência de medo, e, sim, agir independentemente do medo.

E ali estava eu, mais uma vez, tomando uma decisão, a qual mudaria não somente a minha vida, mas de toda a minha família para sempre, apesar de que naquele momento não tinha consciência da dimensão que aquela escolha teria.

A ideia de conhecer o mundo é algo que realmente me fascina, poder conhecer pessoas, histórias, culturas, sabores e ter novas experiências é excitante.

Saber que poderia ser reconhecida pelo meu trabalho através de viagens foi o ponto indiscutível para escolher viver esse novo plano.

Logo nos primeiros dias no meu novo negócio decidi me dedicar exclusivamente a ele, pois realmente passei a acreditar que daria certo ao ver os resultados concretos.

Comecei então a me profissionalizar, buscando informações a respeito da empresa a qual estava representando, sua posição no mercado, seus valores, sua forma de atuação, sua história, o futuro da Venda Direta no Brasil e no mundo, o crescimento do ramo de cosméticos em geral. Busquei maior conhecimento dos produtos, como deveriam ser aplicados, benefícios, avanços tecnológicos, além dos diferenciais diante de outras marcas, como atendimento personalizado ao cliente, experimentação do produto pelo cliente antes da compra, atendimento de preferência com pronta entrega, enfim... Todo tipo de conhecimento que pudesse me tornar competente naquele novo intento. E, quanto mais eu pesquisava sobre o mundo no qual eu estava me inserindo, mais apaixonada eu ficava, mais certeza tinha de que havia feito a escolha certa.

Após tomar a decisão de pertencer a esse universo, motivada pelo fato de poder ser agraciada com viagens, outros benefícios também me chamaram a atenção. Entre eles o equilíbrio de prioridades que devemos ter em nossas vidas, divididos em três pilares. Devemos sempre ter Deus em primeiro lugar, depois devemos priorizar nossa família e apenas por último nosso trabalho.

Aliado a isso, a flexibilidade de horários que temos, ou seja, somos realmente donas do nosso tempo. Esses foram fatores determinantes para começar a entender que ali se iniciava um novo ciclo.

Era tudo muito novo para mim, quase que de um dia para outro passei a ser dona de uma empresa, a qual já tinha uma marca consolidada mundialmente há quase meio século e que os produtos eram conhecidos justamente pela qualidade e satisfação das clientes. E que me levaria a ter a vida que sempre sonhei. Uau...

Um pouco assustador se fôssemos parar para pensar, tudo muito perfeito, parecia que estava sonhando. Porém, tomada a decisão, estava com tudo isso diante de minhas mãos e era hora de começar a trabalhar.

Orientada pelo meu marido, meu maior incentivador, apoiador e parceiro nessa nova empreitada, estipulamos uma meta de venda diária e assim comecei meu negócio. Simples assim. Comecei meu primeiro dia de trabalho com uma bolsa cheia de produtos, nem bem familiarizados estávamos uns com os outros ainda, uma meta e muito, mas muito entusiasmo, pois o sonho de realizar minha primeira viagem estava cada dia mais vivo dentro de mim. Ao final desse dia, me lembro como se fosse hoje, eu novamente, com a ajuda do meu marido, sentados no sofá da sala (esse foi meu escritório por muitos e muitos meses), fizemos o balanço do dia: total vendido, total recebido, produtos de maior procura.

E assim continuei fazendo meu trabalho dia após dia. Eu estava realmente irradiante, pois pude a partir de tudo isso começar a visualizar a realização dos meus sonhos.

Em janeiro do ano seguinte, 2012, mais uma vez incentivada pelo meu marido, fui a um evento oficial da companhia em São Paulo e ali percebi que poderia ir ainda mais longe. Entendi efetivamente que a empresa a qual escolhi fazer parte não se tratava apenas de uma oportunidade de negócio, mas também de crescimento pessoal, financeiro e profissional. Mulheres dos mais diferentes perfis, culturas, origens econômicas, níveis de escolaridade, idades, dos mais diversos anseios, estavam ali sendo tratadas exatamente da mesma forma e tinham exatamente as mesmas possibilidades e o simples fato de serem mulheres as fazia serem ainda mais aplaudidas e respeitadas.

Saí daquele evento convicta de que caberia a mim mostrar a outras mulheres que elas também poderiam ter a chance de voltar a sonhar, e mais a possibilidade de realizarem seus sonhos.

E assim aconteceu. Em setembro daquele mesmo ano, 2012, tive o privilégio de me tornar também diretora e assim liderar um grupo de mulheres as quais tinham escolhido lutar pelos seus sonhos.

Atualmente meu trabalho consiste simplesmente em levar mulheres comuns a lugares extraordinários. Ainda menina, vocês lembram, não gostava de ensinar. Hoje, desenvolvi habilidades para que eu possa aprender muito enquanto ensino outras pessoas a acreditarem em si mesmas e a pensarem grande.

Meu sonho, inicialmente, era apenas ter a chance de conquistar uma única viagem através do meu trabalho. No entanto, entendi que, para que isso fosse possível, precisaria antes de qualquer coisa auxiliar outras pessoas a conquistarem seus próprios sonhos, ainda que os mais audaciosos, em sua visão.

Além de viagens, existem outras formas de sermos reconhecidas pelo nosso trabalho, também com carros e joias. E assim aconteceu, em maio de 2013, conquistamos o nosso primeiro carro, o qual para mim, reconheço, era apenas uma conquista material. Afinal meu objetivo naquele momento era a minha primeira grande viagem, que seria minha lua de mel na Europa. Apesar de já se terem passado em torno de dois anos, tudo isso ainda continuava a ser muito novo para mim.

Às vezes, confesso que me deparei pensando como iria ensinar tudo isso a outras pessoas, se até mesmo para mim, em alguns momentos, parecia intangível, diante da grandiosidade desse legado. Mas apenas continuava seguindo, firme no intuito ao qual me havia proposto.

Ao longo desses quase nove anos, vejo o quanto eu me aperfeiçoei como mulher e também profissional. O quanto me permiti ser lapidada, ser moldada para que pudesse atingir um número cada vez maior de mulheres, no sentido de que elas se sintam estimuladas a lutarem por aquilo que acreditam, seja no âmbito profissional, seja no seu modelo de família ou no modo de levar a vida.

Nessa caminhada até aqui, certamente foram diversos tombos que tive, mas hoje, amadurecida, agradeço a cada um deles, pois eles me fizeram chegar aqui ainda mais fortalecida e preparada para novos desafios. Afinal, o que não te desafia não te transforma.

E o maior equívoco do ser humano, a meu ver, é não se permitir ser moldado ou não desejar ser moldado e assim correr um grande risco de permanecer sempre da mesma forma, não evoluindo seus pensamentos para galgar novos patamares.

Como líder, afirmo com total convicção que todas as pessoas que já estiveram comigo em algum momento dessa caminhada contribuíram para hoje eu ter me tornado a pessoa e profissional que sou. Agradeço imensamente a todas independentemente da forma com que contribuíram, mas todas vocês me ajudaram a ser quem eu sou.

Independentemente de qual seja o seu sonho, transforme-o em meta, torne-o um objetivo de sua vida, pois só assim ele irá se tornar realidade, pois sonhos são apenas sonhos, não necessitam serem realizados. Enquanto seus sonhos permanecem apenas como sonhos, você pode ter a falsa sensação de que a vida vai numa boa, porém pode chegar um dia em que você vai olhar para trás e ver que não realizou aquilo que genuinamente desejava, mas, sim, viveu a vida de outro alguém.

Sim, naturalmente que ao decidir tornar seus sonhos realidade irá se deparar com alguns obstáculos, mas você verá que, se sua decisão for legítima, encontrará meios de transpor os obstáculos. E, acredite, a vida não é uma linha reta, então passe a agradecer por todos os obstáculos que surgem, pois eles o farão chegar aonde você deseja. E lembre-se, se os obstáculos não estão aparecendo, significa que você está parado na estrada da vida, ou seja, não chegará ao seu objetivo da mesma forma. Então comece a andar, comece a desejar encontrar os seus obstáculos.

Sendo assim, convido você a ter muito foco, não olhe para o lado. Cada vez que desviar seu olhar, isso o distanciará do seu objetivo e pode tornar a caminhada cansativa. Você precisará de muita disciplina também, pois o mundo não irá parar para que você realize seus sonhos, ele continuará acontecendo exatamente da mesma forma. Portanto a hora é agora, a hora é essa. Quanto antes você começar a agir, antes irá usufruir. E muitas vezes precisará fazer aquilo que não quer ou o que não gosta, isso se chama disciplina. Aprenda, você não precisa gostar, apenas precisa fazer o que for necessário para alcançar seus objetivos, porque ninguém o fará melhor que você mesma.

Ah... você também precisará ser persistente, aliás, muito persistente. A vida irá testar você a respeito do quanto deseja realmente aquilo. Só a persistência leva ao sucesso. Esteja convicto do que você quer, de onde você quer chegar, de quem você quer se tornar e não pare até alcançar. Se você cansar, aprenda a descansar no caminho, jamais a desistir.

Outra recomendação que irá facilitar muito sua caminhada será encontrar um cúmplice para o seu sucesso, assim vocês poderão partilhar todos os momentos: nos felizes, terá alguém para aplaudi-lo(a) e nos mais árduos terá alguém para ouvi-lo(a).

Hoje comemoro a chegada do nosso terceiro veículo, porém hoje ele não é mais simplesmente um carro ou uma conquista material. Hoje ele simboliza infinitas vidas que foram tocadas de alguma forma, e que fizeram dessas mulheres certamente pessoas melhores, melhores que elas mesmas, que as fizeram acreditar em si mesmas e faz com que essas mulheres se olhem no espelho como vitoriosas.

Viagens, já foram conquistadas algumas, também joias e tantos outros reconhecimentos, porém posso dizer que minha maior conquista dentro dessa empresa é justamente ter me levado a uma vida mais íntima com Deus, o tempo de qualidade que tenho hoje, para cuidar de mim, dos meus compromissos pessoais, realizar atividade física, que adoro, estar com as pessoas que eu amo e escolher o momento em que desejo sair de férias e por quanto tempo, bem como a família que pude construir sob valores inegociáveis.

Quero deixar algumas sugestões de leitura as quais me auxiliaram muito além da vida profissional, inclusive a pensar a vida de outra forma. *Mary Kay Way – um manual de como liderar um negócio para a vida toda*; *Milagres que acontecem – como liderar sua própria vida sem abrir mão do que é mais importante*; *Quem pensa enriquece – uma forma de você expandir seus pensamentos*; e *Os segredos da mente milionária – uma forma de você ter uma relação inteligente com suas finanças.*

Vejo que as mulheres devem, sim, ocupar cargos de liderança, pois temos uma característica intrínseca a nós mulheres, a sensibilidade ao próximo. Quando nos preocuparmos em olhar para o lado e realmente vermos e sentirmos a necessidade do próximo, isso certamente erguerá um império. Com algumas lições bem simples, que hoje infelizmente não são frequentes no mundo dos negócios, entre elas: fazer o bem, seja ao nosso cliente, a um parceiro comercial ou até mesmo a um possível concorrente. Não deveríamos compartilhar mais ao invés de continuarmos em uma competição descabida?

Afinal, dando nosso exemplo de superação continuaríamos a inspirar infinitas mulheres a acreditarem em si mesmas e deixarem seus próprios legados.

Por fim, termino com uma frase de uma das maiores empreendedoras do nosso século: "Nunca saberemos quantas vidas teremos tocado, mas elas certamente saberão." *Mary Kay Ash*

Andreia Monteiro

Empreendendo na Vida e nos Negócios

5

Andreia Monteiro

Empreendedora, *coach*, palestrante e mentora de negócios para mulheres. Há cinco anos e meio vem impactando profundamente a vida de centenas de mulheres com seu trabalho. É idealizadora do Fórum de Empreendedorismo Feminino e do Curso Mulheres Empreendedoras.

Coautora do livro *Mulheres Antes e Depois dos 50*, da Editora Leader.

Este é o capítulo empreendedor da minha história! Ou a parte mais recente dele.

E com ele espero inspirar você a assumir o controle não só do seu negócio, mas também sobre o principal empreendimento da sua vida: VOCÊ!

Em 2013 decidi seguir carreira solo, unindo minha experiência profissional e de vida com a formação em Coaching e me lançar no mercado como *coach* de vida e carreira. Passei por uma transição de seis meses, para que de fato, em janeiro de 2014, começasse minha nova jornada. Comecei a falar de Coaching na cidade de Joinville (SC) quando apenas um pequeno número de pessoas sabia do que se tratava. Quando eu falava sobre o que eu fazia, ouvia a pergunta "COA... o quê?" Havia pouquíssimos profissionais na época que trabalhavam exclusivamente com o Coaching e esse tipo de trabalho acabava sendo mais conhecido apenas em grandes empresas, para cargos mais executivos. Então o desafio era grande, já que eu havia escolhido trabalhar com qualquer profissional, não somente aquele que estivesse em cargos mais altos dentro de uma grande empresa. E aqui eu compartilho um grande desafio de quem deseja empreender:

Entender o mercado e qual cliente você quer atender é imprescindível. Isso direcionará todas as suas ações. Será, inclusive, um dos fatores que determinará o nível e o ritmo de resultado que você terá. Você pode escolher atender a um pequeno grupo que já conhece o tipo de produto ou serviço que oferece ou abrir mais esse leque e atender a uma fatia da população que ainda não conhece, mas precisa do seu serviço. Neste caso, mais do que no outro, você vai necessitar de uma comunicação extremamente clara e assertiva para explicar do que se trata o seu trabalho.

Esse último foi o caminho que eu escolhi. Estudei o mercado, fiz um planejamento, abri um CNPJ, montei um site, fiz cartões de visitas, uma página no Facebook e comecei a divulgar meu trabalho. As expectativas eram otimistas, afinal, eu tinha o conhecimento, a técnica e uma boa rede de contatos. Foram poucos dias até fechar com a primeira cliente. Lembro-me da alegria que senti naquele dia. Eu realmente estava animada com a minha escolha. Não tinha como dar errado!

Bem, errado não deu. Mas os resultados não vieram tão rápido quanto eu gostaria. E morando sozinha, arcando com todas as despesas de um apartamento, inclusive o aluguel, e sem ter outra fonte de renda, eu precisava fazer com que aquele negócio virasse rápido!

Muitas empreendedoras começam seus negócios sem muitos recursos para dar o pontapé inicial, muito menos com uma reserva para se manter até as coisas começarem a se equilibrar. Esse é um dos erros que pode fazer seu empreendimento fechar nos primeiros meses. As contas não esperam e o fluxo de vendas pode demorar um pouco para se estabilizar.

Meu negócio em si não exigia um custo operacional alto, mas eu tinha as despesas pessoais. E, apesar de ter feito uma transição, a minha reserva não era tão alta assim, ela cobriria apenas quatro meses. Lembro-me que para economizar várias vezes fui a pé para alguns compromissos e comprava só o necessário no mercado, para não exceder o que eu podia gastar por mês.

Com cinco meses de negócio tive uma surpresa! Descobri que estava grávida. Aliás, aqueles cinco meses foram de muitas surpresas e descobertas. Comecei meu negócio de

Coaching, descobri um novo amor, o homem que viria a ser meu companheiro de vida e pai do meu filho, e ganhei o maior presente da minha vida quando descobri a gravidez, meu filho Miguel, que hoje me motiva a ser uma pessoa melhor e traz amor, alegria, luz e muito mais cor todos os dias para minha vida.

 Confesso que num primeiro momento a confirmação da gravidez veio acompanhada de um misto de emoções. Uma felicidade enorme impregnada de ansiedade e medo. O desejo de ser mãe já existia! Mas eu havia me planejado e aquele momento era de foco totalmente profissional. Estava com gás total para emplacar meu nome no mercado e fazer meu negócio dar certo. No entanto, como nenhum planejamento deve ser feito para ser engessado, a partir daquele momento era preciso rever algumas estratégias. Antes, porém, eu precisava entender todas as emoções que tomaram conta de mim e como lidar com cada uma delas. Só depois de ter o entendimento e a aceitação assumi o controle positivo da situação, recalculei a rota e segui feliz com meus planos. Agora com um negócio recém-aberto, um lindo bebê crescendo na barriga e um grande companheiro de jornada, que hoje é meu maior incentivador e meu porto seguro.

 Ser empreendedora também é isso, saber gerir as emoções, assumir o controle positivo e ter uma postura ativa diante da própria vida. Para ser bem-sucedida você precisa compreender que é a principal responsável por suas escolhas, ações e resultados.

 A gravidez seguiu tranquila até o parto. No dia que Miguel decidiu vir ao mundo eu estava bem ativa, tive reunião pela manhã e resolvi mais algumas coisas que precisava. Às 16 horas me internei no hospital após a bolsa estourar e às 23h40 de uma noite de terça-feira o Miguel nasceu (claro que não foi com toda essa praticidade e simplicidade da escrita). Mas em nenhum momento a gestação foi um peso para mim, as coisas aconteceram de forma leve. Tive um grande parceiro do meu lado e li bastante a respeito deste período na vida da mulher: gestação, parto, recém-nascido, emoções, relacionamentos e tudo isso me ajudou a ter uma atitude tranquila e confiante a esse respeito.

Agora escrevendo sobre isso, lembrei-me de uma situação e quero compartilhar. Na noite anterior ao nascimento do meu filho, eu havia iniciado um processo de Coaching online com um cliente de Blumenau e tínhamos sessão agendada para a segunda-feira seguinte. Pois bem, chegou o dia marcado. Dei de mamar para o Miguel, ele dormiu e o pai ficou cuidando dele. E às 19 horas eu estava lá, na frente do computador. No meio da sessão o Miguel chorou, o cliente ouviu e perguntou:

— Você tem filho, Andreia?

— Sim, tenho.

E ele:

— Quantos anos ele tem?

E eu sorrindo respondi:

— Amanhã ele faz sete dias.

— Mas como? Eu não vi que você estava grávida quando conversamos pessoalmente!

— Então, aquele dia eu já estava com sete meses.

Fiz questão de compartilhar esse episódio, porque esse possivelmente seja o desafio mais comum entre as mulheres de negócios. Mães que empreendem e simultaneamente necessitam gerenciar suas famílias. Talvez aqui sempre paire a dúvida que o mais adequado fosse optar por se dedicar somente ao bebê e se essa for a sua escolha está excelente. Não estou querendo julgar ninguém, muito menos dizer o que é certo ou errado. O importante é estar bem e feliz com a escolha feita.

Só quero dizer que descobrir formas de dedicar tempo para a família e o seu negócio – sem que um atropele o outro – é sim um grande desafio! Assim como a maternidade também é. Mas, se esse for o seu desejo, ele pode ser alcançado com muito amor, paciência, organização e disciplina.

Eu escolhi continuar trabalhando porque me fazia bem, me fazia feliz também. Nos primeiros 40 dias, não saí de casa. Mas trabalhava nos momentos em que o Miguel estava dormindo. No dia em que se completou a quarentena, eu saí para fazer minhas duas primeiras palestras após o parto. Um evento em comemoração ao Dia da Mulher numa empresa, uma palestra pela manhã e outra à tarde. Como meu marido sempre foi um paizão desde a gravidez, se virou muito bem sozinho com o filho. Depois disso, voltei às minhas atividades externas de trabalho. Só que com um ritmo bem reduzido, pois passei a trabalhar apenas de duas a três horas à noite, enquanto o marido ficava em casa com o pequeno. E assim foi até os seus nove meses, quando ele passou a ir para a escolinha. Desde então até hoje ficamos o período da manhã juntos em casa e à tarde ele vai para a escola enquanto eu trabalho.

Naquele período, com bebê pequeno e atendendo somente à noite, além dos processos individuais, eu também fazia palestras e participava de todos os eventos de negócios que conseguia para divulgar meu trabalho. Andava sempre com meu cartão de visitas e panfletos na bolsa. Costumo até brincar que eu era a louca do panfleto, não perdia uma oportunidade de entregar um e conversar com a pessoa sobre o que eu fazia.

Quando se é empreendedora solo e seu negócio se resume a você é preciso assumir todos os papéis. Você é responsável por tudo: divulgar, prospectar cliente, vender, negociar, fechar contrato, produzir o produto ou serviço, entregar, cuidar do financeiro, ou seja, gerir todo o processo.

Até pouco tempo até havia uma ideia bastante difundida de que para abrir um negócio e ter sucesso bastava saber realizar uma ação específica e pronto! "Se sei cortar cabelo, posso abrir um salão de beleza." Algumas mulheres ainda hoje pensam assim! Que apenas o conhecimento técnico, dentro da área em que deseja atuar, é o suficiente para tocar um negócio. Com certeza ele é importantíssimo, mas não é o único necessário. E se você não tem recurso no início para contratar pessoas para ajudar em todo esse processo, você terá que se capacitar para conseguir dar conta. Foi o que eu fiz. Estudei, me capacitei e por muito tempo fiz tudo sozinha até eu ter condições de começar a terceirizar algumas atividades.

No início, eu trabalhava somente com processos individuais de Coaching para homens e mulheres. Pouco tempo depois comecei a realizar eventos exclusivos para o público feminino. Senti que com meu trabalho eu poderia ajudar muitas mulheres de uma forma mais próxima e diferenciada. Os *workshops* eram um tempo de parada para que a mulher pudesse olhar para si, repensar suas escolhas, valores, seus sonhos e a partir dessa reflexão criar uma nova realidade. Com isso fui criando uma imagem de que o meu trabalho era somente para o universo feminino. Ouvi esse chamado e transformei isso em missão. E à medida que o tempo foi passando e meu trabalho foi amadurecendo, as coisas foram naturalmente migrando para a forma como é hoje. O que eu ofereço não está mais restrito a processos individuais. Hoje eu ajudo a fomentar a liderança feminina no ecossistema empreendedor. Auxilio mulheres com negócio próprio que sozinhas não estão mais conseguindo fazê-lo crescer ou aquelas mulheres que querem se tornar empreendedoras e não sabem por onde começar. Hoje meus serviços são de capacitação e ferramentas de desenvolvimento para essas mulheres. Justamente para ajudá-las a não passarem ou pelo menos amenizar os perrengues que eu enfrentei no início da minha caminhada empreendedora.

Quando decidimos empreender encontramos vários desafios pela frente e precisamos estar preparadas. O que eu ofereço com meu trabalho é justamente isso: preparação, capacitação, mudança de *mindset* e aumento de performance.

Faço isso também através de eventos. Em 2015, idealizei o primeiro Fórum de Empreendedorismo Feminino na cidade de Joinville. O Fórum proporciona muito mais que capacitação para mulheres empreendedoras ou que desejam empreender. É um evento de conteúdo, negócios, networking, conexões e muita experiência. Hoje, cinco anos depois, está consolidado como o maior evento em todo o estado de Santa Catarina de temas relacionados ao universo empreendedor da mulher. Transformou-se numa grande imersão em desenvolvimento pessoal e de negócios para o público feminino. E com ele desejo poder contribuir para um grande movimento de transformação!

Contando assim, até parece que tudo foi muito simples e fácil até aqui. Mas definitivamente não foi e não é. Empreender é sinônimo de correr riscos e, sim, estamos expostas ao fracasso. Muitas vezes, por mais fortes que sejamos, também podemos ter nossos momentos de fraquezas! Nossos momentos de confusão, de dúvidas, questionamentos e de crises existenciais. Sim, eu tive muitos desses momentos! Se já pensei em desistir e jogar tudo para o alto? Várias vezes. E em alguns momentos precisei parar e dar um passo atrás para depois poder dar dois passos para frente. E definitivamente, se eu não buscasse me desenvolver primeiro como pessoa e estar em constante evolução, eu não teria chegado até aqui.

Sigo minha caminhada realizando meus sonhos. Já fui chamada de louca algumas vezes por isso. Mas alguém disse que se lhe chamam de louco é porque você está no caminho certo. Se isso faz sentido ou não, eu não sei. Mas todas as escolhas que fiz até aqui, incluindo dois pedidos de exoneração de concursos públicos, fizeram todo sentido e diferença na minha vida.

Hoje, quando olho para trás, sinto muito orgulho da minha jornada empreendedora. Minha gratidão a Deus, porque sem Ele nada seria possível. Gratidão a todas as pessoas que fazem parte desta história, meus familiares, amigos, meus mestres, mentores, meus amados marido e filho. E a mim também, por nunca ter desistido de mim mesma, quando muitos não acreditaram que eu seria capaz. Por ter confiado que aquela menininha nascida no interior do Piauí tinha potencial para realizar grandes coisas e hoje ser uma Mulher empreendedora, reconhecida e respeitada em uma cidade que ela jamais tinha pensado em conhecer. Cheguei sozinha nesta cidade, sem conhecer ninguém, consegui conquistar meu espaço e a admiração de muitos e sou muito grata pela acolhida. Minha gratidão, Joinville, a cidade dos príncipes, das flores e da dança. Já me sinto sua filha!

Quando somos autorresponsáveis, nos tornamos protagonistas na construção de nossas histórias, empreendemos nossas próprias vidas e estamos preparadas para seguir uma jornada empreendedora muito mais confiantes.

E, depois que me tornei empreendedora, com certeza sou uma mulher mais confiante, resiliente e perseverante. E tenho plena convicção de que, mesmo diante dos nossos maiores desafios, nós podemos mais! Podemos muito mais do que eu possa escrever, e quando encontramos o que realmente faz sentido para nossa vida, agimos sempre para nos superarmos e sermos seres melhores e assim podermos contagiar todos ao nosso redor. Indo além de nossas fronteiras e honrando a nossa jornada.

Carolina Mansur

Seu caminho é seu maior empreendimento

6

Carolina Mansur

Brasileira, casada e mãe. Diretora artística e pedagógica do Mansur Centro Integrado de Dança. Bailarina formada pela Escola do Teatro Bolshoi no Brasil. Estágio internacional no Teatro e Escola do Ballet Bolshoi em Moscou. Professora da Escola do Teatro Bolshoi no Brasil, no período entre 2004 e 2010. Pedagoga, graduada pela Associação Catarinense de Ensino (ACE). Pós-graduada em Arte-Educação, pela Faculdade Bagozzi, de Curitiba (PR), e em Dança pela IPGEX, em Joinville. Leciona e atua como produtora cultural e artística há 22 anos, desenvolvendo trabalhos pedagógicos e de produção artística, com crianças a partir de dois anos de idade, adolescentes e adultos.

Contatos:
Facebook: www.facebook.com/carol.mansur.9/
E-mail: lunikids@gmail.com

O que você pensa ao acordar e que o move todos os dias? Em que você acredita? O que espera do mundo? O que o mundo espera de você? Se conseguir responder a estes questionamentos saberá exatamente aonde deve empreender suas forças e seu talento. Ouça seu coração, estude, trabalhe, conheça pessoas, respeite o conhecimento dos outros, faça com amor e seja realizada.

Nasci na cidade de Florianópolis/SC e tive uma infância deliciosa, cercada de amigos e da família, com pais maravilhosos e oportunidades únicas. Como a grande maioria das meninas de quatro anos, iniciei as aulas de balé, sem pretensão alguma de que este se tornasse meu empreendimento de vida. Porém, aos oito anos, passei a olhar a prática da dança de forma diferente, eu queria ensinar. Foi a primeira vez que deixei claro que gostaria de ter um estúdio de dança, não porque achava que já sabia demais, mas por admirar a arte e as pessoas que a faziam acontecer, por acreditar que todas as pessoas deveriam viver, mesmo que por um momento, todo aprendizado que ela nos traz.

Cheguei com a ideia mirabolante para meus pais e lá estava a sabedoria de meus velhinhos a me apresentarem o mundo como ele é. Eles acharam o máximo, me apoiaram e motivaram, porém alertaram, em minha doce inocência, que isso não seria possível naquele momento, com aquela idade e na garagem de casa. Eles me mostraram que sonhos dependem de ações, eu não sabia de quase nada, mas o que sabia era suficiente para me projetar diariamente. Eu sabia que tinha uma ideia, que rapidamente se transformava em sonho. Aos oito anos de idade descobri que sonhos são solitários, mas que a construção é coletiva, eu não faria nada sozinha, sem conhecimento ou apoio.

Minha juventude foi marcada por muitas oportunidades através do olhar sensível de meus pais, porém, empreender em arte tão precocemente nos impõe uma série de desafios. Aos 14 anos optei por sair de uma escola tradicional em Florianópolis para estudar numa escola estadual e dedicar-me com mais afinco à dança. Foi uma decisão muito difícil naquele momento, a primeira de muitas que viriam, e em meio às certezas que tinha ainda não me faltavam questionamentos: se as decisões são difíceis, por que devemos tomá-las? O que nos move para as decisões? Não seriam nossas decisões nossos grandes empreendimentos? Percebo aqui, sentada na varanda, revisitando meu passado, que aos 14 anos eu resolvi empreender e nem sabia ao certo que o estava fazendo. Precisei ser advogada de mim mesma e preparei todos os **argumentos** para convencer meus pais de um novo rumo para minha vida, muito provavelmente diferente do que eles haviam pensado para mim. E... funcionou! Meus pais são pessoas lúcidas, verdadeiros líderes, são as pessoas em quem mais confio no mundo, eu lhes fiz uma proposta, eles levaram um dia para me retornar, passaram uma noite sem dormir e com toda confiança em mim me proporcionaram tudo para que eu pudesse seguir no projeto traçado. Eles jamais me cobraram nada, nem pelo tempo dedicado tampouco pelo dinheiro investido, naquele momento eles empreenderam comigo e o fazem até hoje.

Naquele instante senti uma enorme **felicidade** e toda a responsabilidade de uma decisão, não podia decepcioná-los, passei a frequentar aulas de diversas modalidades de dança todos os dias e o dia inteiro, estudava à noite, comecei a dar aulas de balé para as crianças duas vezes na semana pela manhã e procurava ter uma vida social "normal" para uma adolescente, com passeios, festinhas, aniversários em família etc... Porém, definitivamente, nunca foi o que a maioria convenciona como "uma vida normal" e sempre preferi assim, costumo confiar no que acredito sem precisar de certezas sobre o futuro, confio em tudo o que pode mudar, e se pode mudar, pode sempre melhorar. E, nessa premissa, sempre busquei aprender entendendo que o que já sabemos não muda e não prezo por descartá-lo, mas em analisá-lo cuidadosamente e modificá-lo preferencialmente para melhor. Desta forma, quem é uma apreciadora das transformações, inerente a todo processo de aprendizado, tende a não costumar caber em padrões de normalidade. Meus pais me permitiram ser assim e agora estávamos empreendendo juntos por aceitarmos esses aprendizados e suas transformações.

SIM, eu já era uma empreendedora! E aquele sonho de menina só dependia de mim para se realizar, dependia de meus esforços, aceitando as oportunidades que surgiriam e com disposição para encarar os desafios. Eu sabia que precisava estudar mais, buscava qualificação e profissionalização e aos poucos me via saindo de minha cidade, era a única solução para que fosse possível concretizá-la. Sempre tive minhas reticências em sair do país e focava em centros maiores no Brasil para buscar a tão almejada profissionalização.

Foi então que no ano de 1999 anunciaram que seria inaugurada a única sede da Escola Bolshoi de Moscou fora da Rússia e ela seria no Brasil, mais precisamente em Santa Catarina, a menos de três horas de minha cidade natal, em Joinville. Pensei rapidamente e propus aos meus pais que fizesse o teste, nem que fosse somente como uma experiência profissional, e estava feliz com a possibilidade de avaliação por uma escola renomada mundialmente. Despretensiosamente fiz o Exame Classificatório da Escola do Teatro Bolshoi no Brasil, em janeiro do ano de 2000, fui aprovada em 4º lugar e em menos de um mês estava morando em Joinville, estudando numa nova escola, longe da família e amigos, mas completamente realizada com a nova empreitada. Pela segunda vez tudo mudou, porém agora era diferente, eu não havia aprendido apenas sobre mudar, aprendi sobre energia, sobre deixar fluir, atenta, ativa, mas sem pressa... "Coisas precisam acontecer", "você deve estar preparado", "tudo tem seu tempo" nunca foram expressões que representaram qualquer acomodação, mas sim uma crença de que existem energias que nos levam a lugares, pessoas e situações que serão fundamentais para nossa evolução, que só se dará através deste movimento cíclico de aprendizado, tempo e troca.

Na Escola Bolshoi, frequentei quatro anos de curso e no ano de 2002 iniciei meu estágio vinculado a ela, na qual passei a interagir com o corpo docente e de produção, através do acompanhamento de aulas com professores brasileiros e russos, laboratórios sobre a metodologia, exames classificatórios, atividades, passeios e viagens promovidas pela instituição. Concomitantemente ingressei na faculdade de Pedagogia, com a intenção clara de me tornar mais preparada para as novas mudanças e neste momento já havia compreendido que o conhecimento me preparava para elas, quanto mais eu aprendia, mais sentia que não sabia e mais queria saber.

Ao me formar na Escola Bolshoi, em 2003, recebi duas grandes propostas profissionais ligadas à instituição, ambas relacionadas aos méritos obtidos durante o curso. A primeira, que já fazia parte da lista de desejos, foi a contratação imediata como Artista Instrutora de Ballet, para atuar como professora de Ballet Clássico, Preparação e Prática Cênica e História do Ballet Teatro e Artes Plásticas e a segunda veio como um presente, um estágio de 21 dias na maior escola de balé do mundo e no grandioso Teatro Bolshoi. No auge dos meus 21 anos, comemorados em Moscou, eu via a mudança acontecer novamente, era adulta, tinha casa, contas próprias, trabalhava e estudava, tinha responsabilidades enormes para uma jovem mulher, mas a leveza estava em meus pensamentos diários pela busca de **realização.**

Empreender com filhos

Tudo ia bem, a vida era bastante corrida, já me sentia grata e realizada, mas havia um outro empreendimento que sempre mexeu comigo, o desejo de ser mãe, e eu busquei razões para explicar esse desejo. Apesar de gostar de explicações eu optei mais uma vez pelo movimento, pelo aprendizado e pela mudança. Em 2005, nasceu o meu primogênito, Gustavo, com ele aprendi, dentre incontáveis lições sobre a maternidade, o significado dos nomes. Seu nome significa "bastão de combate" e a cada dia ele mostra sua força amorosa, não foge à luta, não aceita injustiças, é extremamente do bem. Ele tem o jeito do meu irmão Guilherme, meu primeiro melhor amigo, e ambos são bem diferentes de mim, porém na medida certa um para o outro.

Em 2006, concluí a faculdade de Pedagogia, com o Gustavo pequeno e trabalhando cerca de dez horas por dia. Minha vida mudara completamente e um filho me fez entender o quanto as decisões iam se tornando cada vez mais difíceis, pois as mudanças e consequências delas não afetariam somente a mim e quem sabe aos meus pais, todos adultos e como mencionei anteriormente previamente preparados. Mas agora afetariam a ele, um pequeno ser inocente, que saberia sobre o mundo o que eu lhe mostrasse sobre ele.

Não me sinto culpada por tê-lo colocado cedo na escolinha, era o local mais seguro e rico que eu podia oferecer para que ele ficasse enquanto eu trabalhava, nem tampouco por não abrir mão de realizações pessoais e profissionais em prol da maternidade integral, nem digo que todas devam decidir pelo que decidi, afinal, como diria Caetano Veloso, "cada um sabe a dor e a delícia de ser o que é". Simplesmente mais uma vez tomei minhas decisões, assumi os riscos, aceitei as possibilidades, as responsabilidades e segui adaptando minhas empreitadas e deixei outro lindo movimento acontecer em minha vida, o de transformar o peso e o medo das insuficiências em **superação.** Meu empreendimento era também para que meu filho aprendesse sobre a vida, sobre o mundo e as pessoas, meu filho dependia de mim para tudo e precisava de uma supermãe, meu trabalho precisava de uma superfuncionária, eu gostaria de ter estudado e produzido ainda mais, mas essa sensação não se traduz em frustração e sim numa forma de desafio.

Abracei todos os projetos que cabiam nos braços, os que não cabiam naquele momento deixei para que alguma energia me ajudasse a reconhecê-los numa ocasião em que estivesse mais preparada e segui em frente. Entrei numa pós-graduação e engravidei novamente. Sim, eu planejei minha segunda gestação no auge dos meus 24 anos, trabalhando, estudando e com um filho de apenas um ano e meio. E ela aconteceu, me trazendo mais um presente, minha menina Beatriz. Este havia sido o nome de uma boneca de infância e depois adulta, já atenta ao significado dos nomes, encontrei a tradução que queria para minhas aspirações, "aquela que faz as pessoas felizes". Sem demora ela veio do jeitinho que imaginei, como uma boneca, mais parecida com uma boneca Emília, cheia de personalidade, questionadora, à frente do seu tempo, que trouxe mais uma vez a mudança.

Começamos de novo, mas nunca do zero, somos sempre mais fortes e melhores a cada batalha. Meus filhos nunca foram impedimento para que eu fizesse nada e hoje percebo que eles não carregam as minhas frustrações, pois têm acima de tudo uma mãe realizada, que não falta com a verdade e faz tudo por eles.

Confie nas mudanças

A vida se dividia em filhos, tarefas domésticas, trabalho e especializações e em 2009 fui desligada da Escola Bolshoi em meio a outras oito demissões. Era a primeira vez que, mesmo conhecendo e entendendo os motivos do procedimento, eu me encontrava naquela posição. Esta mudança teria sido muito traumática se eu não entendesse o verdadeiro sentido da palavra **gratidão**. A escola Bolshoi havia me proporcionado diversos momentos maravilhosos, de profundo aprendizado, conhecimento, oportunidades e trocas. Eu era outra pessoa depois destes nove anos, tudo era tão intenso e verdadeiro que se não entendesse essa mudança como algo positivo possivelmente eu não entendesse mais nada sobre a vida.

Eu aceitei novamente que deveria mudar, não tive um mês de férias e já estava trabalhando numa academia de dança em Joinville e esboçando aquele que seria um grande passo rumo à realização do sonho de infância: ter meu próprio estúdio de dança.

Joinville, apesar de considerada a cidade da dança e de possuir diversas frentes em defesa deste movimento, ainda não tem uma educação sólida e abrangente sobre as possibilidades através do ensino e prática da dança, a população geral ainda se apresenta distante dos projetos culturais, nem todos têm acesso ou condições, existem ideias formadas, enraizadas que só poderiam ser combatidas através do fortalecimento do movimento artístico local. Neste quesito me sinto realizada por vivenciar uma transformação gradativa neste cenário e participar ativamente deste movimento, porém, me sinto desafiada e motivada pelo sentimento de que há muito que se produzir ainda.

Surge em meio a esta construção o projeto Lunikids, com a ideia inicial de fazer um movimento educativo através do ensino e prática da dança para crianças que possibilitasse o envolvimento de seus responsáveis e propusesse uma alteração de pensamento sobre a arte, a cultura e a dança na comunidade local. Neste momento eu tinha como "cobaias" meus próprios filhos, uma vez que ao observar o crescimento deles, suas necessidades psicomotoras e psicossociais, passei a delinear o projeto e suas ações de forma que os resultados fossem educativos e coletivos, que atingissem muitas pessoas de alguma maneira e transformassem de alguma forma os atingidos.

E assim foram os últimos dez anos, atingindo pessoas com arte, empreendendo conhecimento e amor. Meu empreendimento é exatamente como sempre sonhei, um espaço de aprendizado e transformação, ensino coisas o tempo todo e aprendo três vezes mais do que ensinei, me renovo todos os dias através do meu empreendimento que é a minha própria vida e sou a própria mudança. Recebo pessoas que amam a arte tanto quanto eu, outras nem tanto e outras que passam a respeitar através de nosso trabalho, isso é, sem dúvida, o que mais me orgulha ao empreendê-lo.

O papel do artista-educador

Depois dos meus pais as pessoas que mais influenciaram minhas decisões foram meus professores de dança e aqueles que chegaram a mim através dela. São muitas pessoas, até porque com uma vida dedicada à dança é absolutamente normal que a grande maioria dos meus relacionamentos se desse através dela direta ou indiretamente, mas posso afirmar que todas, e reforço que absolutamente todas, contribuíram para que meu empreendimento fosse possível. Todos somam, podem se tornar referências positivas, outras nem tanto, todos têm o que ensinar, mesmo que seja o "como não fazer" e todos deveríamos compartilhar mais nossas histórias e assim acredito que teríamos uma sociedade mais humanizada, responsável e respeitosa.

Agradeço imensamente cada ensinamento e acredito na arte como veículo condutor de histórias e sentimentos, tudo se aprende melhor através da arte e tudo fica mais belo com ela. Todo professor é um pouco artista e todo artista é um educador, ambos são responsáveis pelo modo de pensar das pessoas, reais influenciadores de uma sociedade, o que é uma responsabilidade imensa, edificante, na maioria das vezes prazerosa e sempre gratificante.

Quando revejo toda a minha trajetória e penso nessas pessoas, meu coração tende a palpitar, tamanha alegria em revê-las mesmo que em pensamento e tenho a convicção dos motivos pelos quais decidi escrever este capítulo. Neste momento, esta é a mudança que me leva ao novo, ao aprendizado, à troca, à aproximação entre as pessoas, é o meu veículo de comunicação para compartilhar esse meu empreendimento de vida em respeito a todos os meus mestres através de suas histórias e ensinamentos técnicos, mas sobretudo a todo compartilhamento sobre mim mesma e sobre como eu poderia seguir se quisesse movimentar e mudar o mundo. Meus mestres me modificaram, me fizeram quem sou, uma alma artista tocou outra alma artista e eles me fizeram entender que eu era também uma alma, querendo tocar outras almas.

Descobertas de um empreendimento

A maior descoberta sobre meu empreendimento está relacionada ao aprendizado sobre mim mesma. Essa mutação constante do mundo e da vida é intrínseca ao movimento do empreendedorismo. Quando você empreende em seu talento e consequentemente em si própria, você potencializa suas maiores capacidades para gerenciar sua vida, pois é capaz de projetar e ir além mesmo diante das dificuldades.

Essa busca individual o coloca em meio a uma multidão de conhecimentos sobre coisas, pessoas, lugares e abre um leque de possibilidades de crescimento que mesmo tão vulneráveis ao movimento da vida nos edificam de fora para dentro, nos transformando continuamente.

Eu aprendi demais sobre pessoas e relacionamentos. Descobri que quem apoia um sonho é também um empreendedor, nem toda família irá apoiar, nem todo parceiro irá compreender, nem todo filho se orgulhará e muitos amigos reclamarão de sua ausência. Foi aí que descobri nos meus pais simplesmente a mãe que almejo ser, no meu marido o melhor companheiro, empreendedor nato e pai exemplar. Com ele aprendi sobre o verdadeiro amor, aquele que prevalece com respeito e companheirismo, que acalma na turbulência, que observa com admiração e não apenas o completa e sim o transborda de ideais positivos. Descobri nos meus filhos que sou a base motivacional deles a partir do meu empreendimento profissional, pois a maneira de encarar a minha empreitada determina diretamente a formação deles e hoje percebo o quanto se orgulham e se inspiram. Compreendi ainda que amigos sempre vêm, em diversos momentos, marcam de diferentes formas e todos os que passam em sua vida sempre o fazem aprender mais.

Até escrever este capítulo eu sabia o que era empreender, mas não me via empreendedora. Ao revisitar todas as empreitadas de minha vida, descobri que empreender é a prova real da superação das dificuldades, o quanto ensina, educa, forma, muda, emociona, transforma e o quanto todo esse processo pode ser mágico quando se tem amor, apoio e dedicação.

Se sou realizada? Aprendi que empreender significa "decidir realizar" e teria outra motivação maior que respondesse àquelas perguntas mencionadas no início do capítulo? Sua vida é um empreendimento diário, você é capaz de geri-lo, é capaz de aprender, de se permitir mudar e em meio às mudanças encontrar ou lapidar seus talentos e habilidades, você é capaz de buscar em si o seu melhor e levar ao maior número de pessoas, você é capaz de dialogar diariamente com o mundo e ouvi-lo pedindo por você. Encontre-se, empreenda e realize-se!

Clea Biscaia

Vem para cá, você não está sozinha

7

Clea Biscaia

Gerente de Gestão de Pessoas na Termotécnica. Formada em Recursos Humanos, com especializações em Gestão de Equipes de Alto Desempenho, Gestão Estratégica de Negócios e Formação de Conselheiros de Administração. Atua como voluntária na ABRH – Associação Brasileira de Recursos Humanos, em Joinville (SC).

Contato:

LinkedIn: Clea Biscaia

Na época em que saí do Brasil estavam fervendo os movimentos que dariam origem ao primeiro processo de *impeachment* do país, quem tinha dinheiro aplicado na poupança se viu da noite para o dia com suas economias confiscadas, a inflação superava os 400% acumulados ao ano, havia um clima de instabilidade tremendo. Foi no início dos anos 90 e eu fui a primeira pessoa da família que saiu do Brasil em busca da cidadania italiana, não imaginava que ficaria fora do país por tanto tempo, pensei que seria algo passageiro, talvez por esse motivo não costumasse fazer muitos planos em longo prazo. À medida que os familiares aos poucos foram me alcançando lá no exterior isso foi mudando, a gente já fazia parte de uma pequena comunidade de estrangeiros tentando se firmar numa cidadezinha da região norte da Itália.

A maior parte de nós vinha do sul do Brasil, principalmente de Santa Catarina, minha família de Balneário Camboriú e de Blumenau, os outros na maioria eram da região de Criciúma, sul do estado, e embora nossa documentação estivesse regularizada, com a cidadania reconhecida devido à nossa descendência de italianos, nunca nos sentimos totalmente pertencentes àquele lugar. Até porque, se tem uma coisa que os italianos fazem muito bem é evidenciar as diferenças! Eles enfatizam inclusive com uma certa gestualidade de braços e mãos bem peculiar como as coisas devem ser feitas, como se deve pensar e sentir, do jeito certo, do jeito deles, diferente do seu. Esse foi o primeiro aprendizado que a Itália me deu: você deixa de perceber o outro como diferente, porque lá o outro, o diferente é você, e são eles que o observam e comparam.

Uma experiência inesquecível, sem dúvidas. A gente consegue mudar a forma de ver os imigrantes, os refugiados, os "de fora". Entende que ele ou ela provavelmente é uma pessoa como você, em busca de oportunidades, de melhores chances de viver com dignidade, entende claramente que as oportunidades não são iguais para todos, que a meritocracia, na perspectiva que se usa muito agora nos nossos tempos, que diz que a gente recebe os méritos na medida proporcional aos nossos esforços, resultando unicamente da nossa capacidade, é um termo bem bonito no papel, mas na vida real ela tem muito mais a ver com o lugar de onde você vem, no sentido de exigir maior ou menor esforço, dependendo e muito das suas origens, do seu idioma, do seu estereótipo. Nós que viemos de baixo da linha do Equador precisamos nos esforçar mais do que os que vêm de cima, para conseguirmos empreender, especialmente profissionalmente lá na Europa.

No início, nosso principal desafio foi vencer a barreira do idioma, o fato de não falar a língua limita muito as opções de emprego, é como se a gente fosse analfabeto e consequentemente se encaixasse apenas em trabalhos que não exigem o uso da língua culta ou competência para se expressar adequadamente, em funções que exigem mais esforço físico.

Nossa família toda passou por isso, até os mais estudados foram trabalhar em ocupações bem braçais. Depois de um tempo lá, quando a barreira do idioma foi superada, conseguimos olhar um pouco mais amplamente para as oportunidades de emprego, e até se mover, de certa forma, em direção a um trabalho melhor, entenda-se: fisicamente menos exaustivo. Em termos de salários, não há as diferenças absurdas que existem aqui, um trabalhador recebe medianamente o suficiente para viver com suas necessidades básicas atendidas, o custo de vida não supera o salário recebido. Também se abre o leque das oportunidades de formação educacional/profissional depois que se aprende o idioma, existem muitos cursos acessíveis, embora os universitários geralmente sejam realizados em período integral ou em horários irregulares, variando entre manhã, tarde e noite continuamente, isso conflita bastante com as jornadas de trabalho. Portanto quem decide estudar deve "equilibrar os pratos" para conseguir conciliar trabalho e estudo.

Durante meu período de estágio, eu queria trabalhar em uma empresa que tivesse filial no Brasil, porque no fundo havia uma vontadezinha de um dia, não sabia exatamente quando, voltar para casa, e o grande desafio enfrentado por outros amigos que já tinham voltado para o Brasil antes era a readaptação, principalmente profissional, a dificuldade de se recolocar no mercado de trabalho na profissão escolhida. Muitos deles decidiram empreender aqui no Brasil, investindo suas economias na abertura de seus próprios negócios, que geralmente não duravam muito tempo, devido à instabilidade da economia do país ou à pouca experiência deles no mundo empresarial, afinal, a maioria de nós tinha experiência apenas como funcionário assalariado ou *freelancer*. Diante da decepção na carreira empresarial, esses amigos acabavam voltando para a Itália.

Eu, observando esses movimentos e reconhecendo minha tímida veia empresarial, entendi que se quisesse voltar para o Brasil um dia não poderia me arriscar como eles, pelo menos não no início. Precisava então identificar a partir de lá uma oportunidade de trabalho também aqui no Brasil, tipo um plano B, focar minha carreira para um mercado possível de me colocar com certa facilidade. A ideia era que, se eu lá na Itália trabalhasse em uma empresa que tivesse filial brasileira, adquirindo experiência futuramente poderia pedir transferência e minha adaptação aqui seria mais fácil. E assim foi, foquei e insisti, pedi ajuda até ao padre da paróquia para conseguir entrar naquela empresa (na cidadezinha em que morávamos só tinha uma empresa multinacional com filial no Brasil), até que consegui uma entrevista e conquistei a vaga, o único detalhe é que o estágio possível era na área de Recursos Humanos e não era o que eu estudava. Pensei: o importante é entrar lá, depois eu mudo de área. #sóquenão, com o passar dos meses eu me sentia bem realizada trabalhando no RH, sabe aquele sentimento de estar sendo útil?... Felizmente tive. Imagine eu, explicando os cálculos da folha de pagamento para a turma, cálculos de férias, de décimo terceiro etc. Quando me lembro disso penso: nem os italianos sabem tudo.

Nessa época recebi um dos melhores presentes que alguém pode receber na vida: um *feedback* bem honesto de um profissional bastante experiente, que foi diretor de Recursos Humanos em três países diferentes... Sim, *feedbacks* são presentes, mesmo que não sejam exatamente o que você pediu, no meu caso essa pessoa me disse que Economia não era para mim, que meu perfil era mais compatível com áreas de contato ainda mais próximas de humanas do que o curso de Economia poderia oferecer, que eu deveria me desenvolver nesse sentido, tipo recomeçar do zero, uma vez que no Brasil eu havia iniciado o curso de Administração em Comércio Exterior e na Itália, Economia e Comércio. A notícia boa foi que a empresa estava disposta a investir no meu novo desenvolvimento, financiando minha formação, e foi assim que comecei na área de Recursos Humanos.

Engraçado como hoje vejo isso, o recomeçar, pois conheço algumas pessoas insistindo em profissões que não são naturalmente as suas por vocação, forçando escolhas por causa do percurso que já caminharam até então, continuam em frente para não desperdiçar o passado, mas ao mesmo tempo condenando o futuro, sem sequer se permitir provar fazer ou descobrir o que gostam. Depois de um tempo trabalhando com gestão de pessoas a gente aprende a observar e perceber os outros e bom mesmo é quando se tem proximidade suficiente e liberdade de dar *feedbacks* honestos de presente, dizer que correr para o lado errado não vai nos levar ao lugar certo, que a direção é muito mais importante que a velocidade.

  Trabalhar na área de Recursos Humanos é o que eu realmente gosto de fazer, embora nunca tivesse pensado nisso na época da faculdade, aliás, confesso que nem reconhecia a área como sendo algo importante, era como se essa profissão se resumisse em calcular folha de pagamento, algo meio que automático. Percebi que essa impressão não era só minha, de vez em quando, quando me convidam para dar uma aula ou outra nas turmas de Gestão de Pessoas das faculdades, eu sempre pergunto aos alunos por que eles escolheram esse curso. A resposta na maioria das vezes é a mesma, que essa foi a segunda opção, muitos porque não passaram no vestibular para Psicologia ou porque os outros cursos eram mais caros e a grana está curta. Muitos dos meus colegas que empreenderam nessa profissão também descobriram o gosto por acaso, entraram por outros caminhos e, assim como eu, se apaixonaram depois.

  Ainda não conheci ninguém que tenha dito que foi amor à primeira vista ou sonho desde criança. Por outro lado, a área de Recursos Humanos também vem evoluindo muito, há tempos deixou de ser departamento pessoal que só faz cálculos e cada vez mais tem se aproximado da Neurociência, da Inteligência Emocional, contribuindo para o desenvolvimento das habilidades socioemocionais dos indivíduos como seres únicos, reconhecendo que cada um traz consigo suas próprias heranças genéticas, que isso tem influência sobre as nossas emoções, que reflete no nosso comportamento, motivo pelo qual reagimos de forma diferente diante de situações semelhantes e por aí vai. Costumo dizer que é o universo em torno do ser humano, tem como não amar?

  Reconheço ter tido sorte, por ter sido bem aconselhada

pelo profissional de recursos humanos que me percebeu na época, hoje em dia tem muitos especialistas em orientação vocacional que podem ajudar nesse sentido. A orientação que recebi foi um divisor de águas na minha vida, a partir daí meu interesse em também estudar sobre pessoas, crescer numa profissão que considero entre as mais incisivas e transformadoras na vida de outras pessoas, pois nós que atuamos em RH podemos ser a porta de entrada nas vidas profissionais e, ao mesmo tempo, trilharmos um caminho de desenvolvimento pessoal numa carreira que está longe de ser segunda opção de vestibular.

Voltar para o Brasil depois de tanto tempo fora, foram 16 anos no total, foi como aquietar o coração, certamente a condição ajudou muito: um emprego dentro da própria área profissional com a experiência necessária traz um sentimento de segurança que é bem útil para se readaptar no nosso país. O melhor de estar aqui é que acaba o sentimento de "não pertencimento", pelo menos comigo foi assim, o verde do Brasil é único e o clima é sensacional, principalmente no inverno, aliás, qual inverno? Nos primeiros dias sentia como se estivesse matando as saudades de tudo, até do ar que respirava, esse maravilhar-se do nada ainda me surpreende bem frequentemente. Nosso país é lindo!

Depois que manifestei na empresa em que trabalhava meu desejo de voltar a morar no Brasil, o retorno em si foi bem breve, a mudança aconteceu três meses depois da decisão. Acho que o universo conspirou a meu favor, colocando em meu caminho pessoas que possibilitaram o retorno e pelas quais tenho muita gratidão. Tem quem não acredite, mas a ciência propõe alguma explicação científica, alguma coisa em nosso cérebro deve reagir quimicamente quando a gente define e vai em busca de um propósito, especialistas, por favor, me ajudem!

Lembro-me que fazia pouco tempo que estava de volta ao Brasil, quando houve uma grande chuva trazendo enchentes aqui na região do Vale do Itajaí. Recebi um e-mail do meu ex-chefe lá da Itália, preocupado com a nossa situação aqui, ele viu as notícias na televisão e queria saber se tínhamos sido atingidos pela enchente e como estávamos. Felizmente não havíamos sido atingidos, mas o contato com ele me fez lembrar de algumas conversas que tínhamos tido quando trabalhávamos juntos na Itália. Ele dizia que o ser humano é um constante insatisfeito, que quando alcança um objetivo este logo perde a graça e passa a querer outra coisa, que a felicidade é sempre algo distante, que você só vai ser feliz quando isso ou aquilo acontecer, ou quando tiver tal coisa, quando, quando e esse quando nunca chega, ou se chega dura pouco. Eu discordava, dizia que é possível, sim, se sentir feliz aqui e agora, independentemente de ter algo específico, embora soubesse que no meu caso não era lá, nem naquele momento. Ao responder o e-mail dele sobre as enchentes, também senti vontade de retomar aquele assunto da felicidade, e foi:

"Olá, caríssimo ex-chefe,

Felizmente aqui estamos todos bem, a enchente que invadiu a região não nos atingiu.

Estava mesmo pensando em te escrever, ultimamente tenho pensado muito nas coisas que aconteceram até aqui e que eu preciso te contar.

Especialmente durante minhas idas para a praia, que fica a uns 80 quilômetros de distância, no caminho fico admirando a paisagem e refletindo...

Lembro quando você me disse que não se pode ser plenamente feliz, porque quando alcançamos nosso desejo logo passamos a desejar outra coisa (eu dizia que, se tivesse 160 mil euros, seriam suficientes para viver tranquila e você dizia que se eu tivesse 160 iria querer 200 e assim por diante).

Bem, eu ainda não tenho os 160 mil euros, mas tenho

um sentimento de plenitude que me impressiona, a sensação de ter realizado todos os sonhos.

Conheci todos os lugares mais lindos do mundo, segundo meu gosto. Em alguns deles voltei mais de uma vez.

Vivi experiências culturais que me fizeram crescer: respeitar e admirar os diferentes, simplesmente porque entendo o que se sente na própria pele e dentro do peito.

Conheci pessoas únicas, boas e más.

Consegui voltar para casa exatamente como eu gostaria de ter voltado, tenho um apartamento numa praia lindíssima, onde passo os fins de semana, visito amigos, rio frequentemente. Meus familiares estão todos vivos e a maioria goza de plena saúde.

Queria te dizer que sou muito feliz, não acredito que seja porque me conformo com pouco ou porque meus objetivos são muito modestos, como você pode pensar. Acredito que até aqui também tive sorte de ter encontrado as pessoas que encontrei no meu caminho, como você, que me fez refletir sobre essa questão, pois a reflexão me levou a observar e aprender que é possível sentir-se plenamente feliz aqui e agora, exatamente com o que se tem e da forma como somos.

Queria muito que você soubesse.

Abraço bem grande e Muito Obrigada.

Clea."

Quando minha amiga Karen disse que havia me indicado para participar deste projeto sobre a vivência de empreendedoras, junto com tantas mulheres que eu admiro muito, dar meu depoimento, fiquei surpresa, na hora "a ficha não caiu", refleti no que eu poderia dizer para ajudar a inspirar outras mulheres. Então pensei no que eu gostaria de ler sobre aquelas que admiro: qual foi a trajetória delas, quais foram seus medos e o que fizeram a respeito, assim, logo achei o que escrever, contei um pouco da minha estrada até aqui, dos sentimentos, dos contextos, mas há dois assuntos que eu gostaria de ter lido ou ouvido alguém dizer, foram feridas que quero compartilhar porque têm tudo a ver com minha trajetória profissional e talvez tenha a ver com a experiência de mais alguém que está lendo agora. O primeiro assunto é que ninguém é forte o tempo todo nem precisa ser.

    Falar em público nunca foi um passeio para mim. Sempre dá uma tremedeira, os dedos gelam e a voz embarga. Uma vez ouvi o Cortella[1] dizer que depois de 30 anos praticando constantemente isso passa... Acredito nele, e por isso nunca recuso uma oportunidade de falar. Há quem diga que eu não deveria expor essa fragilidade, que talvez ninguém nem percebesse se eu não dissesse, que nós mulheres, se quisermos conquistar nossos lugares no mundo corporativo, temos que esconder nossas fraquezas, pois esse meio ainda é muito machista e não vai nos dar nosso devido valor se não nos mostrarmos fortes e seguras. Bem, cada um tem seu ponto de vista, que nada mais é do que a vista de um ponto. Eu acredito que quando a gente se propõe a enfrentar nossos medos com coragem, no sentido de agir com o coração e decidir com a razão, o fato de demonstrar fragilidade não é nenhum demérito.

    Quando eu falo em público, por exemplo, tenho alguns objetivos bem claros: um deles é compartilhar o que eu conheço. Valorizo bastante as minhas experiências, afinal elas me trouxeram ao atual estado de felicidade em que me encontro, meus tombos e levantadas podem servir de ajuda para outras pessoas que também estão caindo e levantando, e acho que seria muito egoísmo não compartilhar só por medo de falar em público. Outro objetivo claro e específico é criar uma

---

[1] Mario Sergio Cortella, filósofo, educador e palestrante.

conexão com outras pessoas que também têm esse mesmo medo, e sempre tem alguém. Uma pesquisa que li não lembro onde dizia que tem mais gente com medo de falar em público do que com medo de morrer, pode?!

Todos temos experiências únicas que merecem ser compartilhadas, assim como medos que podem ser enfrentados através de ações sinceras.

O segundo assunto é sobre não ter filhos. Tem tantas coisas que a gente ainda não conhece sobre a gente mesma. Sabe aquele desejo de maternidade que bate em nós mulheres em algum momento da vida? Então... nunca tive. Nem sei quantas vezes me perguntaram: "E aí, não vão ter filhos?" Imagino que minha expressão nessa hora fosse igual àquela do meme do John Travolta olhando de um lado para outro procurando nem ele sabe o quê. Hoje consigo responder com firmeza: "Não". Sem nenhum constrangimento. Ok, foram necessárias algumas terapias para chegar nessa firmeza toda, mas é possível enfrentar uma certeza de algo que pode parecer incomum para a maioria, ainda que seja verdade para si própria. É libertador.

Acredito e defendo que as mulheres, aliás, todo ser humano adulto, deve ter sempre autonomia para decidir o que quiser sobre sua própria vida. Se você também nunca sentiu o desejo de maternidade tocar seu coração, está tudo certo, vem para cá que você não está sozinha.

Eu adoro crianças, muito mesmo, só nunca senti o desejo de gerá-las. Admiro as mulheres que conseguem conciliar a maternidade com qualquer outra coisa, pois só a maternidade em si já é serviço e dedicação de sobra. As mães que conquistam altas posições no meio profissional têm uma característica em comum: dependem do auxílio importante de outras pessoas, ou do marido, ou de suas mães, ou de alguém próximo. O mundo do trabalho não é muito amistoso com as mães sozinhas, nós precisamos nos lembrar disso, e fazer o possível para que elas não desistam, olhar para elas com diferenciada atenção e estimulá-las a continuarem seguindo seus sonhos.

Agora que escrevi até aqui, seria bom saber como finalizar um capítulo, como agradecer pela oportunidade de compartilhar sentimentos, eu gosto quando leio algo que termina com uma frase curta, que seja fácil de lembrar, nesse caso acredito que pode ser com minha frase preferida: "O que importa realmente são as pessoas que encontramos pelo nosso caminho".

Muito obrigada.

Daiane Schmitz

Superação, confiança e respeito: os clichês mais saborosos da minha trajetória

8

Daiane Schmitz

Diretora Técnica do grupo Mottiva Filmes. Bacharel em Administração de Recursos Humanos pela Faculdade Metropolitana de Guaramirim.

Cinegrafista há 20 anos, atualmente dirige a equipe técnica da produtora sendo responsável pela direção das captações e edições da empresa. Atua também na gerência comercial da Mottiva Vida, uma das empresas do grupo.

Contatos:
E-mail: daiane@mottiva.com.br
Site: www.mottiva.com.br
Facebook: www.facebook.com/daianedgs ou
www.facebook.com/mottiva
Instagram: @daianedgs ou
@mottivafilmes

Muito prazer, meu nome é Daiane, tenho 35 anos, sou casada, moro em Joinville e tenho três filhos: dois meninos lindos chamados Murilo e Bryan, e uma empresa linda chamada Mottiva Filmes.

Mas, antes de falar de mim e da minha jornada empreendedora, preciso justificar de onde veio minha paixão por registrar o sonho das pessoas.

Eu tinha pouco mais de três anos quando meu pai, pra complementar a renda, começou a gravar os aniversários de parentes, amigos e casamentos de pessoas mais próximas. E desde muito nova, até por acompanhar meu pai nos eventos, sempre tive o sonho de colocar uma filmadora no ombro.

A primeira vez em que isso aconteceu eu tinha apenas 12 anos e, desde então, foi meio que um caminho sem volta.

Naquela época, há mais de 20 anos, a tecnologia era muito diferente de hoje em dia e os casamentos eram bastante tradicionais. Não havia edição, e isso me trazia a responsabilidade de não poder errar em nenhuma cena, já que a famosa "fita do casamento" já era entregue aos noivos logo depois do término do evento.

Dos 12 aos 19 anos segui trabalhando com meu pai, e acreditava que por muito tempo continuaria fazendo aquilo na minha vida, então, aos 17 anos resolvi apostar na faculdade de Publicidade e Propaganda. Cursei quase dois anos quando percebi, aos 19 anos, que gostaria de experimentar outra rotina de trabalho, até porque na produtora tudo era feito como um *hobby*, afinal, meu pai tinha outro emprego e esse, sim, era o sustento principal da família.

Bom, o fato é que não enxergando muito futuro nessa empresa familiar busquei uma oportunidade de trabalho um pouco distante dessa área, e por quatro anos me ausentei da produtora e mergulhei no universo corporativo, deixando também de lado a faculdade que havia iniciado.

Comecei trabalhando como estagiária na recepção de uma grande instituição. Eram muitos contatos diários e isso foi me trazendo uma vontade bem grande de trabalhar com a área de Humanas. Não pensei muito, e logo prestei novamente vestibular e lá estava eu a viajar mais de 100 quilômetros por dia para cursar bacharelado em Recursos Humanos numa cidade próxima de onde morava.

Nove meses se passaram deste meu primeiro emprego, até ter uma oportunidade de trabalho numa grande indústria, onde trabalhei por dois anos e meio, mas confesso que minha grande escola na área de humanas foi numa empresa chamada Ciser. Os desafios eram diários, tanto nos processos como nos relacionamentos. A empresa passara por uma mudança cultural muito grande e eu, como analista de desenvolvimento humano e com meus 23 aninhos, passei 18 meses crescendo diariamente, fortalecendo minhas crenças e exercitando minha persuasão.

Nestes quatro anos em que estive ausente da empresa do meu pai, quem acabou ficando no meu lugar foi meu irmão. Eu e o Daielton temos pouco mais de cinco anos de diferença de idade, então, enquanto estava desenhando meus planos para o futuro, ele ainda estava decidindo para qual faculdade prestaria vestibular.

E foi exatamente nesta época, ao final dos meus quatro anos ausente da produtora e também prestes a levantar meu canudo de bacharel, que começou a me bater um desejo muito forte de ter meu próprio negócio.

O final da faculdade estava próximo e o fato de voltar a ter minhas noites livres novamente começou a mexer comigo de uma forma diferente.

Pensei muito, mas nada tirava da minha mente a oportunidade de voltar para a empresa do meu pai. Conseguia enxergar ali o grande desafio de aplicar boa parte de meus conhecimentos adquiridos no mercado de trabalho.

Compartilhei com diversas pessoas meus humildes planos e duas situações me marcaram muito nesta etapa, aliás, duas pessoas. Uma foi meu gerente de Gestão de Pessoas, a quem devo grande parte do meu crescimento. Demorei semanas até ter coragem para contar a ele sobre esta vontade de voltar para a empresa do meu pai. Mas o apoio dele foi indescritível, e, além de me incentivar muito a abraçar esta oportunidade, disse que sem dúvidas minha sensibilidade e meu olhar criterioso me levariam longe. Saí da sala dele inflada, motivada e certa de que voltar para o ramo de vídeos seria a melhor decisão a tomar. Isso foi em abril de 2008.

Decisão tomada, acordo feito, e a contagem regressiva para voltar para a DVP (como se chamava a empresa da família) começou a acontecer.

Mas lembram que comentei que havia duas pessoas marcantes nesta etapa? Pois bem, a outra foi minha mãe. Ela acompanhara por bastante tempo a luta do meu pai com a empresa e por anos passara suas madrugadas de sábado sozinha esperando-o chegar dos casamentos que gravava. Sim, ela acreditava naquele *hobby* da família, mas sinceramente acho que talvez nunca tenha sido o desejo dela para a vida profissional dos seus filhos.

Levei três meses para me desligar da Ciser, e foi faltando apenas 20 dias para eu retornar à DVP quando decidi contar para a minha família. Minha mãe, por puro excesso de zelo e preocupação, não demonstrou muito entusiasmo, afinal de contas, estava abrindo mão de uma carreira profissional promissora e crescente para retornar a uma empresa que não tinha um futuro certo, mas em junho de 2008 eu estava de volta, e uma nova estrada naquela empresa familiar estava sendo traçada.

A empresa era pequena e não havia muito controle administrativo. Contrato, planilhas, sistema de gestão, tudo foi aos poucos sendo implantado. Era uma nova era, um marco para mim e para as pessoas que trabalhavam comigo. E todo o conhecimento que adquiri no mercado corporativo começou a ser moldado e aplicado na produtora.

As coisas começaram a caminhar de uma forma muito feliz: parcerias, publicidades, feiras, agenda lotada, tudo foi logo acontecendo, e num escritório construído nos fundos da casa dos meus pais, numa construção executada para a empresa no ano 2000.

Dois anos se passaram desde o meu regresso e em 2010 me casei com o Murilo, e nosso presente de noite de núpcias foi nosso primeiro filho, Murilo Júnior, que nasceu em abril de 2011.

Desde o nosso casamento, já planejávamos tirar a empresa da casa dos meus pais, e este fato aconteceu logo após o nascimento do meu primeiro filho.

Casamento, filho, nova rotina, mudança de casa, mudança de endereço da empresa, empresa crescendo... tudo parece ser tão lindo, né? Mas não foi bem assim.

Dói escrever isso, mas se eu pudesse 2011 seria um ano que gostaria sinceramente de apagar da memória, deixando apenas o dia do nascimento do meu primeiro filho na lembrança.

Estava aprendendo a ser esposa, aprendendo a ser mãe, aprendendo a ser dona de casa, a lidar com funcionários, a lidar com a saída da casa dos meus pais, e principalmente a lidar com o crescimento constante da empresa. E neste aprendizado multissetorial da minha vida meu maior medo começou a se tornar presente: o de que em algum momento alguma coisa iria fugir do meu controle. E fugiu...

Sim, sou humana... Sim, tenho falhas... Sim, eu não sou a mulher maravilha! E, sinceramente, não sei precisar, mas alguma coisa começou a falhar na minha jornada profissional.

Demorei a entender e a aceitar, mas estávamos passando por uma crise de relacionamento entre os sócios da empresa, ou seja, meus pais, meu irmão e eu.

A cada dia as coisas foram se tornando difíceis e precisávamos tomar uma decisão, mas eu não queria acreditar e não conseguia enxergar a empresa crescendo sem que nós quatro estivéssemos ali juntos. Comecei a procurar minhas falhas, a tentar entender o que estava acontecendo, mas não conseguia encontrar nenhuma resposta, até que ao final daquele ano (2011), durante as férias, eu decidi: não quero mais isso pra mim. Mas o não querer não significava explicitamente não querer mais trabalhar com produção de vídeo, significava não colocar em risco uma família que de repente começou a se dividir.

Era fato: EU não estava feliz, e convoquei uma reunião para que antes de iniciarmos as atividades de 2012 pudéssemos "ajeitar a casa" e dar sequência em tudo.

Foi umas das piores férias da minha vida, e nenhum dia se passava sem que eu pensasse que tudo aquilo era apenas um estresse de momento, e que logo tudo voltaria à rotina maravilhosa de trabalho que tínhamos em família. Mas infelizmente não foi tão simples assim...

O ano virou e a temida reunião enfim chegou, e meu principal discurso era o de que eu deveria sair da empresa, por vários motivos: um deles era porque como eu já havia tido uma experiência profissional fora da produtora seria mais fácil me recolocar no mercado de trabalho, já que meu irmão estava prestes a se formar e seu único vínculo de trabalho havia sido até então ali conosco.

E não quero me alongar em detalhes, mas depois de conversarmos, chorarmos, nos excedermos e oscilarmos bastante no que queríamos, decidimos juntos que ninguém mais continuaria na empresa, e que colocaríamos a mesma à venda.

Eu estava dividida, pois com a venda da empresa a ideia de retomar nossos laços de família era tão forte como o sofrimento que tinha ao perceber que nossa empresa familiar não teria mais a continuidade que eu havia imaginado.

Foi muito difícil, levei dias para entender o que estava acontecendo, não queria que a empresa de anos de história acabasse nas mãos de quem não tivesse por ela o mesmo carinho e apego que tínhamos. E foi neste momento que meu marido entrou na história de uma forma mais intensa.

Murilo trabalhava conosco há seis meses na área comercial. Ele sempre acreditou na DVP, sempre acreditou no crescimento da empresa e que a minha melhor decisão foi a de voltar para a produtora.

Foi quando compartilhou comigo o desejo de comprar a empresa e de continuarmos essa missão juntos.

Eu até gostei da ideia, mas não para que eu continuasse ali, gostei da ideia por acreditar que seria o melhor comprador para uma empresa de anos de tradição, e acabei apoiando a iniciativa dele.

Compramos a parte da família, e com isso adquirimos uma dívida considerável. E mais três coisas bastante consideráveis acompanharam esta compra: uma agenda lotada, cheia de eventos já pagos, uma mudança de tecnologia que geraria um investimento gigante e o principal era a esperança de ter novamente aquela família unida de volta.

Vamos lá... mais um recomeço, mais um desafio, e desta vez bem diferente, o negócio que era apenas familiar precisava de uma cara nova.

Era maio de 2012 e nós completávamos naquele mês 25 anos de história de videoprodução. Não podíamos deixar passar.

Fizemos uma festa, aliás, uma linda festa, e foi a oportunidade perfeita para comunicarmos aos parceiros, clientes, amigos e familiares que continuaríamos aquela história, mas desta vez de uma forma muito diferente. Passamos a ser a Mottiva Filmes, tecnologia e arte. Passamos a ser gratos pelos 25 anos que haviam se passado, a ser gratos por cada um que contribuiu com a DVP, principalmente seus fundadores (meus pais) e meu irmão, mas sabíamos que a partir dali iríamos escrever nossa própria história.

Passamos a nos posicionar diferente para o mercado. E, com tudo isso, começamos a voar ainda mais alto.

Com a troca de tecnologia, trouxemos para o mercado de Joinville uma importante virada de chave, que se tornara o grande divisor de águas na nossa história: a de transformar os vídeos de casamentos, até então longos e cansativos, num filme curto, dinâmico e com muito mais essência para os nossos clientes.

Entramos em 2013 com tudo e com quase 80 casamentos na agenda. Tudo ia bem, mas meu coração ainda não estava totalmente em paz, era um misto de sentimento de querer ganhar o mundo com a sensação de que eu ainda não merecia, mas mais pra frente eu falo sobre isso.

O mercado enxergava a Mottiva numa ascendente constante e os clientes passaram a ter o vídeo do casamento como um item prioritário no dia do evento. Cada vez mais nosso trabalho foi ganhando visibilidade e "ter o casamento num filme de cinema" se tornou o maior sonho de muitos casais e nossa maior missão.

Uma rotina louca tomou conta dos nossos dias, passamos a trabalhar quase sete dias por semana e ao final daquele ano eu estava exausta, desgastada, cansada, e mesmo amando o que fazia ainda me perguntava se estava no caminho certo, se toda essa correria me levaria a algum lugar. E foi aqui que comecei a perceber que qualidade e quantidade nem sempre caminham juntas.

Durante aquelas férias recebemos uma ligação muito marcante na história da nossa empresa: a maior associação do mundo de foto e vídeo, a Inspiration Photographers, nos convidara para participar da instituição, para entrarmos para a vitrine dos melhores, para somar com aqueles que se destacavam dentre tantos outros. Desligamos o telefone e eu chorei, gritei, pulei e agradeci muito a Deus por me mostrar que sim, eu estava no caminho certo.

Mas era hora de mudar mais uma vez, então começamos pela decisão de fazermos apenas um evento por final de semana.

Reformulamos nossa equipe e redesenhamos nosso planejamento de captação de imagens. Aos poucos nossa agenda foi ficando mais livre, dando espaço à famosa qualidade de vida.

Por um lado, isso tudo era maravilhoso, mas por outro, vendendo menos, tínhamos que nos reinventar para que nossa estrutura pudesse ser mantida e nosso negócio continuasse saudável. E foi quando, em 2015, aprendemos a lidar com produção de vídeos para o mercado corporativo e ocupar melhor nossos dias úteis.

Fomos ganhando corpo dentro dessa fatia de mercado e conquistando mais e mais clientes.

Prêmios, viagens, reconhecimento... a cada dia crescíamos mais e mais. E, quando achei que já tínhamos alcançado grande parte dos nossos sonhos com a Mottiva, veio a oportunidade de gravarmos um casamento em Nova Iorque, em julho de 2017.

E de lá pra cá foram tantas outras cidades para as quais tivemos a oportunidade de levar nossa empresa: Rio de Janeiro, São Paulo, Porto de Galinhas, Fernando de Noronha, Foz do Iguaçu, Natal... sem contar as localidades próximas daqui que já estamos bastante acostumados a visitar.

E hoje?

Hoje, a Mottiva Filmes está classificada entre as dez melhores produtoras de vídeo de casamento e família do Brasil e tem na sua carteira corporativa um número bem especial de clientes.

Hoje, temos cada vez mais o reconhecimento do mercado e a certeza de ter muito pra aprender e pra crescer.

Hoje, aprendi que ser empreendedora de alta performance não consiste em ter um maior faturamento, muito menos em ter milhares de funcionários. Aprendi que para ser empreendedora de alta performance preciso antes ser uma pessoa de alta performance. Conhecer seus limites e respeitá-los, entender que nada se faz sozinho e que o maior potencial dentro de uma organização é sem dúvida o potencial humano.

E sua família, Dai? Como ficou?

Aqui é a cereja do bolo, e preciso compartilhar com vocês que durante o processo incrível de escrever minha história nestas poucas páginas aquele sentimento de "não merecer crescer" que me dominava foi esmagado por uma experiência maravilhosa chamada "perdão de irmãos", e estamos dia após dia reconstruindo nossa história.

E é assim que eu finalizo mais este desafio da minha vida: reconhecendo que ainda tenho muita história pra contar e pra viver e com um sentimento muito forte de gratidão por tudo que vivi e que aprendi até aqui.

Fernanda Moreira

Teatro. Alma, cura e ganha-pão

9

Fernanda Moreira

Atriz formada pela CAL (Casa das Artes de Laranjeiras – RJ). Atua há mais de 23 anos como professora de cursos de formação de atores. Oferece treinamentos para empresas e aulas individuais de oratória, com foco na comunicação verbal e corporal, usando técnicas de teatro e linguagem audiovisual. Realiza palestras com esse mesmo enfoque.

Formação em Pedagogia, pela ACE (Associação Catarinense de Ensino–SC), que utiliza, também, para conduzir alunos na comunicação pessoal, dando ênfase ao autoconhecimento. Essa condução é feita por um processo prático, dinâmico e crítico, porém sensível, aplicando conceitos teatrais e psicodramáticos, desenvolvidos como professora no Studio Escola de Atores.

Diretora do Studio Escola de Atores, em Joinville, desde 2001; diretora artística do projeto HOSPIRRISOS, e idealizadora do projeto infantil no teatro e no YouTube FADATUBE.

Pós-graduanda em Marketing Digital e Psicodrama.

Contatos:
E-mail: studioescolajoinville@gmail.com
Facebook: @studioescoladeatoresjoinville
Instagram: @femoreirastudio @studioescolajoinville
Youtube: FADATUBE

Eu sou a Fernanda Moreira, atriz, pedagoga, esposa, e mãe de um lindo casal. Desde 2001 vivo em Joinville, SC. Chegando do Rio de Janeiro, embarquei, a partir daquele momento, na minha fonte de alegria, inspiração e sanidade que é o Studio Escola de Atores.

Nasci em São Paulo, capital, filha de uma mãe ávida por educação, e um pai que não se importava tanto assim. Ele nunca se formou e terminou a vida de forma triste, sem estudo e estrutura nenhuma de vida, emocional e financeira. Não tive envolvimento com essa sua fragilidade, pois haviam se separado e perdi o contato anos antes. Já minha mãe, mulher forte e batalhadora, acreditou, sempre, que a educação a levaria para frente, lhe daria as condições para criar os dois filhos sozinha. Com essa crença, chegou, de forma brilhante, a um pós-doutorado.

Assim, seguindo a trilha da minha mãe, tenho buscado um processo de educação contínua. A minha carreira profissional reflete essa condição, mas também houve erros e frustrações que, ao final, resultaram num aperfeiçoamento maior.

Minha mãe, meu irmão e eu moramos em Cuiabá, antes de chegarmos a Florianópolis, no final de 1991. Eu tinha 15 anos! Nessa idade, a vida é uma incerteza, a gente tem muitos planos. Eu pensava em terminar o segundo grau e ser professora de educação infantil! Sempre amei crianças e sempre tive uma empatia grande com elas. Devo ter sido fada em alguma encarnação.

Minha ideia era cursar uma faculdade de Pedagogia e seguir a vida, repleta de sorrisos e afetos infantis. Ao terminar o segundo grau, veio a minha primeira desilusão: não passei no vestibular. Ah! Se arrependimento matasse... Eu deveria ter feito Magistério, pois teria amado e ganho o conhecimento da área.

A formação no Magistério teria me ajudado no vestibular, que, naquela época, era vocacionado, ou seja, as questões da prova eram baseadas nos conteúdos da Pedagogia. Eu fiz o curso científico no segundo grau, que na verdade odiei. Na minha avaliação, esse foi o primeiro erro na estratégia de carreira, mas, na época, não tive quem me orientasse.

A frustração por não ter cursado Pedagogia e a sensação de perda de tempo se mantiveram por muito tempo. Felizmente, minhas conquistas profissionais posteriores, além da maturidade, a frustração e a sensação de ter cometido esse erro de avaliação, quanto a minha vocação, foram sendo adormecidos.

E agora? O que fazer durante um ano, visto que era esse o tempo para o próximo vestibular vocacionado? Minha mãe, doida para me ocupar, me deu a ideia de fazer Teatro. Eu já dançava, sempre amei a dança e fui muito comunicativa, faladeira mesmo. Pensei: isso pode ser um bom passatempo!

Foi então, desde o primeiro dia na aula de Teatro, que a ficha caiu. Encontrei-me! Aquilo era criativo, motivador e instigante. A professora era expressiva e cativante, me deixando ainda mais apaixonada pela arte de ensinar! Mas o conteúdo não era o que eu tinha imaginado para minha vida. Não era um conteúdo qualquer, um conteúdo tradicional que eu pensava em lecionar: era Teatro!

Ali tive o grande *insight*: eu posso fazer isso! Eu me identifico com isso! Meu ano seguiu lindamente, cada semana mais apaixonada e empenhada em aprender aquela arte milenar. Ali fui acreditando que poderia, posteriormente, exercer minha vontade de ensinar.

O ano terminou, e chegou novamente a época do vestibular. Em paralelo ao curso de Teatro, fiz, por seis meses, um curso pré-vestibular, um de Francês, um de dança, e achava que estava tudo certo.

De forma providencial, no curso pré-vestibular, uma professora de Português, sabendo que eu fazia Teatro, solicitou uma ajuda: "Fernanda, você poderia encenar um trecho da obra *Um copo de Cólera*, do autor Raduan Nassar, no dia do aulão?"

Esse livro seria tema do vestibular daquele ano. Amei a ideia, e aceitei logo de cara. O detalhe que ela se esqueceu de mencionar é que o tal "aulão" seria oferecido para 1.500 pessoas, num dos principais teatros de Florianópolis, na época!

Subi no palco, fiz a tal cena, e quando escutei e senti 1.500 pessoas me aplaudindo, de pé, não tive dúvidas: era o que eu queria para a minha vida! Digo para você: não somos nós que escolhemos a profissão, ela nos escolhe, porque quando descobrimos que é aquilo o corpo todo fala, seus poros latejam e seus olhos brilham que chegam a ofuscar a nós mesmos! E você quer estar ali, todos os dias.

Era isso que eu queria, queria dar vida a outras vidas, que não a minha, através de personagens, queria encorajar outras pessoas que gostariam de dar vida a outros personagens, que não a si mesmas. Queria dar vida a pessoas que se escondem atrás da timidez, da apatia, da desmotivação. Queria ser professora de Teatro.

Resumindo: desisti do vestibular. Sim! Desisti, no momento daqueles aplausos! Cheguei em casa, naquele dia, falando para a minha mãe que eu queria fazer Teatro. Algumas semanas depois estávamos, minha mãe e eu, num ônibus, saindo de Florianópolis rumo ao Rio de Janeiro, para fazer minha matrícula na Casa das Artes de Laranjeiras (CAL), uma referência nacional como escola de Teatro.

Minha mãe, com certeza, foi minha mola propulsora para a satisfação e realização profissional. Infelizmente, ainda de forma preconceituosa, muitas famílias se negam a apoiar um filho a seguir artes cênicas, ou artes em geral.

Voltei para Florianópolis, fiz minhas malas e retornei sozinha para o Rio de Janeiro. Minha mãe ficou em Florianópolis, com meu irmão, cinco anos mais novo. E eu ganhei o mundo, naquela cidade de energia contagiante e vida cultural efervescente. No auge dos meus 18 anos tinha o mundo e descobertas pela frente.

No Rio de Janeiro passei os melhores anos da minha vida. Lá me descobri como pessoa, como profissional. O curso na CAL e a cidade me deram, como diz Gilberto Gil, "régua e compasso". Um curso, para mim, instigante, numa cidade cosmopolita, de vanguarda.

Claro que nem tudo foram só flores! Aluguel no Rio de Janeiro é caro, especialmente para uma aluna de Teatro, que mal tinha para comer! Por isso, morei com amigos; em comunidade de alunos de Teatro; em quartinhos de empregada, dormindo num colchonete no chão, aonde cheguei a ser mordida, durante uma noite, por um rato! E, ainda, vivenciei uma infestação de cupins que comeram minhas roupas!

A formação na escola ia às mil maravilhas, porém, a grana para arcar com tudo nem tanto! Meu pai, poucos meses depois que cheguei, cancelou o valor que me ajudava a pagar a escola (que era bem alto para as nossas possibilidades). Minha mãe se desdobrava para me ajudar e eu fazia os bicos que podia.

Para ganhar algum dinheiro, fazia recreação em festas de aniversário infantis, nos finais de semana. Saía de uma festa, entrava em outra e, ainda, trabalhei como babá. Apesar da dureza, foram os melhores anos que eu poderia ter com aquela idade e escolha de profissão, de vida.

Um ano depois, então com 19 anos, uma escola de televisão anunciou uma vaga de assistente de secretária, com um nome mais chique: assistente de produção. Eu não pensei duas vezes: corri e consegui a vaga. Fui parar, então, no conhecido e prestigiado Studio Escola de Atores. Naquela época, a escola era uma referência nacional, um berço de formação e lançamento de jovens talentos que despontavam na TV e no cinema nacional.

De início, eu só pensava no salário. Não me identificava, nem conhecia a linguagem televisiva que a escola ensinava, mas graças a minha comunicação logo conquistei e fui muito acolhida pelos proprietários. Uma sócia-proprietária, Sonaira D'Ávila, me "adotou". Com sua generosidade me apoiou e compartilhou todo seu conhecimento.

Naquele momento, encontrei a segunda referência de professora, Sonaira confirmava, definitivamente, com seu modo expressivo em sala de aula, que era o que eu queria para a minha vida: passar conhecimento, fazer a diferença na vida dos alunos e trocar, aprender com eles também.

Outra característica que, acredito, me definir bem é o meu comprometimento e envolvimento com as coisas na vida. Se eu me proponho a fazer algo, me empenho de verdade, com amor e dedicação. Isso contribuiu, em muito, para o meu sucesso profissional. Os gestores do Studio Escola de Atores identificaram essa característica, e souberam explorar. Eu, que não dominava o assunto, mas tinha muita vontade de aprender e ensinar, passei a dar aulas aos 19 anos. Iniciei com turmas de crianças, adolescentes e assim segui minha vida naquele lugar que, com certeza, foi a melhor escola para a minha formação. Ali, foi possível aliar a teoria, que recebia na CAL, com a prática!

Estudando e ensinando me apaixonei pelos *sets* de filmagem, pelos estúdios de gravação. Passei a compreender a linguagem audiovisual e sua leitura primorosa de indivíduos, suas características e personalidades. Cresci como atriz, perdi um trauma que, infelizmente, herdei durante a minha formação.

Esse trauma estava relacionado à atuação de um "grosseiro", que tive como professor de vídeo. A indelicadeza dele fez eu me afastar e demorar a me interessar pela linguagem. Graças à arte de quem sabe ensinar e cativar, que vivenciei com a Sonaira, resgatei a curiosidade por aquela linguagem e cresci. Ganhei com isso, a arte me salvou do trauma.

No Studio, descobri e aprendi um novo talento: a produção de elenco. Nessa atividade, que é a de escolher atores para diversos produtos televisivos, o Studio fazia produção de elenco para várias TVs e produtoras. Isso me encantou e, já com várias turmas de alunos, me capacitei para mais esse trabalho.

Parte do trabalho da produção de elenco é ter um bom cadastro de pessoas, atores potenciais para os diversos trabalhos que surgem. Assim, a Studio montou um "Workshop Para a Captação de Talentos", que foi levado para algumas cidades brasileiras.

Acompanhei o primeiro desses trabalhos, que com muita alegria foi em Florianópolis. Foi um sucesso! Foram 106 pessoas inscritas! E, naquele momento, eu recebi o meu primeiro cachê! Recebi o cheque muito emocionada. Aquele dinheiro quitaria minha dívida de três meses com a CAL. Eu havia feito um acordo com a escola, pois eu sabia que receberia esse cachê. Minha mãe desabou em lágrimas quando viu o valor. Ainda foi possível pagar mais dois meses à frente.

Em 1998, já estava formada, segura nas minhas aulas, dava *workshops* pelo país com a Sonaira e partilhava de bons momentos no meio artístico. Morava em um apartamento normal, ou seja, com um quarto só meu, mas a vida tem reviravoltas! De um dia para o outro, a locatária do quarto pede para eu sair! Aquilo me derrubou emocionalmente. Voltei, então, a morar num quartinho de empregada, no chão, de favor, na casa de uma amiga.

Mas eu estava em um bom momento profissional, fazendo uma captação de elenco para a TVE do Rio. Eles estavam em busca de um perfil muito específico, que era um garoto adolescente que soubesse falar sobre internet.

E, então, acontece uma coisa, dessas que a vida não explica: para esse perfil, veio meu irmão à cabeça. Sim, aquele, cinco anos mais novo, que tinha 17 anos, e que ainda morava com minha mãe em Florianópolis. Nessa época eu já estava há cinco anos fora de casa. Chamei meu irmão, que saiu de Florianópolis, para fazer o teste. E não é que o guri passou no teste!? Não só passou como ganhou o papel de apresentador num programa nacional voltado para o público *teen*!

Ele mudou-se para o Rio, e alugamos um apartamento ao lado do Studio, só para nós dois. Foi outra época muito especial: vivíamos entre músicos conhecidos, no estúdio de gravação da emissora. Ali, também pela observação, pude aperfeiçoar, ainda mais, minha carreira como professora.

Um belo dia... eis que invento de produzir um *workshop* de vídeo numa cidade chamada Joinville! Procurei um produtor de eventos da cidade, para fazer a proposta. Conversa vai, conversa vem, negociação vai, negociação vem com o produtor e... nos apaixonamos!

Foi paixão por telefone! Aquele de fio ainda! Sem nunca nos termos visto pessoalmente! Coisa de histórias de novelas! Bem pertinente para uma atriz, não? Ficamos nos falando por telefone durante um ano, até nos encontrarmos pela primeira vez. O *workshop* até saiu, mas anos depois.

E por que contar essa história? Porque foi logo que cheguei a Joinville que iniciei minha carreira de empreendedora, sem ao menos saber que a estava iniciando. Dois anos depois desse encontro telefônico, dei a maior guinada profissional e emocional vivida até então.

Aos 23 anos, resolvi largar toda minha vida no Rio de Janeiro, viver aquele amor e abrir uma filial Sul do Studio Escola de Atores, em Joinville. Luciano, então meu "namorido", apoiou e compartilhou muito a ideia. Juntos, abrimos uma pequena sala. Nós mesmos reformamos, pintamos e eu iniciei as primeiras turmas do Studio, no ano de 2001.

A escola logo ganhou corpo, como curso livre privado. Eu fui a primeira a abrir um curso desse tipo na cidade. Os alunos foram aparecendo, novas e boas amizades foram sendo feitas, novas possibilidades de trabalhos. Mas confesso: não foi fácil!

Em muitos momentos, fui hostilizada pela própria classe artística da cidade. Parece que achavam absurda a ideia de uma atriz vir do Rio de Janeiro e montar uma escola de TV. Chorei muito! Chorei por dois anos, para ser sincera. Voltei muitas vezes ao Rio. Passava dias, semanas por lá, mas retornava, pois as turmas iam fechando, uma após a outra, o que foi me fortalecendo, profissional e emocionalmente.

Depois desses dois anos, ganhei credibilidade e respeito dos colegas de profissão. Eles passaram a me olhar como uma profissional, que podia compartilhar da profissão e interesses na cidade e não mais como uma forasteira louca e idealista. Desde então, a escola nunca fechou. O Studio Joinville é uma referência na educação das artes cênicas na cidade e região. Por essa razão, os seus alunos têm conquistado trabalhos.

Como disse inicialmente, tenho buscado estar num processo de educação contínua e, além disso, a Pedagogia continuava gritando na minha cabeça. Então, em 2005, resolvi fazer essa formação, no meio de uma gravidez de risco, um desafio conquistado com muito esforço, mas com muito prazer e, ao final, só reforçou o amor e admiração pela minha profissão, além de ter me dado mais conhecimento sobre a arte de ensinar!

Em 2007, já com o nome Studio consolidado, fui convidada para uma parceria num projeto de humanização de um grande hospital da cidade. O projeto, denominado "Hospirrisos", onde preparo voluntários da comunidade (*clowns*) para visitas aos pacientes internados, levando um pouco de alegria para eles. Meu papel é o de direção do processo: selecionar os voluntários e prepará-los para os personagens.

Nesse mesmo hospital, exerci a função de diretora artística, por sete anos, de outro projeto voltado para a conscientização dos colaboradores no que diz respeito aos seus afazeres diários dentro no hospital.

Eu preparava esquetes (*peças curtas*) e dirigia colaboradores voluntários que se apresentavam nas seções do hospital, ou no próprio auditório. O projeto tinha um cunho de arte educativa, mas houve uma nova orientação, que perdeu essa direção, e eu resolvi me desligar. Foram dois anos para tomar essa decisão, porque financeiramente compensava e eu estava muito ligada ao grupo. Fiquei aliviada com essa decisão, porque eu estava completamente desmotivada. Não podia continuar apenas pela questão financeira, aqui já me reconhecia segura das minhas escolhas e metas de vida.

Em 2009, formei minha companhia de Teatro e sempre que posso afago a alma da minha atriz, estando em cena nos palcos. Desde que minha filha fez dois anos, criei uma personagem: a Fada Sol. Não falei que já fui fada? Dez anos depois, eu me deleito com os frutos recebidos. Já apresentei várias peças com a personagem, abri um canal no YouTube, e meus dois filhos já contracenam comigo.

Para muitos, eu ter saído do Rio de Janeiro, no auge dos

meus 23 anos, foi perda de tempo e de oportunidades televisivas. Por muitas vezes, em terapia, abordei o tema. Nunca saberei como teria sido se tivesse ficado no Rio. Agora, olhando para trás, vejo o quanto fui audaciosa, corajosa e empreendedora, e posso colher, hoje, os bons frutos daquela decisão. Ser dona do próprio curso aos 23 anos acho que não foi nada mal! Foi só crescimento. Essa consciência eu tenho hoje.

Hoje, 2019, mais uma vez estou buscando manter a educação contínua, cursando uma pós-graduação, em nível de especialização, em Marketing Digital. O contato com as matérias que estão sendo ministradas abriu os meus olhos para esse mundo digital, que pode ampliar as possibilidades de qualquer negócio.

É, sem dúvida, mais uma iniciativa minha para incrementar o meu empreendedorismo: o Studio Escola de Atores é uma paixão, é a minha satisfação pessoal e profissional, mas não deixa de ser um negócio, que precisa de rentabilidade. Acho que é mais um gol na minha trajetória!! Paralelamente estudo Psicodrama, outra paixão que conheci no hospital através de uma amiga.

O Teatro Cura

O que mais me envaidece, nesse meu lado empreendedor, é ter vivenciado a arte como forma "salvadora". Considero fundamental escolher a profissão que realmente arrebata: que faça o olho brilhar! Aqui relato como minha vida profissional, mais uma vez, fez um resgate da minha vida pessoal.

Em 2017, perto de completar 40 anos, descobri uma arritmia cardíaca. Ela foi desencadeada por *stress*: foram anos de insônia (tive um aborto espontâneo na primeira gestação, levei três anos para conseguir engravidar e tive uma gestação de risco, e um parto prematuro na terceira gestação); cansaço da vida cotidiana, com dois filhos pequenos e decepções e exigências profissionais.

Isso tudo rendeu, além da arritmia, depressão e crise de pânico. Eu sempre atendo alunos que vêm encaminhados por psiquiatras e psicólogos (sou grata a todos eles). Eu conhecia, exatamente, os sintomas daquelas doenças. Conhecia seus fatores limitantes e devastadores.

Uma crise de pânico é algo que não se pode explicar, mas, como eu havia presenciado alguns alunos em crise, tive consciência, imediata, da necessidade de ajuda médica. Os médicos que me atenderam ficavam admirados com a minha precisão e consciência do diagnóstico. Eu explicava que sou professora de Teatro, e, de forma similar aos psicólogos, os professores de Teatro reconhecem bem os estados emocionais dos indivíduos.

Alunos e pais de alunos não perceberam minha doença. Não deixei de atender clientes, ou estar no palco me apresentando. Aliás, esses eram os únicos lugares onde as doenças não me alcançavam. Permanecia lúcida e presente em todas as aulas e ambientes artísticos. Criava, pensava e sorria. Mas era sair dali para o mundo parecer estranho, triste e solitário.

Já tratada, com as doenças sob controle, pude, friamente, fazer a leitura de tudo o que estava vivenciando e cheguei à feliz conclusão: o Teatro, novamente, me salvou, pois fazer o que se ama mantém a mente sã, motiva, completa, define a própria vida.

Durante esses anos de Studio, percebi e acompanhei a mudança, para melhor, de muitas pessoas. Tenho recebido *feedbacks* positivos de muitas delas, que alegam que a vivência das aulas foi muito importante e eu mudei as suas vidas.

Encaro esse retorno positivo como a constatação do dever cumprido. É a comprovação do comprometimento com o meu trabalho, do acerto da minha escolha por essa carreira, mesmo que o retorno financeiro não seja o mais desejado, mas é aqui que me vejo empreender, pois toco as pessoas de alguma forma.

Tenho essa constatação, também, pelo crescimento da Escola, e a abertura de novas frentes: sou convidada para dar palestras e oficinas em empresas, preocupadas com o desempenho comunicacional dos seus funcionários. Além disso, recebo para aulas individuais professores e até políticos que buscam melhorar a forma de comunicação e expressão corporal, para ganhar mais desenvoltura e resolver questões de timidez e até traumas.

É uma satisfação que me preenche. Por essa razão é que dedico esta "confissão" a todos os alunos (foram centenas) que passaram pelo Studio até hoje. É pela convicção de que o Teatro transforma vidas que continuarei o meu trabalho.

Gratidão à Vida que me proporcionou trilhar esses caminhos e me trouxe até aqui!

Gilda Maria Menicucci Balsini

As Quatro Estações
Lavras | Belo Horizonte | Rio de Janeiro | Joinville

10

Gilda Maria Menicucci Balsini

Psicóloga clínica, tendo sido a primeira em Joinville, na década de 70, atuando em projetos psicossociais. Psicodramatista, professora, palestrante. Graduação PUC de BH. Pós-Graduação Ludoterapia, Musicoterapia, Psicomotricidade, Psicodrama, Psicopedagogia e Educação Inclusiva. Autora do programa "Cuidando de Quem Cuida", reconhecido pela Biblioteca Nacional e Academia de Letras, com moção honrosa da Câmara de Vereadores. Palestrante oficial no Cinquentenário da ONU com trabalho de Violência Familiar. Responsável pela estruturação da APAE e AMA. Coordenadora e professora de Pós-Graduação em Psicodrama na Sociesc (2005-2015). Criadora do grupo UMMA (União Mais Mulheres em Ação) com trabalhos de Sociodrama.

Contatos:
E-mail: gildamenicucci@yahoo.com.br
www.clinicapsicologicajoinville.com

Vida com vida, sonhos, metas, crenças, o saber que aprende e ensina, conduzindo nossos passos às realizações. A nossa essência permanece em todos os lugares.

Quem sou? Papai escolheu Gilda pelo filme da época, mamãe escolheu Maria, nome santo para abençoar a casa, Gilda Maria Menicucci. Gostei!

Meu pai, Silvio Menicucci, estudou Medicina no Rio de Janeiro, conheceu minha mãe, Nerina Neri, carioca.

Em Lavras, no interior de Minas Gerais, no dia 8 de setembro aqui cheguei, bebê grande, mais de cinco quilos, cabelos pretinhos, quarta filha. Cinco irmãos: Carmem, Marilena, Paulo Roberto, Gilda Maria e Jussara, gostoso lembrar-me de nossa história, quase toda a família morando na mesma rua Benedito Valadares, casa número 124. Quantas cartinhas chegavam! Na casa da esquina, na janela, três tias bem idosas, tias do meu pai, sempre dando bom-dia cada vez que eu passava na rua, depois nossa casa, em seguida a do tio Pedro, depois o consultório do pai e na esquina a grande casa de minha vovó Carminha, com uma tia viúva e cinco filhos.

Sempre boa aluna, o "primário" cursei no Grupo Escolar Firmino Costa, por decisão de meu pai, que na ocasião era prefeito de Lavras. Recebi de meu pai o bom senso, a responsabilidade, a honestidade, a bondade, o ajudar ao próximo, o prazer do estudo, a compreensão e o perdão. E as lições de vida da minha mamãe, os cuidados, a comunicação, a alegria e o carinho infinito pelo meu pai, sempre valorizando muito a pessoa dele para nós, filhos, bela parceira de vida e muito firme na disciplina. Lembro-me de cenas como a de mamãe me corrigindo quando matei aula com uma colega e fomos para a praça de esportes nadar. Mamãe, sei lá como descobriu, foi me buscar.

Estudei depois no Gammon, colégio americano. Jogava vôlei, estudei piano e fiz curso de arte dramática. Tinha bronquite, então treinava natação e acabei participando de competições. Fui diretora do grêmio Monteiro Lobato, organizando festas, vida muito ativa. Cursei o "antigo normal" e ajudava as colegas que tinham dificuldade nos estudos. Quando tinha 14 anos, usava uma das casas da família para organizar shows, cobrava o ingresso para benefício da Santa Casa, fazia mágicas e hipnotizava. Destaco dois traços fortes em minha vida: AJUDAR e CRIAR.

Em uma ocasião, consegui hipnotizar minha prima Selma, de Belo Horizonte, e fiquei assustada. Pedi à plateia que aguardasse, pois iria levá-la para o consultório do meu pai. Ele, médico, confirmou o ocorrido e me instruiu que retornasse ao local da cena para resgatar a consciência de minha prima, fiz o despertar e ela voltou à consciência com sucesso (risos).

Que essência trago? Sou responsável por minha passagem aqui e vou fazendo a minha parte. Se estudo, aprendo, se olho, sinto, se sinto, cuido, se cuido, existo, se existo, faço. Sempre muito forte querer ajudar quem precisa, a dor do outro me toca e estendo a mão.

Rio de Janeiro

"Rio de Janeiro, gosto de você, gosto de quem gosta, desse céu, desse mar, dessa gente feliz..."

Terra da minha mãe, avós maternos, vô Adolpho, vó

Carmem, e tios. Férias no Rio, família, praia, samba, sol, e: "... moro, num país tropical, abençoado por Deus e bonito por natureza!"

Os anos passaram, e essa cidade volta a me atrair. João Paulo, meu filho, vai morar no Rio e abre a vida como professor, advogado, artista plástico e paisagista. Mais um pedacinho da família, minha neta Eduarda, cursando Medicina na Estácio de Sá, renomada faculdade. Gilda volta sua história com o Rio. Barzinhos, João Paulo, Duda, família, música, praia, teatro e viva, Copacabana!

Belo Horizonte

Fiz graduação em Belo Horizonte pela escolha da faculdade de Psicologia na PUC (Pontifícia Universidade Católica). No terceiro ano do curso normal veio a paixão pela Psicologia. Contra a vontade de meus pais, foquei e fui buscar, pois, 50 anos atrás, filha moça de 17 anos deveria ficar em casa e estudar o que tinha na cidade. Implorei e meus pais, na certeza que seria uma ilusão eu passar, permitiram, certos da minha volta, sem êxito. Que emoção ver meu nome no mural. Oba! Passei e bem classificada. Minha turma foi a quinta da PUC. Pierre Weil e Helena Antipof professores da época e minha turma com filósofos, educadores como alunos fortaleciam o nível da aprendizagem.

No quarto ano de Psicologia trabalhei no Hospital Arapiara com crianças com paralisia cerebral. Tive um grande desafio, dr. Marcio de Castro, médico fisiatra, presidente do Instituto Brasileiro de Paralisia Cerebral, me chama em seu consultório, para avaliar uma criança com dez anos, os pais médicos de Uberaba, gêmea de uma outra normal, apresenta comprometimento grave de uma paralisia cerebral, com deficiência mental profunda, gritos, mãos marcadas pelas mordidas compulsivas, desespero da família de conviver com o quadro gravíssimo de conduta. Eu estava iniciando no Arapiara, era a única para fundamentar o trabalho de Psicologia com médicos e fisioterapeutas. Tive uma vontade enorme de ajudar os pais e a criança.

    O hospital não teria condições de aceitar o caso, mas eu aceitei. Preparei minha sala para atender. Tablado, um piano, bola e chocalho. Fomos para um condicionamento de comportamento. Havia música de disco da família que ela escutava e ficava calma. Comecei por ali. Da música do disco fui para a bola, aceitou a bola, em seguida ao acorde do piano, aceitou o acorde e a bola. Do acorde fomos para músicas curtas no piano, aceitou bola, aceitou o piano. Não sentava no tablado, se jogava antes, condicionamos bola, piano, posição sentar, grande avanço. Os gritos paravam, entrei com o chocalho com ritmo. Bola, piano, posição sentada no tablado e chocalho no ritmo do piano. Agora a música dos parabéns! "Parabéns pra você!" Música e palmas no ritmo. Finalmente a criança fica calma, aceitando a música. Pararam as mordidas nas mãos. Acontece na família a primeira festa de aniversário das duas irmãs juntas. Grande emoção!

    Quando acreditamos, vamos em frente, a crença se fortalece na busca do saber. Esse trabalho foi apresentado no Congresso Internacional de Paralisia Cerebral em Belo Horizonte, quando estava no quinto ano de Psicologia. Neste congresso conheci Niso, que fazia residência de Ortopedia no Rio de Janeiro. Ali nos conhecemos, deu namoro, noivado e casamento. Acabei vindo para Santa Catarina, boas realizações e divórcio após 32 anos.

Joinville

Criando raizes como mãe e avó

Começa um novo capítulo de minha vida. Minha matriz

de Lavras escreveu minha essência para continuar o amor de mãe, vó, amiga, o amor à humanidade. Venho para Santa Catarina para continuar a história da vida, trazendo lembranças e ensinamentos de Minas.

Em Blumenau, nasce minha primeira filha, Roberta. Que emoção sentir a chegada do meu bebê, no dia que estava com uma festa marcada para brindar meu aniversário. Minha vida foi iluminada pelo nascimento do Niso Eduardo e de João Paulo, com a diferença de dois anos, e ambos nascem também em dia de festas. Niso Eduardo surpreende no dia 31 de dezembro e João Paulo na véspera de aniversário do Pai. Roberta, dia 11 de setembro, Niso Eduardo, dia 31 de dezembro e dia 5 de novembro, João Paulo, todos os três partos normais. Sentir o movimento do útero, o pulsar de emoções, o diferencial da chegada de cada filho, protagonistas da vida! Três momentos únicos, de plenitude de amor na equação da felicidade. Escrever agora é reativar a emoção, do colo que abraça e aquece e do universo que recebe. Gratidão pelos filhos que me ensinam a ser mãe.

Tocam os sinos no céu, mais um presente na minha vida, ser chamada de vovó. Viajar com a neta Duda, explorar o mundo, brincar, sorrir, andar de lambreta em Roma. Neta Elisa é minha professora de oito anos, dando boas aulas de Inglês e piano a quatro mãos. Neta Marina, muito habilidosa aos 12 anos, preparando material didático para as vivências de sociodrama e o delicioso brigadeiro de colher.

Por falar em mimos, ainda temos os cachorrinhos da família, Rocco o carioca, e Cadu, Duque, Badu e Fiore os catarinas.

Criando raízes como psicóloga

Quantas realizações em Joinville! Para mim não existe a palavra sucesso que tantos usam, existem sim realizações. Sou motivada pelos meus sonhos, ideias, conhecimento, busca de caminhos, trajetórias, inspiração, reflexão. Nascem projetos, me encanto... Pego o papel, a caneta, e a mente dispara no ato da criação. Como quando dirigia para o palco e criava. Quando dançava com a arte do movimento e a sensibilidade da música. Como ao sentar ao piano inspirada pelo desejo de tocar. "Eu sei que vou te amar... Por toda minha vida..."

Como foi ser a primeira psicóloga de Joinville

A cidade nada conhecia da profissão. Preciso abrir o campo, falar, dar palestras, visitar os colégios, apresentar a Psicologia. Primeira palestra foi no colégio Santos Anjos para os pais, no tema "Relação pais e filhos". Estava lotada a plateia, 95% eram mães. Onde estão os pais? Indaguei.

E começo o primeiro trabalho em Joinville. O contato com a professora Lia Jardim foi fundamental para fazer o projeto para a APAE (Associação de Pais e Amigos dos Excepcionais), um bom vínculo de confiança profissional e amizade.

Diagnóstico das crianças, avaliação da inteligência, orientação de pais e professores. Introduzi a musicoterapia doando o meu piano para a APAE.

Paralelamente comecei o atendimento de Psicologia clínica de crianças na rua XV de Novembro. Com a ideia de equipe multidisciplinar, convidei Ana Maria Rabello, assistente social, e Rosane Rathunde, professora da APAE, para um trabalho juntas.

Fui atendendo na clínica e na APAE. Precisei sair porque meus dois filhos herdaram bronquite asmática e o clima de Joinville desencadeava crises e eram noites cuidando.

Mais tarde pais de crianças, com possível diagnóstico da síndrome do espectro autista, me procuram e fui estudar e avaliar cada criança. Nova causa me mobilizava, e no dia 9 de março estava fundando a primeira escola clínica de autismo na cidade, à rua Euzébio de Queiroz. Roberta estava estudando Psicologia e teve participação no atendimento das crianças junto com a colega de faculdade Sara. Conseguimos em dois anos estruturar a base do atendimento, recursos, convênios e contratação de professores, fizemos nosso trabalho como voluntárias, sem remuneração. Depois de uma equipe formada me afastei para fundar com a delegada Marilisa e João Pessoa a Delegacia da Mulher.

Instituto Balsini

Estamos juntos há 20 anos no Instituto Balsini, Ortopedia, Fisioterapia, Psicologia e Psiquiatria, com equipe de profissionais diferenciados. A coordenação do filho Niso Eduardo, ortopedista, e da filha Roberta, psicóloga, e minha presença profissional expressam nossa identidade filosófica, somos todos responsáveis pela soma dos resultados. Estar juntos em harmonia é cuidar com dedicação e sabedoria.

Tratando a violência familiar

Minha proposta era trabalhar com grupo de Psicodrama na Delegacia da Mulher com os papéis da vítima e do agressor. Em nove anos, atendemos 1.280 casais vítimas da violência, e não tivemos reincidência de agressão dos casos atendidos. A média de permanência no grupo era de três a seis meses, alguns permaneceram dois anos. Em nosso estudo concluímos que 45% dos agressores estavam comprometidos pelo alcoolismo, 78,8% estavam na faixa etária de 30 a 40 anos de idade e a quantidade média de filhos por casal era de dois a três, 88% eram pais de crianças e adolescentes.

Ressaltamos a ética que se desenvolve em cada sessão, o cuidar e ser cuidado, o respeito pelas relações que se aprende, o compartilhar no final de cada encontro.

O reconhecimento desse trabalho foi destaque no cinquentenário da ONU (Organização das Nações Unidas) quando fomos a palestrante oficial. Jornais locais, TV nacional noticiavam nosso trabalho como o programa da paz.

Aposentei-me na Delegacia da Mulher e deixamos um modelo de atendimento a ser resgatado. A intimação determina a presença do paciente agressor no grupo, e aos poucos os vínculos, as emoções, os valores de boas relações se fortalecem e a cura se processa.

Cuidando de Quem Cuida

Como estão as pessoas ou profissionais que cuidam das crianças na educação, dos doentes na saúde, dos agentes no trânsito? Profissionais de várias áreas vivem as próprias dificuldades, sintomas psicossomáticos, separações, problemas com filhos e precisam de cuidados. Senti a necessidade de um programa direcionado para todos que atuam no ato de cuidar e que tanto precisam de cuidados. "CUIDANDO DE QUEM CUIDA", atendemos vários grupos da educação, saúde e segurança e apresentamos estudo, pesquisa e representação gráfica dos resultados.

Reconhecido pela Biblioteca Nacional e Academia de Letras, se torna um grande programa de tratamento. Funcionários afastados de suas atividades por diversos diagnósticos emocionais e psiquiátricos tratados retornam com melhor nível motivacional e de desempenho.

Pós-Graduação em Psicodrama na Sociesc e Sociodrama Educacional

Coordenamos duas turmas de pós em Psicodrama na SOCIESC (Sociedade Educacional de Santa Catarina) de 2005 até 2015 com professores de São Paulo, Rio de Janeiro e Santa Catarina, trazendo uma ótima conceituação ao curso. Fizemos a prática do curso com o Sociodrama Educacional para melhorar o comportamento dos alunos de quinta série, aplicado nas escolas municipais, tratando a pirâmide PAIS X ALUNOS X PROFESSORES, após grave ocorrência com um aluno em uma escola, criamos o projeto. Trabalho bem fundamentado e com resultados apresentados em análise quantitativa e qualitativa.

Formação do Grupo Umma

Aos 70 anos mais um sonho realizado, criação e lançamento de um programa que hoje completa 18 meses, UMMA, UNIÃO MAIS MULHERES EM AÇÃO, que teve o lançamento oficial em Joinville após dez meses de processo de crescimento.

Como chegamos à UMMA? Conectei meu desejo de mais um projeto de encontro com a humanidade com a bela criação do artista plástico João Paulo Balsini, meu filho, que profundamente escutou minha sensibilidade e criou com sabedoria a arte, o logo, e o nome do programa. Temos um grupo de mulheres que se uniram com o mesmo propósito, se tratar e se cuidar, buscando aprimorar o ser para levar bons valores ao próximo com empatia e amorosidade.

Minhas orações

Momentos de reflexão, meu encontro com a gratidão e proteção divina, me faz conversar com Deus, em muitos momentos de minha vida, e realmente foram muitos. Olhar para dentro de nós e buscar na crença a fé que ilumina nossa força.

Somos vida, somos movimento, somos crença, somos amor, somos ajuda, sensibilidade, somos frágil, somos forte, somos amiga, mãe, filha, avó, professora, aluna, criança...

Na relação a dois, um olhar horizontal.

Somos encontro. Somos diferentes e somos tão iguais. Sentimos a origem da vida, o começo e o ato de continuar, de construir, de melhorar. VIDA é movimento, é criação, é DEUS, VIDA é AMOR.

Contando a minha história fica o movimento, o ato de criar, sonhar, realizar, ajudar e cuidar. Fica a crença e a força da fé. Fica a VIDA COM VIDA NAS QUATRO ESTAÇÕES.

Iraci Seefeldt

Escolhas, experiências e verdades

11

Iraci Seefeldt

Mulher, mãe, atriz, jornalista, consultora, palestrante, escritora, produtora e gestora cultural. Tem formação em Comunicação Social Jornalismo, especialização em Administração de Marketing, Comunicação e Negócios e cursos nas áreas de produção, gestão e políticas culturais. Foi assessora de comunicação e diretora de eventos da EDM Logos Comunicação e coordenadora executiva do Festival de Dança de Joinville.

É consultora pela empresa I See – Gestão Cultural, Inclusão e Diversidade, produtora executiva do Programa de Formação Cultural Arte para Todos, mantido pelo Instituto de Pesquisa da Arte pelo Movimento e integrante dos grupos DeMães Teatro Playback, Coletivo IMPAR de Teatro e Grupo de Teatro Arte para Todos. Integra a Rede de Inclusão de Joinville e também conselhos, fóruns, associações e redes culturais.

Contatos:
E-mail: iraci.seefeldt@gmail.com
Redes Sociais: iraci.seefeldt /@iraci_seefeldt

É julho de 2019 e acabei de completar 47 anos. Escolhi um domingo para escrever minha história. Gosto dos domingos para escrever. Acalmo meus pensamentos e encaro minha trajetória e as constatações que faço e que têm sido cada vez mais frequentes nos últimos anos. Sinto-me uma mulher madura, consciente das minhas qualidades, talentos e fragilidades; e com a vitalidade necessária para seguir com as minhas escolhas, rumo a aprendizados e desafios constantes, e para encarar as frustrações e angústias que aparecem pelo caminho. Mas, antes de falar de mim, apresento para vocês outra mulher, Anita, minha mãe. É a partir da trajetória dela que a minha se constrói.

Anita nasceu em 1945, na localidade Barra do Rio Cerro, em Jaraguá do Sul. Veio de mudança com a família para Joinville em 1952. Filha de agricultores (era a quarta mais velha de oito irmãos: sete mulheres e um homem), trabalhou desde cedo na roça, junto com meu avô Alvino Fischer. As irmãs, menores de tamanho ou de idade, ajudavam minha avó, Hedwig Strelow Fischer, a cuidar dos afazeres domésticos, da horta, da criação e dos filhos caçulas. Cursou apenas os três anos iniciais da escola. Na adolescência fez um curso de corte e costura por correspondência e conquistou uma profissão autônoma. Aos 37 anos, mãe de três filhos, tornou-se avó e logo depois administradora de um restaurante, junto com meu pai. Essa mulher – Anita – é pessoa de muitas verdades, espírito amigo e conciliador, palavras sábias, ouvido atento, muito bom humor e um jeito especial de se relacionar com o neto e o bisneto.

Um dia, depois de ler uma entrevista minha publicada num jornal, ela confessou seu amor pela escrita e me mostrou seus cadernos biográficos. Não eram bem diários, eram cadernos com pensamentos, sentimentos e relatos de experiências – inúmeras histórias – da infância à vida adulta. Diante da minha admiração com aquela descoberta, ela me entregou seus escritos. Passei um tempo pensando no que fazer com aquele patrimônio e decidi que as "Histórias de Anita" vão ganhar uma nova vida, num projeto editorial.

Minha história, minhas escolhas

Sou Iraci, filha caçula de Anita Fischer e Reinaldo Seefeldt, canceriana, com ascendente em Leão. Nasci joinvilense, filha e neta de joinvilenses (meu avô paterno, Alexandre, nasceu em Joinville em 1900 e faleceu meses antes de eu nascer, em 1972). Fui criada em Rio Bonito, localidade rural fundada por imigrantes alemães e suíços, em sua maioria da religião Luterana. Cresci na casa que foi dos meus avós maternos – terreno amplo, com horta, pomar, jardim, pasto, rio, tanque de peixes, rancho, vacas, galinhas, gatos e tudo mais. Vivíamos no centro do bairro, com tudo muito próximo da gente, e participávamos de todas as festividades comunitárias. Mesmo assim eu sentia falta de conviver com outras crianças, tinha apenas um primo mais novo, vizinho. A escola chegou aos seis anos e passou a ser esse lugar de encontro.

Dentro desse contexto a solitude era um estado frequente para mim e Anita, minha mãe, era minha melhor e mais constante companhia – já que meu pai, motorista de caminhão, e meus dois irmãos mais velhos, Osni e Roseli, tinham seus empregos.

A infância vivida num quase "conto de fadas", onde os males do mundo praticamente não me afetavam, passou por uma grande transformação quando meu pai resolveu vender o caminhão, mudar de cidade e abrir um negócio próprio. Eu tinha dez anos e senti aquilo como um terremoto que me jogou numa realidade completamente diferente de tudo o que eu conhecia até então.

Com o novo negócio familiar – um restaurante no Balneário Barra do Sul, próximo a Joinville, eu passei a ter uma lista de funções diárias e também descobri o universo da diversidade humana: na nova escola a maioria dos alunos era "morena" e nós, "os loiros", éramos minoria. No ano seguinte, voltamos para Rio Bonito. Meus pais compraram um bar e mercearia, localizado na região mais popular do bairro, que estava em franco crescimento populacional.

Morar em outra região do bairro, durante a adolescência, me trouxe um novo círculo de amizades e a rotina era dividida entre estudos, trabalho, os encontros com as amigas e os primeiros namoros. Tínhamos uma boa clientela, mas também enfrentamos momentos difíceis. Um dia, um cliente disparou um tiro contra meu pai. Foi um basta. Fechamos o bar e transformamos a mercearia num minimercado, que logo se estabeleceu como um negócio de referência na região. Vieram então as turbulências do Plano Cruzado, do presidente José Sarney, e depois o confisco das poupanças pelo presidente Fernando Collor. A saída foi vender o supermercado e abrir uma pequena loja de presentes e vestuário – a Loja Anita, que resistiu às intempéries da economia brasileira até a morte do meu pai, em 1997.

Aos 13 anos e cursando a oitava série, eu ingressei num curso de datilografia e me apaixonei pelos livros. No complexo público de Pirabeiraba, onde ficava a escola técnica de datilografia, tinha também uma biblioteca. Carteirinha feita, o vai e vem dos livros se tornou uma constante... um depois do outro, me mostrando que existia um mundo incrível para além das fronteiras que eu conhecia até então.

Fronteiras expandidas

Meu primeiro emprego com carteira assinada veio aos 14 anos, como auxiliar administrativa numa madeireira, perto de casa. Além de auxiliar nas rotinas administrativas, eu era também "office girl". Logo eu, que até então nunca tinha tomado um ônibus sozinha para ir ao centro da cidade. Para mim, uma oportunidade única de experimentar a liberdade de me guiar por meus próprios passos. Naquele ano eu fiquei sem estudar. Não havia escola de ensino médio em Rio Bonito, apenas em Pirabeiraba (uma localidade próxima), onde as aulas eram noturnas. E estudar à noite não foi uma opção aceitável para meu pai.

Nesse momento, mais uma vez Anita foi meu porto seguro e minha mola propulsora. No ano seguinte, com seu apoio, consegui me matricular no ensino médio e mudei de emprego. Passei a trabalhar num escritório de contabilidade que ficava na mesma rua do colégio em Pirabeiraba. Abri minha primeira conta bancária, conquistei certa independência financeira e comecei a me sentir responsável pelas minhas escolhas.

No colégio em que estudava o segundo e terceiro anos eram técnicos: de administração ou contabilidade. Eu sentia que o meu lugar de realização profissional era outro, então, junto com uma amiga de turma, consegui transferência para um colégio estadual mais longe de casa, onde encontrei professores que me deram uma base de orientação vocacional e contribuíram com minha escolha pela Comunicação, pelo Jornalismo e pela escrita.

No final do ensino médio, meu pai teve um AVC e ficou internado por mais de 20 dias. Eu, então com 18 anos, fui a responsável por manter o negócio da família funcionando. Era dezembro, época das melhores vendas e de fazer caixa. Deixei o emprego e assumi a gestão do negócio da família pela primeira vez. Foi uma experiência complexa, mas, quando chegou o Natal, tínhamos bons motivos para celebrar. Meu pai teve alta do hospital e as metas de vendas na loja foram alcançadas.

No ano seguinte voltei a trabalhar, meio período, no escritório de contabilidade e acabei passando por uma experiência de assédio moral no trabalho. Meus pais entenderam a gravidade da situação e novamente Anita entrou em cena: negociou minha saída do emprego e me incentivou a entrar num curso pré-vestibular. Voltei a trabalhar com meus pais e no final daquele ano prestei meu primeiro vestibular para Jornalismo, na Federal do Paraná. Mesmo nos dias de verão, as manhãs eram frias em Curitiba. Peguei um resfriado e tive febre alta nos dois dias de provas. Quando janeiro chegou, veio também a frustração de não ter passado no vestibular, acompanhada de uma lesão no tornozelo, que me deixaria quase um mês com a perna engessada.

Mas, como diz o ditado popular: "nada é por acaso". Um dia, voltando da fisioterapia, encontrei um amigo que fazia aulas de violão na Casa da Cultura e ele me incentivou a fazer um curso lá. E é aqui, nesse momento, em 1992, que eu encontro o Teatro.

A arte entrou na minha vida

Até então eu nunca tinha assistido a uma peça teatral e não fazia a menor ideia de como funcionava aquele universo, mas estava lá, matriculada na turma noturna do Curso de Teatro. Tive aulas de preparação corporal, canto, iniciação musical e interpretação. Foi um ano de experiências completamente novas e de encontros com um conjunto incrível de pessoas. Nesse meio eu reconheci, pela primeira vez, um lugar de realização existencial.

Mas o teatro foi como um amor de verão. Chegou e

passou rápido, deixando porém marcas essenciais para a construção do ser humano que me tornei. Por falta de estrutura e segurança, segui meu plano inicial e ingressei na faculdade de Jornalismo da Univali, em Itajaí. No primeiro ano continuei morando e trabalhando em Rio Bonito, com meus pais. Mas o desgaste da maratona diária me levou à decisão de encarar a vida fora do ninho. Decisão tomada, fui morar com uma amiga de faculdade e seus dois irmãos, num apartamento alugado na região central de Joinville. Ao mesmo tempo, saí em busca de trabalho e, por indicação de amigos, consegui uma entrevista de emprego naquela que seria a minha grande escola profissional: uma agência de comunicação e relações públicas que atendia algumas das principais empresas e também eventos da cidade. Em fevereiro de 1994 iniciei como contratada da EDM Logos Comunicação, na gerência de Assessoria de Imprensa, que para minha alegria tinha, entre seus clientes, o Festival de Dança de Joinville. E lá estava eu, feliz da vida, trabalhando com comunicação e arte.

Ao mesmo tempo em que aprendia a teoria na faculdade, também experimentava as verdades da prática profissional. No meio do percurso me deparei com um quadro de depressão profunda - que durante a psicoterapia fui entender ser fruto do acúmulo de tarefas e responsabilidades e também em decorrência do ambiente empresarial masculinizado e das frequentes situações de assédio. Eu, mulher, jovem, criada num ambiente de subserviência social e machista, tinha que aprender a lidar com aquele universo. A depressão me tirou do trabalho. Quando voltei pedi para mudar de área e passei a trabalhar na gerência de Publicações, que produzia jornais, revistas e outros periódicos para várias empresas da região, e consegui permanecer na equipe de assessoria de imprensa do Festival de Dança, trabalho que sempre revigorava minhas energias, a cada mês de julho.

Iraci Seefeldt

Empreendedora de mim

Em setembro de 2000, aos 28 anos, fui convida para assumir a Coordenação Executiva do Festival de Dança. Abri minha primeira empresa na área de produção de eventos e assessoria de comunicação e já no ano seguinte comecei também a trabalhar com outros grandes eventos, o que me levou a voltar para a EDM Logos, agora como sócia e diretora de Eventos. Formávamos um time incrível de profissionais – composto, na maioria, por mulheres, engajadas e de alto astral –, e costumávamos entregar eventos memoráveis, dentro dos segmentos que atendíamos – corporativo, institucional, governamental e associativo. A gente trabalhava muito, mas também se divertia um bocado. Nesse período também fiz viagens a trabalho e estudo, visitei diversas regiões do Brasil e também a Escócia, Inglaterra, França e Portugal. Fazia mil coisas, mas sem perder o foco naquilo que mais me realizava, o trabalho com a dança, com a arte! Com o tempo o Festival de Dança se tornou, para mim, um grande amor!

No entanto, até mesmo grandes amores podem, um dia, perder o sentido de ser. Aos poucos percebi que o trabalho com os eventos, mesmo com o Festival, já não me completava mais. E no final de 2008 aceitei o convite para assumir a diretoria executiva da Secretaria de Comunicação da Prefeitura de Joinville. Tinha chegado o momento de iniciar uma nova caminhada e essa experiência me rendeu grandes e profundos aprendizados. Participei de projetos incríveis como a revitalização do Carnaval de Joinville, as reuniões do Orçamento Participativo e a realização da primeira Semana da Diversidade e da primeira Conferência Municipal de Comunicação. Mas foi também um período de muitas dores, principalmente porque para mim era muito difícil lidar com a morosidade dos processos e alguns vícios do sistema de gestão pública. Foi um tempo de aprender a lidar com o tempo. E, no meio desse tempo, chegou uma nova e grande onda na minha vida.

Tempo de ser mãe-mulher e de novas escolhas profissionais

Essa onda chegou cheia de vida em 16 de fevereiro de 2011. Pedro, meu filho que agora está com oito anos, é fruto do meu segundo casamento, com o ator e professor de teatro Robson Benta. A gestação veio junto com uma crise de lombalgia crônica, que me deixou de cama do segundo ao sexto mês de gravidez, com tempo de sobra para pensar na vida. Foi um período sabático. Nós morávamos num sítio, na região das montanhas do Piraí, zona rural de Joinville. Minha gravidez era considerada de risco e então o cuidado com a saúde era prioridade. Pedro nasceu numa manhã de calor intenso e junto com ele nascia uma nova mulher, ressignificada pela experiência da maternidade.

Nesse mesmo "tempo" foi gerado também outro filho, um projeto que eu nem imaginava que viria a se transformar num novo grande amor. Durante a gravidez, três amigos me convidaram para colaborar com a criação de uma instituição para dar forma jurídica para a AMA Cia de Dança, que já atuava na cidade desde 2007. A ideia era profissionalizar a gestão da companhia e buscar recursos para sua manutenção e desenvolvimento. Eu, apaixonada pela dança, casada com um ator e professor de teatro e decidida a transformar minha vida profissional para poder usufruir mais da experiência de ser mãe, topei o desafio. E, assim, em 5 de abril de 2011 era lançado o IMPAR – Instituto de Pesquisa da Arte pelo Movimento, uma associação civil sem fins lucrativos, que tinha como propósito fomentar atividades nas áreas de dança e teatro e da qual eu acabei me tornando a primeira presidente.

Nesse novo ambiente profissional descobri novas formas de vivenciar a arte como ambiente profissional. Foi lá que em 2012 vi surgir o Arte para Todos, um projeto que logo se consolidou como um programa de formação cultural, criado a partir do inconformismo natural do Robson, que se sentiu desafiado a oportunizar a arte como uma possibilidade, um caminho para o desenvolvimento de pessoas com deficiência ou transtorno mental.

Foi com o IMPAR e com o Arte para Todos que experimentei o sentido do trabalho colaborativo e do voluntariado; que aprendi a fazer muito com poucos recursos e a superar obstáculos, com criatividade e paciência; e que passei a compreender o tempo de cada processo, de cada pessoa. Nesse contexto criei uma nova empresa – de produção e consultoria; participei de dezenas de projetos e eventos, que impactaram positivamente a vida de centenas de pessoas; e me reconectei com o fazer teatral. Participei de cursos de dramaturgia e técnicas corporais e em dezembro de 2015 fiz minha estreia profissional como atriz, num espetáculo de teatro e performance de rua – "Breve curso prático de administração do tempo" –, dirigido por Pedro Benatton, um expoente diretor catarinense, o que me permitiu também aprofundar o conhecimento em dramaturgia, bebendo direto da fonte revolucionária do teatro contemporâneo.

Em 2016, com o golpe político no Brasil, uma nova onda se abateu sobre mim e me levou a um estado de profundo sofrimento. Eu que tinha visto o estado democrático crescer e pulsar livremente na última década, assistia, incrédula, à queda dos alicerces constitucionais. E, junto com meu companheiro de vida e de arte, sucumbi e adoeci. E também juntos, apesar da tristeza profunda, decidimos que não era hora de desistir. Fortalecemo-nos e voltamos com tudo no ano seguinte, com um novo trabalho de teatro de rua, o projeto Cidade, Arte e Pessoas, e com a estreia do espetáculo Doze Trabalhos, com o Grupo de Teatro Arte para Todos. Esse foi também o momento de uma nova virada profissional, com as conexões geradas a partir da minha participação no Programa de Negócios de Impacto do Sebrae.

O ano de 2018 chegou ainda mais pulsante, com novos e desafiadores projetos envolvendo o IMPAR e o Arte para Todos e a experiência de participar de um curso de Teatro Playback, que acabou por gerar a criação de um grupo lindo de mulheres – mães – atrizes: o DeMães Teatro Playback – que realiza apresentações em eventos temáticos e para grupos de mulheres, com a proposta de discutir, sem filtros, as mazelas e alegrias da maternidade. A convivência com essas mulheres me fez entender o feminismo e as questões de gênero, de uma forma realista e necessária.

Nesse mesmo ano voltei ao Conselho Municipal de Políticas Culturais (que já havia integrado anos antes); passei a participar da Rede de Inclusão de Joinville, com foco na empregabilidade da pessoa com deficiência; e iniciei meu primeiro projeto editorial, com a escrita de "O seu olhar melhora o meu – Cinco anos do Arte para Todos", obra lançada em março de 2019. O lançamento do livro ampliou, mais uma vez, meus horizontes. Começaram a surgir convites para palestras e trabalhos de consultoria em projetos de desenvolvimento humano, diversidade e inclusão de pessoas com deficiência em ambientes corporativos e institucionais. Além de fortalecer minha atuação nas áreas de políticas públicas para cultura, gestão de projetos e instituições culturais.

Nestes últimos oito anos, vivenciei ainda outras experiências profissionais, como produzir e apresentar um programa semanal de rádio sobre dança e editar uma revista nacional também na área de dança, além de voltar a coordenar a assessoria de imprensa do Festival de Dança por três anos e de prestar diversos serviços de consultoria na elaboração e gestão de projetos, eventos, grupos e instituições culturais.

Chego aos caracteres finais deste relato com a alegria de

viver cada dia de forma intensa e única. Consciente de que minhas escolhas e atitudes abriram as portas para que eu chegasse em lugares onde poderia desenvolver minhas melhores habilidades. E verdadeiramente me sinto feliz com as escolhas que fiz e que me fazem ser melhor hoje do que ontem, pelas quais aprendi que o melhor resultado é aquele gerado em condições de equidade; e que olhar de verdade, para mim e para os outros, é transformador e necessário, para que salvemos a nossa própria humanidade.

Jack Simonéia

Renovada e inabalável

12

Jack Simonéia

Empresária Moda Beleza e Bem-Estar. CEO da Jack Simonéia.

Visagista e idealizadora da AMME, uma marca que conecta beleza e comportamento.

Palestrante no Brasil com o tema "Transformadas para Transformar". Ministra cursos e imersões no Resgate Identidade feminina. Formada pelos visagistas Phillip Wallawel e Robson Trindade. Coach de Imagem formada pelo renomado IBC - Instituto Brasileiro de Coach. Formação Cosmética em São Paulo na Faculdade Anhembi Morumbi. Formada na Academy Pivot Point, cortes de cabelo estruturados. Estágio em Savona, na Itália, na Clínica de Rejuvenescimento Lo Spechio.

Estágio em Chamonix e Paris em tratamentos termais de Spa e Talassoterapia. Cursos de Maquiagem com Marcelo Beauty, Dulce Consuelo, e workshops no Brasil e exterior. Trabalhou com a Equipe da Thalgo, Matis e diversas linhas internacionais. Hoje lidera equipes nos dois salões de beleza em Joinville, cuja missão é desenvolver pessoas para Servir Beleza. Ajuda pessoas a atualizarem sua imagem, para terem mais sucesso na vida e carreira, resgatando a autoestima, promovendo renovação e empoderamento da imagem.

Foi Miss Corupá 1991.

Sou Jaqueline Simonéia de Souza Schlachter, mais conhecida profissionalmente pelo nome dos salões de beleza que administro, que se chamam JACK SIMONÉIA, CABELO E PELE.

Mas gosto de ser chamada por Jack.

Tenho 49 anos de idade, mas uma mente de 30 anos. (Risos)... Porque, como diz o título do meu capitulo, sou renovada e inabalável.

Casada há 20 anos com meu alemão, Marcelo, tenho três filhos: Brenda, 18, Davi, que perdi com dois meses de gestação, e o Bryan, de sete aninhos.

Contarei aqui minha vida e o porquê deste título, que é minha marca pessoal.

Há mais de 15 anos iniciei uma viagem interior, uma viagem sem retorno porque somos ilimitados e quero me conhecer ao máximo. Quanto mais me conheço mais me apaixono pela pessoa que estou me tornando.

Quebrantando minha Alma para ter a mente e o Espírito em constante renovação.

Creio que somos cartas... cartas de Deus lidas pelas pessoas.

Quero ser esta linda carta, passando motivação, força e esperança por onde eu estiver.

Mas, para chegar até aqui foi uma viagem com muitas paradas em muitas estações da vida.

A minha Missão Pessoal é Viver em plenitude. Ser luz e levar o poder do amor às pessoas. Ser mãe, esposa e mulher, segundo o coração de Deus.

- Fui

Insegura

Ciumenta

Vingativa

Orgulhosa

- Sou

Corajosa

Inabalável

RENOVADA

Iluminada

Abençoada

Tudo eu posso naquele que me fortalece

Tudo que toco vira ouro

Estou em Transformação

Amo a mim mesma e me aceito

Tenho domínio próprio

- Vivo

A plenitude da fé, esperança e do Amor.

Amo promover o desenvolvimento humano, tocando as almas através do Reino do Amor.

Criando assim uma sociedade para o servir e não dominar.

Ajudando as mulheres a se reconectarem com seu self.

Para viver em plenitude.

Vivendo o empoderamento da sua história.

Descobrindo que marca estão deixando no mundo.

Gerando mudança nas palavras, usando-as com foco no positivo porque palavras têm poder.

Somos o que falamos. E o que sai da sua boca hoje? Damos as palavras como matéria prima para o bem ou para o mal.

Amo estimular as mulheres a uma mudança de pensamento.

Você é o que acredita que pode ser.

Levando-as a pensarem qual é a história que elas têm contado de quem são.

Ajudando-as a refletirem que nós somos a história que nós contamos da nossa história para nós mesmas.

Muitas vezes é na nossa maior dor que pode estar nossa maior força.

Vivi dores, perdas e enfermidades, mas em todos os momentos conheci um Ser poderoso, real e presente. Ele não quer robôs, ele quer um relacionamento.

Ele tem me mostrado como viver na Terra de maneira plena, profunda e exuberante.

Li muito o livro da vida, um livro que nos lê enquanto nós o lemos.

Iniciei o processo de transformação.

De me permitir ser transformada para transformar.

Descobri que comunicamos o tempo todo.

Através da nossa imagem que fala mais que mil palavras e também o nosso comportamento fala sem precisar abrir a boca.

Isto se chama linguagem não verbal.

Mas então qual a mensagem estamos enviando para o mundo?

Para o sistema em que estamos inseridos.

O que você faz hoje para se aproximar do seu sonho?

Amo embelezar e fotografar as mulheres.

Hoje com um trabalho ainda mais completo.

Ajudando-as a revelar a sua beleza interior através do autoconhecimento e cura da Alma.

Foram Transformações e descobertas que marcaram minha história.

E o Visagismo tem inúmeras ferramentas para esta descoberta.

Aprendi a olhar diferente para as pessoas. A me interessar pela Alma escutando a história de cada uma. Dispondo-me a parar e ouvir. Estou vencendo o medo a cada dia. E descobrindo o poder do amor. Impactada com a linda missão de vida que tenho. Ainda mergulhando dentro do meu coração para sarar e para ser luz. Procuro tirar o melhor das minhas experiências.

Mas para que isso aconteça é necessário haver autoconhecimento.

Somente quando nos conhecemos temos o acesso ao poder interior.

E força no Poder da imagem.

E foi isso que aconteceu comigo quando mergulhei pra dentro de mim e descobri quem eu era e qual a minha verdadeira identidade, descobri muitas coisas e uma delas o meu perfil comportamental: colérica/sanguínea.

Mulheres que têm o perfil colérica sanguínea assim como o meu precisam ter domínio de si. Quando descobri meu temperamento, tive que me olhar no espelho e ver as áreas que precisava melhorar.

Valorizar as áreas positivas e melhorar nas fraquezas.

Muitas vezes não queremos olhar assim tão profundamente. Porque desta forma gera transformação e isto traz desconforto.

Aprendi a me dominar e isso não é perder a personalidade, e sim, aprender a falar na hora e com as palavras certas. Agir por impulso não é uma forma saudável de viver. Quantas vezes coloquei tudo a perder por não saber ficar quieta. O autodomínio nasce do silêncio, que nos impede de agir prontamente.

Não deixei de ser eu mesma, mas hoje até pareço frágil, meiga, mas cheia de sabedoria e doçura, porque dominei minhas paixões e raiva.

Estou no processo de transformação e creio que recebi um coração novo, porque a boca fala do que o coração está cheio.

E hoje tenho doçura no falar.

Tive uma Infância humilde, pais trabalhadores, esforçados.

Sem excessos e regalias no dia a dia.

Pais e dois irmãos maravilhosos.

Ajudava minha mãe com meus irmãos desde os oito anos de idade.

Ela ia trabalhar atendendo clientes nas casas, fazia depilação, cabelo, pé e mão e eu cozinhava e os olhava. Um com sete e o outro seis anos e eu com oito.

Comecei a trabalhar com 14 anos, nunca mais parei...

Aprendi a ser forte... eu queria crescer, ter meu dinheiro e ser importante.

Sou grata por isso...

Honro e respeito meu passado e meu futuro.

Valeu a pena cada experiência, mesmo em meio a dores e perdas.

Olho para trás, não me esquecendo de onde saí.

Mas olho sempre para frente, indo atrás dos meus sonhos.

Lembro-me de que todo dinheiro que ganhava eu tirava a última gaveta do guarda-roupa e colocava lá, eu economizava muito. Tinha um alvo, montar algo pra mim.

Na juventude fui buscar nos relacionamentos ser amada e aceita.

Eu tinha baixa autoestima. Sentia-me sem valor.

Eu olhava para os outros, me comparava na imagem com outras mulheres.

Sentia-me sempre inferior, perdi o foco.

Esqueci de ser eu mesma, me esforçava para agradar todo mundo.

Levava horas me arrumando.

Hoje mais madura (49 anos) e experiente amo ajudar as mulheres a se conhecerem. Utilizando seu potencial interior.

Eu era uma escrava da imagem.

Somente quando nos conhecemos intimamente amando nossas qualidades e consertando as falhas interiores poderemos ser inteiras e inabaláveis.

Eu precisava ser renovada.

Renovada na Alma e no espírito, para poder exalar segurança no corpo e no meu sorriso.

Mas meu TEMPERAMENTO era muito forte.

Dominadora, queria sempre ter minhas ideias acontecendo.

Não fazia por mal, era tão automático meu comportamento. Eu nem percebia.

Era ciumenta até da sombra, buscando no outro a paz.

A paz que eu tanto queria, e via em muitas pessoas.

Sentia-me como num deserto.

Por que falo tudo isso?

Porque venci meus medos, me conheci, me aceitei, mudei e busco me transformar a cada dia numa melhor versão.

Mais renovada e mais inabalável.

Mas primeiramente precisava ter um encontro com a mulher mais importante da minha vida.

Eu mesma.

Meu pai sempre me dizia: "Por que você não trabalha com sua mãe? Faz uma experiência com ela"... mas eu não conseguia ver aonde crescer e brilhar no salão.

Minha avó Normina Pereira (*in memoriam*) começou um trabalho lindo aqui em Joinville, atendia mulheres nas casas, embelezando e revelando o melhor delas. Mais tarde minha mãe, encantada com o trabalho da minha avó, também começou atender as clientes, porque eram muitas. Nesta época eu tinha oito anos e já cuidava dos meus irmãos para minha mãe poder trabalhar.

O atendimento domiciliar delas cresceu muito, com isso logo abriram um salão de beleza e quando completei 15 anos eu já maquiava as clientes da minha mãe e da minha vó.

As duas foram grandes mulheres inspiradoras para mim, mulheres simples mas com um grande sonho de um espaço para receber suas clientes.

Minha mãe atende até hoje comigo no salão, especialista em penteados, chamada de "a fada das noivas".

Eu amava ir ajudar a minha mãe no salão, gostava de limpar, lavar o cabelo das clientes e preparar tudo com um aroma de boas-vindas especial.

De tanto meu pai insistir para eu fazer uma experiência de trabalho com a minha mãe no salão fui fazer uma limpeza de pele numa amiga dela e ali me apaixonei pela estética e comecei a estudar em Curitiba.

E o salão cresceu muito, reconhecido em Joinville e região, hoje nossa marca se destaca quando o assunto é beleza, noivas, festas e barbearia.

Trabalhei durante anos na estética e maquiagem, embelezando muitas noivas, mas hoje a minha grande paixão é o "visagismo".

Visagismo é o Estudo Interno e Externo a Respeito das Pessoas, Produtos e das Empresas.

O visagista é um engenheiro da imagem, é alguém que conhece profundamente o cliente através da Consultoria Personalizada, que sabe de todos os detalhes da sua aparência e é preparado para construir inúmeras possibilidades de imagens.

Ajudo minha cliente a entender a mensagem visual que revela a si mesma e aos outros.

E hoje atendendo minhas clientes percebo em muitas a baixa autoestima e o quanto isso as impede de voar e viver em plenitude.

E nas Consultorias de Imagem muitas mulheres são saradas nesta área.

Eu me comparava com as mulheres e me achava feia.

As mulheres eram uma ameaça para mim.

Mas aprendi que beleza é sim para todos, do jeito de cada um, de acordo com a sua essência.

Quando temos Consciência de quem somos desperta a nossa verdadeira essência, refletindo como uma forte luz, causando um grande impacto na forma com que nos comunicamos com o mundo.

E a verdadeira beleza se manifesta de dentro para fora. Nossa imagem pessoal é o reflexo de quem somos e como cuidamos do nosso interior.

O belo é quando conseguimos enxergar o ser genuíno que existe em cada um de nós. Eu precisava me enxergar além dos olhos.

Mas foi somente depois de ter sofrido em vários relacionamentos em que precisava ser amada e aceita, que fui até o fundo do poço.

Nesta época me desarmei.

Tinha sucesso profissional, mas na vida pessoal eu só me frustrava.

E isto não é viver a plenitude, não é mesmo?

Pra dar certo com alguém eu precisava dar certo comigo mesma.

E foi no ano de 2000 que conheci meu marido Marcelo.

Engravidei em 2001, com 31 anos, da linda Brenda.

Foi um susto porque não éramos casados e fomos morar juntos.

Ele, técnico famoso de Tênis e padel, e eu já empresária de moda e beleza.

Hoje se tornou um grande empresário, homem de Deus que admiro e amo.

Mas nossa história foi de muita dor e transformação.

Éramos um casal de aparência, ele viciado em pornografia e eu com meu temperamento forte e um enorme buraco negro no meu coração, no meu ser.

A frieza, brigas e individualismo cresciam a cada dia.

Fiz plásticas para tentar melhorar nossa relação, mas não adiantou nada.

Eu clamava por ser amada, era algo até além do normal.

Chorava muito. Às vezes nem sabia por que chorava tanto.

Queria morrer, às vezes andava com meu carro sem destino, chorando e chorando. Estava com depressão.

Não consegui superar a rejeição que sofria dele todos os dias. Tudo somatizou com tantas outras coisas que já havia vivido e então decidi me vingar, pagar na mesma moeda, eu queria que ele sentisse o que eu estava sentindo. Toda rejeição, tristeza e baixa autoestima. Desejei vê-lo sofrer também. Como fui fraca, não procurei bons conselhos nem ouvir a Deus. Até porque pra mim nesta época Deus era aquele que falavam na escola, o antes de Cristo (a.C.) e depois de Cristo (d.C.). Sempre achei que Deus tinha assuntos mais importantes para resolver do que meu relacionamento. Afinal, nem casados éramos.

Um dia numa discussão ele me disse para parar de reclamar e incomodá-lo.

Então pensei: acho que não sou mais bonita e importante.

Não sou mais atraente.

Então, cada um fazia o que queria.

Foi horrível porque eu queria chamar a atenção dele, mas da pior maneira.

Sofri muito.

Abandono de pessoas que diziam ser amigas, desenvolvi uma doença por causa desta triste escolha em meio à dor.

Como eu poderia trabalhar se minha vida pessoal estava desgraçada agora?

Tentei manter a aparência, mas sabia que logo teria de falar tudo pro Marcelo.

Nesta época havia uma profissional no salão que começou a falar coisas lindas da vida pro meu coração. Eu gostava de ouvi-la falar, eu até flutuava.

Um dia ela me viu aflita e confusa, naquela semana em que fui parar no fundo do poço, e me passou um contato. Liguei e recebi um convite.

Era a casa de um casal de idosos, que me receberam.

Senti muita confiança em contar minha história desde a infância. Foi um alívio poder dizer tudo e falar que eu não era aquela pessoa, mas me tornei esta pessoa diante de tantas frustrações, perdas e dores.

Confessei tudo, trouxe tudo à luz.

Arrependi-me verdadeiramente pelas minhas escolhas.

Pelos caminhos que trilhei, pessoas que feri, as más intenções e pensamentos que havia no meu coração. O que eu tinha feito comigo? E que dor saber que havia ferido o coração de Deus.

Olhei para o espelho da minha alma.

Aceitei Jesus no meu coração, na minha vida.

Aceitei também minha verdadeira identidade como um Ser escolhido e amado por Deus!

O primeiro passo para a mudança é a aceitação. Uma vez que aceite a si mesmo e se arrependa do que lhe fez mal, você abre a porta para a mudança. Isso é tudo o que você tem de fazer. Mudança não é algo que você faz, é algo que você permite.

Comecei a me amar.

A crítica nos aprisiona. Tente aprovar a si mesma e veja o que acontece. Acredite ou não nós escolhemos nossos pensamentos, estamos sempre lidando com nossos pensamentos e eles podem ser modificados.

Não importa qual seja o seu problema, suas experiências serão sempre efeitos externos de pensamentos internos.

E meus pensamentos a meu respeito eram péssimos.

Mas naquele dia senti algo diferente. Naquela noite fui apresentada a Jesus, mas eu disse que já havia escutado falar dele e que o conhecia. Mas o conhecia como JESUS da história a.C – d.C.

Disseram-me que ele era vivo e poderia mudar minha história, preencher meu vazio. E eu cri. E senti sim um grande abraço naquela noite de um Deus vivo, um Jesus amigo e próximo, cheio de amor e perdão.

Então aquele casal orou para iniciar algo novo na minha vida.

Eu queria ser melhor para mim mesma. Eu nunca havia me amado. E me senti amada e cuidada naquele lugar, ouvindo palavras que penetravam no meu coração.

Eu queria contar tudo pro Marcelo. Mas me aconselharam para eu primeiro conhecer mais o sobrenatural e me preparar.

Foi lido pra mim naquela noite o Salmo 40

> "Esperei com paciência pela ajuda de Deus, o Senhor. Ele me escutou e ouviu o meu pedido de socorro. Tirou-me de uma cova perigosa de um poço de lama. E me pôs seguro em cima de uma rocha... Jesus."

Comecei a me sentir feliz e amada, comecei a sentir que alguém se importava comigo verdadeiramente.

Iniciei com Jesus uma viagem para dentro de mim, tive um dia uma visão que ele me tomava pelas mãos e me levava para passear entre os planetas.

Comecei a me relacionar com ele.

Ele visitou muitas áreas do meu coração que havia procurado sarar antes, mas não tive respostas. Foi somente a sua DOÇURA que me tocou e sarou.

Hoje canto assim:

"Tocou-me Jesus... tocou-me

De paz ele encheu meu coração

Quando o Senhor Jesus me tocou livrou-me da escuridão".

Aos poucos o ciúme foi embora, porque comecei a me sentir uma pessoa de valor e com propósitos. Aprendi a me sentir ÚNICA. Tive muitas visões com Ele. Minha conexão é muito intensa e sobrenatural.

Um dia num evento tive uma experiência transformadora.

Escutei a Sua voz dentro do meu coração, foi tão intenso que caí. Eu o ouvi dizer: "Eu tenho o melhor preparado pra ti, só anda comigo".

Naquele momento fui curada dos ciúmes. Nunca mais sofri por isso e não me comparei mais com as mulheres. Levantei do chão outra mulher. Renovada e inabalável.

E assim fui me sentindo singular e Ele começou a me mostrar que neste mundo... "A qualidade básica da condição de ser mulher é a feminilidade" e ter autoestima e identidade em Deus.

No processo da busca precisei fazer vários cursos sobre autoestima, feminilidade, casamento blindado, finanças.

E estudei as 5 LINGUAGENS DO AMOR, de Gary Chapman.

Estudei como ser uma mulher renovada e inabalável.

Percebi que todas nós, mulheres que temos o Poder de Deus dentro de nós, podemos ser uma Mulher de alta performance.

Essa não é uma tarefa fácil, mas possível para aquelas que estiverem dispostas. E eu quis muito melhorar, não tinha mais luz no fundo do poço onde eu estava.

Eu só tinha uma saída: olhar para cima e ver a luz e reconhecer o poder sobrenatural de um Deus que pode transformar todas as coisas, inclusive o meu SER.

Claro que é muito ruim você se olhar e descobrir coisas negativas de você, dói enxergar, e admitir. Mas a luz era muito forte, ela mostra tudo, foi tremendo.

Hoje escuto a voz de Deus com todo meu coração, mente e alma.

Procuro agradar e obedecer a Sua vontade e seguir Seus caminhos.

Fui ficando encantada com tudo que estava aprendendo, ficava pensando: "Por que ninguém me ensinou tudo isso antes? Por que nunca procurei estudar a respeito disso?"

Achava que deveria sempre ser forte.

Mas aprendi a caminhar em busca de ser esta joia valiosa e rara, como diz aqui no provérbio a seguir:

> "Uma esposa exemplar; feliz quem a encontrar! É muito mais valiosa que os rubis." (Provérbios 31:10)

Mas vamos voltar lá em 2004 quando fui à casa daquele casal que me falou de um Ser que está vivo e tudo pode transformar.

Fiquei durante quatro meses mergulhada no livro da

Vida fazendo os estudos acima e sendo muito tocada pelas músicas que inundavam meu coração.

Até que um dia teve pizza na casa deste casal e disseram para convidar o Marcelo. Duvidei que iria, mas como estava desconfiado, me achando meiga e diferente, ele foi. Ele amou o grupo de homens que se encontravam ali toda semana e conheceu as mulheres que estavam comigo.

E começou a frequentar em minha companhia.

Até que ele foi para uma imersão com estes homens e fiquei esperando-o para contar tudo. Depois de três dias ele voltou impactado.

Estava feliz com as experiências que teve e que viu lá.

Depoimentos de milagres e transformação de vidas o chocaram.

Então, naquela noite do retorno dele da imersão, disse a ele que eu estava muito feliz e me sentindo amada por Deus por aprender a ser uma melhor esposa, mãe, líder e tantas coisas lindas em que antes eu falhava muito na nossa relação.

Falei que queria perdoá-lo por tantas vezes que me feriu e me deixou sozinha. E que queria pedir perdão por tantos erros que cometi.

E por causa da dor e vingança busquei autoaprovação nos outro. Disse que queria uma nova chance, porque agora sabíamos a verdade de Deus para nós.

Disse que queria confessar tudo para iniciarmos uma nova história nas nossas vidas. E que ele precisaria decidir se queria continuar. Eu estava disposta a recomeçar tudo de novo. Chorei muito e ele também. Mas ele ficou irado e pediu para eu sair do quarto, bateu a porta e ficou lá.

A Brenda na época tinha quatro aninhos e estava dormindo. Fui na cozinha orar. Disse para Deus que fizesse o melhor para nós dois. Eu aprendi que todas as minhas escolhas teriam consequências e teria que colher as sementes que plantei. Eu estava com medo.

Não queria perder o presente de um companheiro e uma filha linda. De que adiantaria sucesso na profissão e o fracasso da nossa família?

Ficamos semanas passando terríveis momentos de acusação. Mas logo depois me chamou para conversar. Disse que quando entrou no quarto pegou a Bíblia que usava na escola e falou com Deus.

Ele lá naquela imersão escutou um depoimento de um homem que caiu de avião e não morreu. Este homem quando abria a Bíblia Deus falava com ele. Era a sua experiência sobrenatural com o divino.

Então Marcelo disse que se lembrou disto e pediu pra Deus que falasse com ele porque sua mente queria matar nosso relacionamento, mas seu coração queria ouvir a voz de Deus e seguir suas orientações.

Fechou os olhos e orou e abrindo a Bíblia caiu na página de João 8.

O texto conta que Jesus, quando ensinava no templo, é apresentado a uma mulher que havia sido descoberta cometendo adultério. Lembram a ele que a lei diz que tal mulher deveria ser morta, apedrejada e perguntam o que ele pensa. Não responde e começa a escrever com o dedo na terra.

Voltam a questionar e ele diz: quem não tem pecado atire a primeira pedra. Todos vão embora e Jesus diz à mulher: "Eu também não te condeno. Vai e não peques mais".

A mensagem é bem objetiva: diante do pecado, Deus acolhe o pecador de braços abertos, convidando-o à conversão (vai e não peques mais!).

Neste momento Marcelo disse: "Meu Deus, eu terei que perdoá-la?"

Deus disse ao coração do Marcelo para perdoar porque ele também teria que me contar do profundo do seu coração. Teria que pedir perdão pela pornografia que destruiu nossa relação e tantas outras coisas. Ele fechou a Bíblia e tentou várias vezes abrir no mesmo lugar, mas não conseguiu. Então ele creu.

Perdoou a mim e se perdoou.

Foi um milagre.

Hoje muitos casais desistem.

Mas decidimos ir até o fim e juntos.

Vivi meu milagre, reflexo de uma busca diária da face de Deus, e de uma constante renovação do meu Ser. De um arrependimento genuíno, que nos Sara. Hoje sou transformada para transformar.

Sou grata por este milagre.

CASAMOS, e foi uma linda festa, porque somente morávamos juntos, fomos muito abençoados.

Hoje o salão já tem mais de 30 anos de experiência no segmento de Beleza. Temos uma gestão para os Beauty Empreendedores que trabalham conosco. Ao todo são 72 pessoas.

São intraempreendedores dentro do Grupo Simonéia.

Nosso principal objetivo é auxiliar na capacitação de todos através de conhecimento, direcionamento e aperfeiçoamento com o máximo de excelência para todos que trabalham conosco.

Nosso staff hoje é completo, com muitos jovens talentos.

Lideramos com muita gratidão o esforço diário de uma equipe de profissionais experientes, que amam o que fazem, porque sabem que seu trabalho é fazer as pessoas mais felizes.

Eles veem em mim a convicção de que acredito na minha missão de deixar as pessoas mais bonitas, alegres e confiantes no dia a dia ou nos momentos mais especiais de sua vida.

Afinal tudo isso é o fruto de décadas de tradição passada da minha vó, mãe e agora eu, são três gerações, como uma árvore que nasce, cresce e floresce.

A marca Jack Simonéia não é apenas a conquista de uma mulher, mas o legado de três.

O que começou como uma sementinha, há mais de 40 anos, hoje é uma árvore frondosa. Peço a Deus a direção e sabedoria para continuar florindo, espalhando frutos de beleza, alegria e bem-estar por muitos e muitos anos, cuidando e revelando a beleza verdadeira que nunca se apaga.

Minha dica especial para você mulher é que:

1- Coloque Deus como seu Gestor superior, para que seus negócios sejam abençoados e lacrados por ele.

2- Não idolatre coisas e pessoas, somente Deus tem o poder sobre todas as coisas. E ele manifestará seu brilho em tudo que der pra ele.

3- Coloque sua família antes dos negócios. Ame muito. Nunca deva amor para ninguém.

4- Olhe-se todos os dias no espelho e veja o Ser único, perfeito e poderoso que és.

Deixo aqui minha gratidão a Deus e a todas as mulheres que estão lendo este capitulo .

Sigam meu Instagram @jacksimoneia e conheçam meu programa de desenvolvimento Retorne a Si mesma.

Janaina Laszlo

Atitudes de uma jornada empreendedora

13

Janaina Laszlo

Empreendedora @metrovilleprimegrill e @pepposristorante.
Apaixonada pela gastronomia, com diversos cursos em culinária brasileira e italiana.
MBA em gestão empresarial pela FGV (Fundação Getulio Vargas) e cursos de gestão de pessoas e produtos.
Cursando gastronomia para receber a titulação de chef.
Advogada e especialista em Direito Tributário.
Mãe da Louise e esposa do Pedro.
Contatos:
E-mail: janainalaszlo@gmail.com
Instagram: @janainalaszlo
LinkedIn: https://www.linkedin.com/in/janaina-laszlo-062891144/

Ser uma empreendedora de alta performance é uma busca diária de aprendizados e realizações. "É possível?", você deve estar se perguntando. Sim, é possível. Fácil? Digamos que eu considero desafiador.

Espero nessas linhas compartilhar com você algumas atitudes que fazem a jornada ser mais assertiva, que fazem com que uma força interna surja dentro de você quando os desafios se fizerem presentes. Espero verdadeiramente que as minhas experiências sejam inspiradoras para você se tornar aquilo que merece ser. Um profissional de excelência.

A primeira atitude de um profissional de alta performance que compartilho é: o Poder de TOMAR DECISÕES. Há uma diferença entre uma pessoa que apenas pensa, sonha, quer, daquela que realiza. Decide por ser, por fazer, por agir.

Fazendo uma reflexão sobre minha vida, carreira e empreendedorismo, constatei que empreendo desde que nasci. Aos sete meses de gestação minha mãe precisou fazer o parto depois de passar por um momento familiar delicado. Então eu nasci aos sete meses, pequenininha, frágil, e por quase dois meses fiquei na incubadora recebendo cuidados especiais. Ali precisei ser forte, corajosa e decidir viver. Certamente todos os cuidados e os aparatos contribuíram para que eu conseguisse continuar a evoluir e crescer, porém, a minha decisão de viver foi a grande contribuição. Empreender é isso. Decidir, e decidir de forma coerente e vivaz.

Mesmo prematura, tive uma infância saudável e cresci

normalmente. Desde criança desenvolvi uma personalidade de liderança. Com dois irmãos mais velhos, os persuadia a me deixar brincar com seus carrinhos, bolinhas de gude, pipas e piões junto com minhas bonecas. Lembro-me ainda de quando estava no colegial, nas aulas de educação física jogávamos futebol, vôlei e handebol. Eu era a primeira a querer formar a equipe e adorava direcionar qual a função que cada uma iria desempenhar. Vibrava com elas, de forma individual ou coletiva, cada passe de bola certa, cada ponto.

Comecei a trabalhar como menor aprendiz aos 14 anos. Meu primeiro emprego foi de secretária e *office girl* em uma agência de marketing e propaganda. Após fazer o que era minha função, ia até a mesa dos profissionais e perguntava no que eu poderia ajudá-los. Tinha sede de aprender o que quer que fosse. E com esta atitude tive o privilégio de conviver com profissionais "anjos" que me orientavam responsabilidades e habilidades. Aprendi que o meu futuro seria traçado pelas minhas decisões.

A segunda dica fundamental de um empreendedor de alta performance sem dúvidas é ESTUDAR.

Após finalizar o curso de Direito, obter a carteira da OAB (Ordem dos Advogados do Brasil) e finalizar uma pós-graduação em Direito Tributário, pensei que seguiria a carreira jurídica por toda a vida. E mesmo nesta profissão eu visualizava empreendedorismo. Quando noivei, o Pedro olhou pra mim e falou que não queria morar em São Paulo porque estava feliz de viver em Santa Catarina. Namoramos a distância por oito anos. Eu em São Paulo e ele em Santa Catarina. Estava feliz pessoal e profissionalmente em São Paulo, e não queria abrir mão de tudo o que já havia conquistado lá. Do outro lado, ele não queria voltar para São Paulo e estava muito satisfeito em Santa Catarina. Restou a nós jogar cara e coroa, e ele ganhou. Mudei-me para Balneário Camboriú em 2011.

Nossa história empreendedora começou aqui. Meu sogro havia montado um restaurante para seu filho caçula que havia se formado em Gastronomia. Ele, entretanto, desistiu do restaurante e o Pedro havia acabado de voltar de um intercâmbio no Canadá quando aceitou ajudar o pai. Pedro, engenheiro mecânico de formação, com experiência no setor financeiro da EMBRAER, se encantou com a gestão financeira da empresa, em dois meses tirou o restaurante do vermelho e o fez dar lucros. Cheguei em Balneário Camboriú e comecei a estudar para concursos públicos e ajudava o Pedro no restaurante com a gestão de pessoas. Decidimos estudar MBA em gestão empresarial e, quando percebemos, os dois estavam inteiramente envolvidos com o negócio de uma maneira harmoniosa e bem distinta. Eu com a gestão de pessoas e processos e o Pedro com a gestão financeira e de produtos.

Conversamos e decidimos deixar nossas carreiras profissionais nas áreas em que nos havíamos formado e focar em empreender. Fomos nos aperfeiçoando e buscando cada vez mais conhecimento. Atualmente, estou finalizando meu curso de Gastronomia e o Pedro fazendo seus cursos de investimentos financeiros. Nunca paramos de estudar. Acredito que nossas conquistas, que são ter hoje cinco restaurantes em três cidades diferentes do Estado, são fruto desta constante busca em nos aperfeiçoar através do estudo.

Leia, estude, participe de workshops, palestras, busque conhecimento sempre.

A terceira atitude de um empreendedor de alta performance: VIVER PROFISSIONALMENTE A SUA MISSÃO DE VIDA. Quando você descobre a sua, se torna um profissional feliz!

No início, decidimos pelo empreendedorismo e tínhamos apenas um restaurante, fui resistente em seguir no setor de alimentação. Estudei o mercado de sapatos e bolsas, roupa femininas, artigos infantis e tivemos uma experiência de loja de roupas por três anos. Foi uma época de muito trabalho e pouca realização pessoal. O oposto acontecia quando eu estava no restaurante e via as mesas dos clientes. Pensava o quanto era prazeroso fazer parte daqueles momentos deles através das nossas refeições. Muitas vezes o pai trabalhava a semana inteira, os filhos iam para a escola e no final de semana a família se reunia para passear e jantar juntos. Ou aqueles casais de namorados compartilhando uma refeição com tanta troca de amor. Às vezes era no jantar que saía o pedido de casamento ou se revelava a vinda de um filho. Pensava que por algum momento estávamos alimentando um médico que sairia dali para realizar uma cirurgia que salvaria uma vida. E convivendo com nossos colaboradores imaginava as famílias que estavam ali representadas por eles que também eram alimentadas com o salário advindo daquele trabalho. Então compreendi que a minha missão era alimentar pessoas.

Quando ficou clara a grandiosidade de fazer parte da refeição das pessoas e a riqueza que eu estava proporcionando às famílias dos meus colaboradores através da geração de empregos me tornei uma profissional ainda mais forte, com uma vontade de fazer a diferença no mundo e na vida de todos aqueles que pudessem cruzar meu caminho profissional. Tudo fluiu com mais realização e prosperidade.

Trago como quarta atitude de um profissional de alta performance a RESILIÊNCIA.

Segundo o dicionário Aurélio, "resiliência é a capacidade de superar, de recuperar as adversidades".

Nem todos os momentos do empreendedorismo são flores. Há situações que fazem você chorar, gritar, tiram você do sério literalmente. Mas, passada essa fase inicial dos seus sentimentos perante a situação, é importante parar, pensar, buscar soluções, superar e entender que é preciso seguir em frente. Para isso se faz necessário entender que ser resiliente é superar e seguir. Treine sua motivação diariamente, seu entusiasmo, suas emoções. Persista!

Lembro-me de quando decidimos iniciar o restaurante Metroville na cidade de Blumenau e diversas situações adversas aconteceram. Foi um turbilhão de acontecimentos desfavoráveis que tínhamos de enfrentar e muitos incêndios para apagar. Se Pedro e eu não tivéssemos resiliência, se não tivéssemos claro o que queríamos, aqueles momentos teriam causado desespero e teríamos desistido. Olhando para trás percebo que a nossa coragem e ousadia foram fundamentais para entender que existirão desafios no negócio, e dependerá das nossas atitudes enfrentá-los de forma resiliente.

A quinta atitude de um empreendedor de alta performance é ENTENDER DIFERENÇAS E SOMAR VALORES.

Pessoas me perguntam como é a relação de trabalho com o meu esposo, se é positiva ou negativa. Eu costumo brincar que, mesmo se o Pedro não fosse meu esposo, ele seria meu sócio, e esta resposta se dá porque o admiro como profissional. Quando namoramos os longos oito anos a uma distância de 1.000 quilômetros eu não imaginava que trabalharíamos juntos. Somos bem diferentes quanto à personalidade, mas acredito que é neste ponto que nos completamos. Um tem a cabeça totalmente em exatas e o outro totalmente em humanas, então o que fazemos é dividir bem os papéis e os setores de cada um na empresa. Respeitamos e não interferimos sem autorização no trabalho do outro. Estamos constantemente em busca de reunir forças para acharmos uma resposta satisfatória para a empresa, mesmo com pensamentos divergentes entre nós.

Já tivemos situações conflitantes, como qualquer outra relação societária teria. Mas os valores pessoais que nos rodeiam são muito parecidos e isso sem dúvida é o ponto principal de chegarmos a conclusões positivas.

Somos gratos ao privilégio de estarmos juntos, de empreendermos juntos. Acredito que a nossa relação criou maturidade com esta convivência além de casa. Certamente nos conhecemos bem, sabemos o que o outro pensa sobre determinada situação antes mesmo de se manifestar. Apoiamo-nos, nos amamos e somos felizes de trabalhar em família. O sentimento que nos move é igual, de orgulho por contribuir com nosso país através do empreendedorismo.

Se eu pudesse escolher a atitude que mais admiro hoje nos empreendedores de alta performance seria esta. Um empreendedor de alta performance não tem medo de mudança. Se for preciso mudar, MUDE.

Sabe aquela canção do Raul Seixas: "Eu prefiro ser uma metamorfose ambulante, do que ter aquela velha opinião formada sobre tudo!"?

Não herdei da família dotes culinários. Minha mãe trabalhava fora e fazia o básico na cozinha. Minha avó, na época da minha adolescência, me ensinou a fazer carne de panela, arroz e café passado, mas nunca tivemos momentos familiares ao redor de um fogão.

Desde a adolescência estudava, trabalhava fora e segui em busca de uma profissão e uma independência financeira, não despertando interesse pela cozinha e afazeres da casa. A sorte é que me casei com um esposo que gostava de cozinhar e me tornei sua auxiliar.

Ao inaugurar o meu restaurante italiano Peppos, fui convidada por uma apresentadora de TV a realizar no programa dela uma receita ao vivo. Aquele convite me despertou na hora uma reflexão. Sempre contratei chefs para elaboração dos cardápios, nutricionistas para avaliar e validar receitas e, por mais que os acompanhasse em todo o processo, minha especialidade e dedicação eram na área de gestão. Então como poderia ir até o programa fazer uma receita sem ser chef?

Cheguei em casa e falei para o Pedro: "Você precisa cursar faculdade de Gastronomia", delegando a ele, que sempre foi mais cozinheiro do que eu, a tarefa de ser o chef em nossas empresas. Ele prontamente respondeu que isso não estava nos seus planos. Então pensei, refleti, e me dei conta que havia chegado a hora de mudar meus conceitos sobre cozinha. Inscrevi-me no vestibular, passei e sou quase formanda em Gastronomia.

A mudança de mentalidade sobre o tema foi acontecendo de uma maneira gradual e fantástica. O amor pela manipulação do alimento, pelas descobertas e novos conhecimentos do universo da gastronomia. É emocionante falar da transformação dos ingredientes em receitas e como me tem feito entender a grandiosidade de alimentar o ser humano.

Se você escutasse a minha história anos atrás iria perceber que eu não sabia descascar uma cebola. Não fritava sequer um ovo, pois pensava que não tinha nascido para isso, e, hoje, se me vir cozinhando vai entender que enxergo as mudanças como oportunidades de crescimento.

A última atitude que vou compartilhar é: CRIE AS SUAS RESPOSTAS. Entenda as coisas à sua maneira.

O que é ser bem-sucedido? O que é ter sucesso? O que é ser próspero? O que é ter uma empresa de sucesso? O que é ser um empreendedor de alta performance?

As respostas podem ser retiradas dos livros, podem ser ditas por pessoas admiráveis e que você acredita terem alcançado esses resultados. Porém, é preciso compreender que a melhor resposta para as suas questões vem de você. Para isso é imprescindível se conhecer. Olhar para dentro de si e descobrir o que você compreende como significado para essas palavras, ações, resultados.

Parece clichê a frase, mas ela é real. Quando nos

conhecemos conseguimos ter clareza sobre o que queremos ser, quais resultados queremos obter e aonde queremos chegar.

O meu significado de prosperidade pode ser similar ao seu, assim como pode ser o oposto, e certamente ele é diverso em algum aspecto. Igual, absolutamente, ele não é. Quando tive clareza sobre isso fui mais assertiva em traçar minhas metas em busca dos meus resultados e hoje posso dizer que tenho ainda um longo caminho a percorrer, pois meus sonhos se renovam a cada novo amanhecer, mas tenho a alegria e o orgulho de me considerar uma empreendedora de alta performance.

Janete Krueger

Mulher em movimento

14

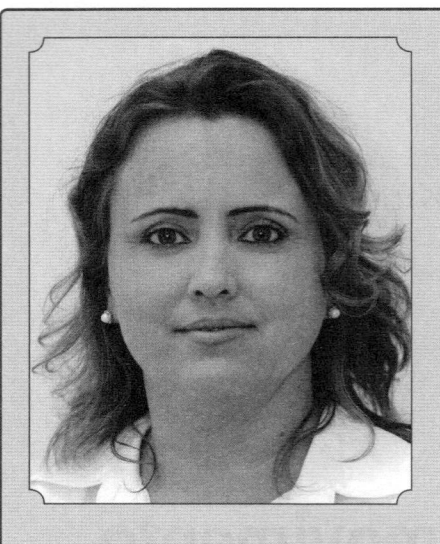

Janete Krueger

Natural de Blumenau (SC), 43 anos, residente em Penha.

Casada e mãe de dois filhos.

Arquiteta e urbanista, formada pela Furb (Universidade Regional de Blumenau) em 2002.

Especialização em Arquitetura no Mercado de Luxo pela Univali (Universidade do Vale do Itajaí) – conclusão em abril de 2019.

Sou a primogênita da minha família, me formei em Arquitetura e Urbanismo pela Furb (Universidade Regional de Blumenau), em 2002, e hoje, aos 43 anos, olho com orgulho para a história que lapidei até aqui. Gosto muito de voltar ao passado para lembrar dos tempos mágicos de menina, quando morava em Penha, no litoral catarinense. Eu me recordo dos meus pais sempre por perto, dando todo amor e suporte para minha irmã e eu. Ensinamentos que carrego como maior riqueza de vida e, abastecida, exercito diariamente com meus dois filhos.

Sempre tivemos os valores baseados na honestidade dos atos e respeito ao próximo. Ninguém é mais do que o outro. O incentivo à educação escolar sempre foi tratado na minha família com muita seriedade, inclusive quanto a cumprir trabalhos, ter notas boas e respeitar os mais velhos. Essas exigências durante a minha infância e juventude me fizeram crescer forte, focada em boas atitudes. Eu, inclusive, me reconheço como uma pessoa determinada e decidida, características pertencentes às grandes e admiráveis mulheres da minha família – minha mãe e avós materna e paterna –, responsáveis pela pessoa que me tornei e sou hoje.

Eu também recebi a influência do meu pai, que era construtor, na minha vida. Desde pequena, adorava acompanhá-lo nas obras, e observava como ele liderava a equipe composta na sua maioria por homens. Mal sabia eu que, anos depois, ocuparia este mesmo posto. Confesso que me balançou um pouco a decisão na época do vestibular, cheguei mesmo a pensar em ingressar nos cursos de Farmácia, Medicina e até Direito. Mas não teve jeito, a Arquitetura sempre foi minha paixão e hoje já contabilizo quase 20 anos de formada pela Furb. Com o diploma em mãos, e o primeiro filho no colo, iniciei minha carreira em Penha, Santa Catarina, e não demorou para que eu estendesse o trabalho para Balneário Camboriú, região em que atendo clientes com projetos, execução de obras e interiores. E, devido à minha personalidade empreendedora, acabei expandindo meu trabalho para outras cidades do Estado de Santa Catarina.

Mais do que um trabalho, a Arquitetura para mim é uma profissão fundamental que tem impacto na vida de todos. Eu o considero um serviço de utilidade pública que pode transformar o contexto do mundo, o jeito de consumir, de produzir, de reutilizar, de viver. É urgente para os dias de hoje no sentido de romper um ciclo ainda com base no descarte e consumo desenfreado.

Em minha opinião, só vamos viver bem em sociedade a partir do momento em que as cidades funcionarem bem. As cidades estão doentes, degeneradas. As pessoas estão doentes e vivem de forma conflitante nas cidades, seja por falta de segurança, mobilidade ou equipamentos públicos, resultando em um verdadeiro caos que poderia ser minimizado com planejamento urbano e social.

Temos vários problemas para resolver que colocam em risco nossa permanência no planeta, esse organismo vivo e finito. Jogamos as coisas fora como se existisse um grande buraco de lixo na Terra. Só que não. Precisamos ter mais consciência, reaproveitar tudo, ver como podemos dar novos usos às coisas. Cuidar do nosso planeta, ser realmente sustentável, criar uma sociedade mais consciente e assim construir um futuro melhor. É o que defendo e no que acredito.

Desde 2016 dedico-me à coordenação do grupo formado

por aproximadamente 6.000 mulheres empreendedoras por meio de uma rede digital que divulga eventos, workshops, feiras e trocas entre as participantes, visando incentivar o empreendedorismo feminino. Esta rede foi criada para conectar as pessoas, fomentar a força da mulher no mercado de trabalho. E com o passar do tempo e o crescimento do grupo de mulheres fomos sentindo falta de espaços para encontros presenciais. Aliada esta necessidade à minha paixão por arte e cultura, afinal, são áreas relacionadas à minha profissão, surgiu um espaço voltado para eventos e encontros de pessoas que pensam na economia criativa, no fomento da cultura, enfim, vamos unir estas pontas que estão à procura de conexões. Assim teve início este novo desafio: a gestão de eventos culturais e de conteúdo do time de mulheres e também do mundo das artes. O engajamento no mundo dos eventos é um novo projeto, pois a falta dos encontros e de nos apropriarmos da cidade, de vivermos realmente o espaço público, movimenta este sentimento. Quero movimentar as coisas, aproximar as pessoas. Levar arte para o urbano. Tenho essa inquietação, então sairemos do espaço privado para o público e vice-versa. Eu admito que a rotina é puxada, mas sigo firme com o meu propósito.

Além dos compromissos diários, a família em primeiro lugar sempre, busco me manter atualizada neste mercado que mudou muito nos últimos cinco anos. As novidades chegam em instantes e transformam a dinâmica dos serviços, a relação com o cliente e o comportamento dos consumidores. O tempo virou o maior bem que temos. Mesmo com tantas mudanças – que não vão cessar –, acredito que a Arquitetura sempre será fundamental na vida das pessoas. Não apenas como conhecimento que concretiza espaços, independentemente de o objetivo do projeto ser comercial, público ou residencial. Mas também como reflexo do tempo que vivemos, a Arquitetura é espelho do contexto. A Arquitetura e o Urbanismo presentes em nossas vidas, pois projetam os espaços privados e públicos, interferem muito mais na vida e no cotidiano da sociedade do que podemos sequer imaginar, portanto, a profissão é tão importante e por vezes invisível nas cidades.

Diante da minha rotina bastante dinâmica, "um dia de cada vez" tem sido meu lema. E assim eu posiciono meu trabalho no radar do mercado, também participo de cursos, eventos e mostras de decoração – como o CASACOR –, circulo por feiras, divulgo meu portfólio nas mídias – sociais ou especializadas. Para dar conta do recado, já abri mão de muitos momentos com minha família e tenho total consciência de que eles nunca mais voltam. Assim como as horas de sono trocadas em frente do computador para projetar a morada de muitas pessoas, além dos meus estudos diários com os cursos de pós-graduação que tenho acrescentado ao meu currículo. A satisfação do cliente compensa todo o trabalho e dedicação, mas não quero ser apenas uma empresária envolta e focada em conquistas, engolida pelo tempo, as exigências e todos os compromissos para girar a roda.

Temos as surpresas da vida que muitas vezes nos tiram do rumo e daí vem nossa grande demonstração de capacidade de superação. Outro fator que eu acho que influencia a vida das mulheres é seu apego à família, pois o instinto de mulher, mãe e protetora está dentro de todas nós. Seja com seus filhos, familiares ou com seus animais de estimação – eu tenho quatro cachorros –, a mulher só está bem se todos estiverem bem e sob controle, caso contrário, ela se abala e não medirá esforços para deixar tudo em ordem. Para mim, isso tudo só tem sentido com o amor da família. Acredito que está aí a principal força e o aprendizado que me move todos os dias.

Joana de Jesus

O que a vida me ensinou...
até aqui.

15

Joana de Jesus

É empresária, sócia e CEO da Automatisa Laser Solutions, articulista da Revista Performance Líder, tradutora Italiano-Português da Associação Brasileira de Ontopsicologia, membro do grupo Mulheres Acate. É especialista em Psicologia pela Universidade Estatal de São Petersburgo (Rússia), pós-graduada em Gestão do Conhecimento e Paradigma Ontopsicológico (AMF/RS), pós-graduada em *Business Intuition* (AMF/RS), graduada em Administração pela Esag (Udesc), Eletrotécnica pelo Cefet/SC.

Contatos:
E-mail: joana@automatisa.com.br
Instagram: @joanajesus01
LinkedIn: www.linkedin.com/in/joanad

Não me sinto confortável em escrever sobre o meu "caso de sucesso". Não é falsa modéstia, é lógica. Esse termo me remete a um ponto de chegada fixo e eu não me sinto nesse ponto, mas, sim, trilhando um caminho. É esse caminho que gostaria de compartilhar com você.

A primeira vez que nasci foi no dia de São João, 24 de junho, de 1981, em uma pequena cidade chamada Imbituba, no litoral de Santa Catarina, mas posso dizer que também nasci outras tantas vezes como você verá ao longo deste relato. Toda vez que supero um limite significativo na direção de algo melhor, me sinto nascendo novamente.

Vim de uma família pobre, como a grande maioria da população brasileira na década de 80. Era filha de mãe solteira – o que para a época era motivo de exclusão social – e minhas perspectivas de futuro eram muito limitadas. Meu destino parecia estar traçado e o melhor que eu poderia almejar como perspectiva de sucesso era casar com um "marido rico".

Quando eu tinha oito anos de idade minha mãe precisou ir para Florianópolis, capital do Estado, trabalhar. Pareceu muito mais seguro naquele momento eu ficar em Imbituba, já que era uma cidade pequena, do que me mudar com ela, e então eu morei sozinha pela primeira vez. O dinheiro era muito escasso, um pão servia para duas refeições e um dos alimentos mais consumidos por mim era o macarrão instantâneo nas suas variedades. Não havia banheiro na casa, mas minha responsabilidade era mantê-la sempre limpa e organizada. Nesta fase eu aprendi a conviver e superar os medos mais corriqueiros, como o de escuro, dos barulhos no quintal ou de o dinheiro não ser suficiente até a próxima volta da minha mãe para casa. A memória mais presente era de me sentir um peso e então buscava dar o menor trabalho possível e cumprir com as tarefas para as quais eu era incumbida.

Ir para a escola era sinônimo de alegria, ter amigos, me alimentar melhor e aprender. Ali eu comecei a ter alguns estímulos importantes como o de nunca parar de estudar, aspecto este que se tornou um norte fundamental no meu caminho. Na escola eu nunca fui a mais bem comportada, mas sempre estive entre as melhores performances da turma. Admirava as professoras mais exigentes e buscava conquistar o respeito delas através de notas excelentes.

Aos nove anos eu comecei a fazer serviços domésticos para os vizinhos. Ganhava o equivalente a um litro de leite por dia, o que fazia muita diferença. Em seguida comecei a vender Avon e rapidamente passei a ter uma renda mais significativa. Aos 11 anos, já em uma situação um pouco melhor, fui surpreendida com uma novidade: eu teria um irmão. Com o nascimento dele, precisei aprender a cuidar de uma criança, além de organizar a casa e fazer o que era preciso na escola. Foi uma fase muito extenuante e veio a primeira oportunidade de desistir. Parar de estudar seria uma opção, porém, apesar de parecer mais fácil, era como andar para trás. Então, percebi que deveria me esforçar mais, estudar mais, para conseguir dar conta do que a vida queria que eu fizesse naquele momento. E deu certo.

Na época do nascimento do meu irmão, fomos todos morar em Florianópolis. Não era muito fácil conseguir trabalho na década de 90, sobretudo um que pagasse o suficiente para sustentar três pessoas na capital. No dia em que passamos fome pela primeira vez foi quando o elevado estresse por estar em um beco sem saída me levou a encontrar uma alternativa: juntar todas as joias que meu padrinho havia me dado, levar em uma joalheria e vender. Naquele momento um ponto importante dentro de mim amadureceu: aprendi a encarar a extrema pressão como um estímulo, o que me levou a mudar a posição anterior de me sentir como um peso para a de me tornar uma provedora, uma pessoa que poderia encontrar soluções. A partir dali comecei a vender bananinha recheada de porta em porta, metal encontrado na rua, tudo o que era possível e a fome nunca mais passou por nós.

Aos 13 anos de idade já havíamos voltado para Imbituba, mas dei-me conta que ali não era o meu lugar, faltava algo e eu deveria sair de casa. Um ano depois encontrei um emprego em Florianópolis, pensando ter descoberto o trabalho dos meus sonhos: ser babá, estudar meio período, ganhar casa e comida e ainda meio salário mínimo. Saí de Imbituba e deixei para trás várias pessoas que apostavam que eu voltaria grávida e prostituída. Mas a pior sensação era a do medo de que eles estivessem com a razão.

Esta foi uma fase crucial e devo algumas coisas fundamentais à criação que minha mãe me deu. Dentro daquilo que ela podia me ensinar, não ter me prendido em casa como posse dela, ter incentivado que eu estudasse sempre, ter me tratado como adulta desde muito cedo e ter sido rigorosa nas exigências comigo, me deu condições de encarar o que viria em seguida.

O emprego dos sonhos converteu-se em um local com cinco pessoas e uma máquina de lavar roupas estragada. Eu deveria lavar, passar, cozinhar, cuidar de um menino de três anos e ainda estudar meio período. Eu chorei por todas as noites durante seis meses de puro cansaço, mas ali tomei minha primeira decisão séria de não desistir. Voltar para Imbituba não era uma opção, portanto me mantive perseverante, até que um belo dia o verdadeiro trabalho dos sonhos apareceu: eu seria babá de verdade, estudaria e ainda moraria na Beira Mar de Florianópolis.

A dra. Leisa Grando, uma médica, e o sr. Moacir Carqueja, um engenheiro, foram pessoas muito importantes, além de patrões. Com eles aprendi a ter perspectivas e a me reeducar como pessoa. Descobri que existia a Escola Técnica Federal e que eu poderia ter outra profissão de forma gratuita, bastando que eu me esforçasse. Um mundo novo se abriu. Estudei muito, passei na seleção para Eletrotécnica e vivi um dos dias mais felizes da minha vida.

Depois de trabalhar para eles, fiz muitas coisas: fui atendente de sorveteria, instalações elétricas prediais e residenciais, consertei chuveiros etc. Trabalhar era algo fundamental pois, além de precisar me sustentar, enquanto estivesse no trabalho não fazia gastos em casa, já que não sobrava dinheiro para qualquer tipo de lazer. Eu trabalhava de 6 a 7 dias por semana, pelo menos 12 horas por dia e vendia todas as minhas férias, além de estudar meio período.

Na Escola Técnica, além da profissão, tive acesso a muitas oportunidades de desvios como drogas e bebidas. A necessidade de ser aceita pelos colegas me levou próxima a caminhos que poderiam ser muito destrutivos. No entanto, a proximidade não foi suficiente para que eu fosse absorvida e entendi que havia uma diferença substancial entre mim e os jovens com quem andava naquele momento: se algo desse errado, eles tinham para quem pedir socorro e eu não.

Ao terminar a Escola Técnica, em virtude de um bom desempenho no meu primeiro estágio, consegui uma bolsa de estudos para o pré-vestibular no Colégio Geração e passei para Administração na UDESC/ESAG, uma das três melhores e mais concorridas universidades de Administração do Brasil. Naquele momento, eu havia rompido uma importante barreira com o suposto destino desenhado anteriormente para mim e estava reescrevendo o que seria a minha verdadeira história. "Casar com um marido rico" passou a não fazer mais sentido, pois o meu trabalho e os meus estudos sustentavam uma dignidade que aos poucos foi sendo consolidada. Dia a dia comecei a resolver aquelas necessidades mais gerais como casa, carro, estudos de inglês, espanhol, italiano, e abandonei todo o elenco de amigos antigos que remetiam a um desvio do meu novo caminho.

Em paralelo a isso, comecei a conhecer pessoas com outro estilo de vida, que trabalhavam muito, estudavam Ontopsicologia e Cultura Humanista nos finais de semana e não deixavam espaço para tempo livre. A dra. Suzana Coelho fazia um grande trabalho com os jovens daquele grupo, e ao mesmo tempo que ensinava uma nova ciência reeducava-nos a uma nova atitude diante da vida. Aprendíamos tudo: como lidar com o dinheiro, como servir as empresas onde trabalhávamos e ao mesmo tempo crescer, como lidar com nossas emoções, como organizar nosso universo privado, como lidar com a agressividade da juventude. A solidez desta experiência, além de contribuir para que eu continuasse estudando Ontopsicologia dali em diante, viesse a conhecer e estudar com o seu fundador – o Acadêmico Antônio Meneghetti –, contribuiu também para eu me tornar uma pessoa cada vez mais autônoma psicológica e financeiramente e a empreender cada vez mais a minha própria vida. Ter a oportunidade de conhecer e ser formada por Antônio Meneghetti foi, seguramente, um ponto de inflexão fundamental na minha trajetória.

Depois de certo tempo fazendo o curso de Administração, percebi que deveria ter experiência na área. Na época eu trabalhava na produção de uma empresa de equipamentos eletrônicos e foi quando surgiu a possibilidade de um estágio em outra empresa no Parque Tecnológico, a Automatisa Laser Solutions. Consegui a vaga e me tornei estagiária de uma *startup* de tecnologia a LASER.

Nessa empresa os donos contavam comigo para tudo: fazer café, atender clientes, fazer amostras de corte e gravação a LASER, fazer propostas comerciais, dar apoio aos vendedores, ajudar no comércio exterior etc. Eu fazia tudo o que me pediam e não pediam e fazia com muito boa vontade.

Essa etapa da minha vida, que começou em 2003, foi o encontro de duas dimensões fundamentais. Se, de um lado eu estava mais preparada como pessoa, do outro eu encontrei um ambiente que acolheu o meu tipo de inteligência, onde pude ser muito útil e construir resultados mutuamente positivos. Com um comportamento do tipo "pau para toda obra", fui estagiária, assistente comercial, vendedora, coordenadora, gerente de vendas.

Mas em 2008, no entanto, ao mesmo tempo que eu entrava em um MBA que me daria um pouco de experiência internacional e consolidaria minha veia empreendedora, foi o momento de sair da estrutura interna da Automatisa e ser representante externa no sul do Brasil. Abri minha primeira empresa, formei uma equipe de pré-postos comerciais e técnicos e em dois anos era responsável por 30 a 40% das vendas totais da Automatisa. Foi neste momento que os sócios me ofereceram uma parte das cotas para comprar. Nunca pensei que isso seria possível, mas o sonho tornou-se realidade. Juntei todo o dinheiro que tinha e fiz o investimento na Automatisa. O que dava mais sabor a essa conquista era o profundo amor ao que fazíamos e ainda fazemos. Já eram sete anos de muitas histórias de sucesso colecionadas junto aos nossos clientes em cada máquina a LASER vendida e entregue, muito aprendizado, muitas pessoas que também cresceram dentro da empresa conosco. Não me via fazendo outra coisa.

Quando me tornei sócia da Automatisa, no entanto, a minha visão empresarial era muito ingênua e teórica. O momento, ao contrário, exigia um trabalho prático e técnico de administração a ser feito, ao mesmo tempo em que o Brasil estava prestes a entrar em um dos momentos mais difíceis de disponibilidade de crédito no mercado. Foi então que, juntamente com a consultoria empresarial da dra. Vera Rodegheri, de Porto Alegre, que de 2010 a 2013 empreendemos uma grande reestruturação e saneamento da empresa, além de adquirir as cotas de sócios que tinham outros propósitos de vida. Nosso negócio, a partir daí, foi totalmente recalibrado.

Este foi um período árduo, que normalmente não é escrito em livros de negócios da forma como ocorre. Cortar gastos, renegociar com fornecedores, cortar produtos do portfólio, mudar formato de contratos com clientes, refazer times, errar, acertar, são coisas simpáticas de serem lidas, mas antipáticas de serem feitas. É necessário muita infraestrutura emocional para resistir à pressão das pessoas que não compreendem aquilo que precisa ser feito, sobretudo quando o que precisa ser feito é muito desconfortável.

Justamente depois desse trabalho de reestruturação, o Brasil estava prestes a entrar em mais uma crise importante, mas nós estávamos preparados, não precisamos fazer demissões e seguimos firmes qualificando nosso negócio.

No final de 2016, então, recebi do sócio-fundador Marcos Lichtblau o desafio de sucedê-lo de forma total na operação. Nesse momento senti muita gratidão pela escola que a vida me deu. Cada passo dado serviu para trazer a musculatura necessária ao novo desafio que estava para vir. Eu não estava totalmente preparada, não me sentia totalmente segura, nada era garantido, mas fizemos. Assumi a companhia e o time, precisando reconstruir o que era necessário ao modo que me pareceu mais adequado. Junto com um "núcleo duro" de pessoas que assim como eu são apaixonadas pelo que fazem, fomos dando um passo depois do outro, fazendo os investimentos, preparando pessoas, avançando em qualidade. Tudo isso com 100% de capital gerado pelo próprio negócio, sem investimento externo e sem *glamour*.

Hoje, depois de todo esse empenho e resultado, temos consolidado a maior e mais completa empresa de máquinas de corte e gravação a LASER de pequena e média potência da América Latina, temos mais de 1.000 máquinas no Brasil e em mais nove países. Um Ebitda adequado, com um modelo de negócios sustentável, sempre em melhoria. Estamos investindo em novas tecnologias e em qualificar o que já construímos mirando um futuro promissor.

Olhando para trás, fico feliz pelas pessoas que encontrei: as que me ajudaram e as que propuseram obstáculos no percurso do caminho. Todas elas foram importantes para me tornar mais forte e capaz. Sinto-me desafiada pelas oportunidades que a vida me colocou e entusiasmada em poder compartilhar um pouco do que aprendi com o máximo de pessoas possível. Hoje, olho para os empreendedores que contam sua trajetória de superação e consigo imaginar com propriedade o quanto de suor tem por trás daquelas palavras. No meu caminho, por exemplo, tem mais resiliência do que talento, mais trabalho do que propriamente sorte.

Este caminho terá ainda mais valor caso venha a ajudar outras meninas e meninos que possam estar perdidos consigo mesmos por aí – como um dia eu já estive – a verem que o segredo do progresso não é uma fórmula mágica, tampouco uma espera passiva por alguém no mundo que os ajude. O segredo do progresso é estar sempre na zona de desconforto, buscando o contínuo e incansável autoaperfeiçoamento, sempre superando o nível anterior de si mesmo, construído dia a dia através do trabalho, da técnica, do estudo, da disciplina, do treino contínuo para obter a excelência no "saber fazer". Envolve muito sacrifício e autoconhecimento com amor e humildade. Envolve desfazer-se de relações que um dia puderam representar muito, para dar espaço às novas relações promotoras de crescimento. Significa buscar estar próximos de pessoas "melhores que você" seja na vida profissional ou na pessoal. Melhores no sentido de que, se estamos trilhando um "caminho", essas pessoas devem estar um passo à nossa frente, sempre nos forçando a aumentar o nosso próprio passo.

Para as meninas ou as mulheres eu compartilho algumas coisas que aprendi e que considero importantes, muito importantes.

A primeira é que ser mulher é muito mais do que ter uma vagina e um par de seios. Ser mulher é diferente de ser fêmea. Existe uma forma de inteligência muito especial no humano que é feminina. Portanto, sobretudo no âmbito dos negócios e para uma pessoa que quer ser líder, o corpo como elemento de sedução para o sexo no ambiente empresarial é um desvio do propósito. Porém, não se trata de negar nem o corpo, nem a feminilidade. Não é uma castração. Mas, sim, de não reduzir a sua feminilidade e a si mesmo a um nível de objeto.

A segunda é a de não competir estupidamente com outras mulheres. Estamos habituadas a dizer isso das outras, de que são as outras que competem. O meu convite é o olhar pra nós mesmas e vermos quando nós estamos tentando destruir uma outra mulher. Para isso, é importante reconhecer as próprias frustrações e tratá-las com amor. Quando nos frustramos, temos a tendência de buscar compensar essa frustração nos outros e isso não ajuda ninguém. Ao perceber que nos falta algo o que precisa ser feito, na verdade, é acordar mais cedo e ir à luta sem competir estupidamente com ninguém. Isso não significa, no entanto, ser passiva, pois lutar pelo que queremos é completamente diferente de destruir os outros.

A terceira é administrar o medo, distrair-se dele. O medo acarreta inúmeros mecanismos de defesa que dificultam a nossa caminhada. É claro que é importante sermos cautelosos com o que realmente precisa de cuidado, mas ao mesmo tempo sermos confiantes naquilo que já sabemos fazer e na nossa capacidade de aprender ao longo do percurso. A estrada, ao final, vai sendo construída a cada passo adiante que damos.

A quarta é não delegar a ninguém a responsabilidade do próprio caminho. A responsabilidade por absolutamente tudo o que acontece conosco é nossa e isso é maravilhoso. Somos responsáveis por nossas vitórias e também por nossas derrotas. Ter ciência e amor por essa condição nos tira da posição de vítimas e nos coloca na posição de protagonistas. Quando essa responsabilidade é aceita e vivida plenamente, você se sente na cabine de comando da sua vida e tudo flui melhor.

Veja, o objetivo deste relato não é convencer você de algum ponto de vista meu, nem mesmo de dizer o que é certo para você. Isso seria demasiada pretensão. O objetivo é mostrar alguns dos meus erros e acertos e quem sabe estimular você ou outras pessoas a também buscarem trilhar o seu caminho de progresso, pois para mim ficou claro que da hora em que acordo até a hora em que durmo devo aprender o máximo possível em todas as oportunidades, realizar da melhor forma possível o negócio em que estou empreendendo - que tem um potencial imenso – e ensinar o que eu já aprendi para outras pessoas que queiram. De alguma forma devo ajudar a vida na proporção que posso, a fazer nascer outros improváveis empreendedores como eu. Intra ou extraempreendedores. Empreendedores das suas próprias vidas.

Por hora concluo que o nosso desafio parece não ser o de matar um leão por dia. Nosso desafio parece ser o de conhecer o nosso leão e domá-lo todos os dias. O mesmo leão que em algum momento pode parecer aterrorizador, no momento posterior se transforma em nossa maior força aliada. No caminho que vivi, da absoluta pobreza até aqui, a escassez me ajudou a usar melhor meus recursos; as dificuldades tornaram-se minha escola; meus medos, na medida em que foram superados, tornaram-se minha fortaleza; meus "inimigos" tornaram-se meus treinadores e meus apoiadores foram minha alavanca de crescimento. O sentimento que permanece é apenas um: o de pura gratidão.

Karen D. Martins da Silva

Olhares sobre o empreendedorismo: escolhas conscientes, coragem e afetividade

16

Karen D. Martins da Silva

Graduada em Pedagogia, com MBA em Gestão Estratégica de Pessoas pela Fundação Getúlio Vargas, certificação internacional em Coaching Integrado pelo ICI – *Integrated Coaching Institute*, e diversas especializações em desenvolvimento humano e organizacional. Professora em turmas de pós-graduação. Diretora voluntária na ABRH – Associação Brasileira de Recursos Humanos, em Joinville/SC. Carreira executiva em grandes empresas: Unilever, Schincariol, Brasil Kirin e Tupy, onde atualmente ocupa a posição de diretora de Recursos Humanos Corporativo.

Contatos:
E-mail: karen.dmsilva@gmail.com
LinkedIn: https://www.linkedin.com/in/karendmsilva/

Que alegria imensa fazer parte deste projeto sobre empreendedorismo feminino em Santa Catarina, ao lado de tantas mulheres admiráveis. Confesso que fiquei surpresa com o convite, pois não sou catarinense. Sou natural de Campinas, interior de São Paulo, e há seis anos escolhi a cidade de Joinville para realizar os meus sonhos pessoais e profissionais.

Vou me apresentar rapidamente. Tenho 39 anos de idade, sou casada com o Cesar e tenho dois filhos, Guilherme e Matheus. Gosto de livros, poesia, teatro, natureza, crianças e animais de estimação. Em casa, o amor por animais acabou virando negócio e, por iniciativa própria, meu marido deixou a carreira na área de Tecnologia da Informação para empreender e abriu uma loja para animais (*pet shop*). Ele é filho único e cresceu com vários exemplos de empreendedores em sua família, inclusive seus pais.

> *O correr da vida embrulha tudo, a vida é assim: esquenta e esfria, aperta e daí afrouxa, sossega e depois desinquieta. O que ela quer da gente é coragem.*
> João Guimarães Rosa, Grande Sertão: Veredas

Para mim, empreendedorismo tem tudo a ver com coragem. E acredito que essa foi a grande virtude que me ajudou a chegar onde estou. Pensando bem, eu tive vários motivos para desistir: meus pais são divorciados, estudei em escola pública, cresci em meio a várias dificuldades financeiras, comecei a trabalhar aos 14 anos para ajudar com as despesas de casa, recebi pouca estrutura e apoio, entre outras inúmeras situações que precisei enfrentar para chegar até aqui. Coragem de seguir em frente e transformar as dificuldades em oportunidades, apesar do medo e da incerteza que possam surgir em nosso caminho.

Sabemos que as decisões fazem parte da nossa vida todos os dias. E você já se deu conta sobre o que tem direcionado as suas escolhas? Tomar consciência disso nos ajuda a ter serenidade e foco, sobretudo naquelas decisões que se revelam mais difíceis. Ainda jovem, experimentei uma situação marcante nesse sentido. Era uma manhã de primavera, quando minha mãe atendeu ao telefone de casa:

— Bom dia. Meu nome é Thiago, preciso falar com a Karen.

— Bom dia. Ela não está em casa, quer deixar recado?

— Estou ligando porque ela foi aprovada para a nossa vaga de estágio e precisa trazer a documentação até sexta-feira.

— Meu Deus, verdade? Minha filha merece muito, ela é tão esforçada! (chorando...) Estou muito feliz, essa firma é muito boa!

A emoção da minha mãe ao receber esse telefonema é algo valioso para mim. O processo seletivo de estágio na Unilever demorou meses, iniciou com a triagem de alunos com o melhor desempenho acadêmico nos cursos técnicos da região. Eu sempre fui muito dedicada aos estudos, o que me habilitou a estar entre mais de duzentos estudantes. Depois, aconteceram várias etapas de avaliação comportamental, com cinco finalistas aprovados. E a última etapa foi uma entrevista com gestores da empresa.

Naquele momento, eu me vi diante de uma decisão difícil. Na semana anterior, fui aprovada em outra empresa local no ramo de equipamentos para laboratório. Sem dúvida, também era uma grande oportunidade profissional para quem estava iniciando a carreira. E eles ofereciam mais que o dobro do valor de remuneração mensal. Aquilo me balançou, porque dinheiro era uma necessidade básica e eu vivia uma das fases mais difíceis da minha vida, na qual chegou a faltar alimento em nossa mesa. Estava desempregada, pagava aluguel, meu primeiro filho ainda era bebê, não tinha carro e, em alguns dias, sequer tinha dinheiro para pagar a passagem de ônibus.

Pensando no curto prazo, eu não teria escolhido a Unilever: ganhar salário menor, enfrentar mais concorrência e sabendo que teria poucas chances de efetivação. Eu realmente precisava trabalhar e tive medo de não conseguir. Maior que o medo, era a vontade de vencer. E a clareza dos meus objetivos de longo prazo, que me guiaram para tomar essa decisão: era o momento de arriscar e me lançar ao desafio, se eu quisesse lá na frente colher recompensas maiores.

Tive a oportunidade ímpar de iniciar a carreira profissional em uma empresa referência global e conviver com pessoas talentosas, que contribuíram em minha formação. Tive excelentes gestores, fortaleci meu conhecimento técnico, participei da criação de tendências de mercado em Recursos Humanos e, com certeza, deixei a minha contribuição nas áreas onde atuei.

Uma das principais lições que tive nessa fase está refletida no seguinte provérbio chinês: *Um pouco de perfume sempre fica nas mãos de quem oferece flores*. Para mim, a gentileza e a afetividade representam grande poder de influência pessoal. Afinal, as pessoas gostam de ser tratadas com respeito e consideração. Um sorriso abre portas e um abraço pode curar, mesmo que momentaneamente, a dor do outro. As palavras podem construir ou destruir a autoestima da pessoa que está diante de nós.

Há alguns dias, durante um agradável almoço com minha amiga Marcela, ela trouxe uma situação que fez muito sentido para mim. "Quando preciso ter uma conversa difícil com alguém que está emocionalmente alterado, eu chamo em particular e falo, com calma: estou aqui para te ouvir e te ajudar. Absolutamente tudo pode ser falado aqui neste espaço, desde que com respeito". Muitas vezes, a ansiedade atropela o processo de ouvir e nos comunicar com respeito ao outro. Precisamos estar atentos em oferecer a escuta adequada à dor da outra pessoa, com empatia e compaixão.

Após anos de muito aprendizado, pedi demissão da Unilever e fui trabalhar na Schincariol, empresa familiar brasileira que estava buscando profissionalização. Era hora de empreender novamente e eu estava feliz com a oportunidade. O novo não me assustava, pelo contrário. Aos 27 anos de idade, eu sentia a necessidade de ter experiência em outro segmento, para ampliar o meu repertório profissional.

Muitas pessoas próximas, entre amigos e familiares, não entenderam bem a situação e recebi diversas críticas. "Você vai sair da Unilever para trabalhar em empresa familiar? Vai deixar a sua segurança, onde todos te conhecem, e recomeçar do zero? Pedir demissão, depois de tantos anos?" Mesmo assim, mantive firme a minha decisão e foi a melhor coisa que fiz.

É comum as pessoas mais próximas colocarem a sua opinião, criticarem ou até mesmo julgarem, algo que no entendimento delas seria o correto a se fazer, ou que consideram adequado. E não fazem isso por mal, pois imaginam que estão de certa forma nos ajudando. Entretanto, isso pode ser limitador em nossas vidas e nos deixar reféns da opinião dos outros. É importante ter clareza do que queremos, por mais que os outros eventualmente discordem. E isso vai acontecer, afinal, viver para agradar aos outros é uma grande ilusão. Precisamos verdadeiramente refletir como cada decisão pode nos aproximar ou nos afastar de nossos objetivos e, a partir disso, nos fortalecer em nossas escolhas.

Nesta transição profissional, embora a adaptação tenha sido difícil no começo, encontrei um ambiente apaixonante, com alegria e superação em várias unidades espalhadas por todo o país, entre fábricas e centros de distribuição. A diversidade cultural ofereceu a oportunidade de experimentar, criar processos e compreender ainda mais a importância das habilidades comportamentais para a conquista de resultados. Como profissional de Recursos Humanos, foi uma experiência incrível e valeu muito a pena.

Bem feito é melhor que bem explicado. Essa frase era comum na empresa e significava: tenha iniciativa e resolva os problemas, em vez de justificar por que não fez. Boa parte das pessoas gasta tempo e energia tentando arrumar desculpas por não ter cumprido uma determinada tarefa. Ou se vitimiza, coloca a culpa em alguém e transfere a responsabilidade a fatores externos. Fazer é simplesmente agir e ter atitude protagonista diante das adversidades.

Demonstrar amor pelo trabalho é algo que nos engrandece. É bem diferente de trabalhar por obrigação, cumprir a carga horária para ir logo embora. Quando nos dedicamos ao nosso trabalho com energia e entusiasmo, o resultado aparece, contribuindo de forma positiva no ambiente a sua volta. E eu convivo com esse exemplo na família, com a minha irmã Ana. Uma curiosidade: a nossa diferença de idade é de apenas dez meses, então somos bem próximas. Atualmente, a Ana é responsável pela área Fiscal de um grande escritório de contabilidade em Indaiatuba, interior de São Paulo.

Sem dúvida, a Ana é uma das pessoas mais trabalhadoras que eu conheço. Extremamente dedicada, leal, com elevado senso de dever e responsabilidade. Para ela, não tem tempo ruim, doença ou preguiça que consigam abalar a sua disposição para o trabalho. Uma vez, ela precisou imobilizar a perna com gesso e insistiu bastante comigo para levá-la de carro até o escritório, pois queria buscar alguns documentos para adiantar o fechamento em casa. Mesmo com toda a rotina de cuidar da casa, dos filhos e de seu neto, o amor que ela dedica ao trabalho é algo realmente admirável e me inspira a dar o meu melhor em tudo que eu faço.

Quando penso em amor, certamente ser mãe é a melhor parte de mim. Acredito que a maternidade só melhora a mulher, nos ajudando a desenvolver ainda mais as nossas capacidades. Aprendi com o meu filho Guilherme a cuidar do outro, a responsabilidade de ser o seu porto seguro e planejar a segurança da nossa família. Ele me trouxe ainda mais força para seguir em busca dos meus sonhos.

Há seis anos decidi mudar para Joinville após receber uma proposta para trabalhar na Tupy. Já estava em nossos planos futuros a mudança de estado, em busca de mais qualidade de vida e oportunidades profissionais. Então, uma nova jornada empreendedora se revelou para mim e, com apoio do meu marido, eu abracei este desafio com muito empenho. Joinville já faz parte da nossa história e é onde nasceu meu segundo filho.

Na Tupy, tenho abertura, apoio e flexibilidade para organizar minhas demandas pessoais e profissionais. E sei que eu influencio o ambiente onde estou, encorajando outras mulheres a conciliar a carreira profissional com a maternidade. E isso foi determinante para a decisão de ser mãe pela segunda vez, aos 37 anos de idade. Após um período de tratamento médico, frustrações e expectativas, incluindo as dores física e emocional de um aborto espontâneo, fomos abençoados com a chegada do Matheus.

Meu marido é parceiro, compartilha as tarefas e participa dos cuidados com o bebê. Mesmo assim, nesta gravidez a minha maior preocupação foi o fato de estarmos distantes da nossa família. E estávamos com obras em casa, administrando várias mudanças ao mesmo tempo. Tive receio de não conseguir dar conta de tudo sozinha, a amamentação foi uma fase complicada, eu me sentia culpada por não ter tudo sob controle.

Percebo que hoje em dia existe certa romantização em torno da maternidade, nos afastando dos desafios diários e, agora, também estou em um momento pessoal mais estruturado e sei o quanto ser mãe é uma imensa responsabilidade. Precisamos curtir cada momento e buscar muita informação e apoio, para construir cada vez mais confiança para lidar com os desafios típicos que vão surgir em cada etapa.

Vivemos em comunidade e precisamos uns dos outros. Reconhecer essa potencialidade de ajudar e ser ajudado é fundamental para seguir em frente. Para mim, o seguinte provérbio revela a importância da rede de relacionamento em nossas vidas: *Se quer ir rápido, vá sozinho. Se quer ir longe, vá em grupo.*

Certa vez, li uma pesquisa que dizia que a mulher executiva brasileira é uma das que menos faz *networking* no mundo todo. Fiquei impressionada! Precisamos estar conscientes e nos ajudar a transpor essas barreiras, sejam culturais, sociais ou emocionais. Perder o receio ou timidez de iniciar o contato, estar disponível para ajudar os outros e demonstrar interesse genuíno pelas pessoas, não apenas pelo cargo que elas ocupam, são boas estratégias para começar.

Tenho inúmeros exemplos sobre a importância da rede de relacionamento em meus projetos, ou de pessoas que foram apoiadas por mim. Lembro-me de uma situação quando fiz Pedagogia e precisei cumprir 800 horas de estágio obrigatório. Durante esse período, era comum eu sair em férias da empresa para me dedicar integralmente ao estágio sem remuneração, algo que parecia nunca ter fim. E para piorar, no último ano, eu estava trabalhando na cidade de São Paulo e viajava diariamente, a rotina era extremamente cansativa.

Eu me interessei por um determinado colégio da cidade. Entreguei currículo, agendei com a coordenadora e tentei outros meios formais, mas nada funcionava. Decidi então comentar com as pessoas de meu convívio diário, pedindo ajuda. E não é que essa ajuda veio de onde eu menos esperava? Um colega de outra empresa, que viajava comigo no ônibus fretado para São Paulo, sem eu saber era amigo do proprietário daquele colégio e bastou um telefonema dele para eu conseguir realizar o meu estágio.

Falando em ambiente escolar, lecionar é uma atividade que me ajuda a ampliar minha rede de relacionamentos e me preenche de satisfação pessoal. Ser professora é uma missão gratificante em todos os aspectos. Mesmo com tantas atividades, eu me sinto realizada em sala de aula ao perceber a evolução dos alunos, que em sua maioria se tornam grandes amigos. Essa inspiração começou com a dona Paula, minha professora quando eu tinha dez anos de idade em uma escola pública estadual. Entre outros vários professores, ela ficou marcada com carinho em minha memória pela forma como se relacionava com as pessoas. Ela, com paciência e sabedoria, conseguia extrair o melhor de cada um de nós. E, assim, ajudava a fortalecer a nossa autoestima. Ainda hoje, quando tenho a oportunidade de lecionar, tenho consciência da marca pessoal que posso deixar naquele grupo.

Acredito que investir constantemente em autoconhecimento é a grande chave para o sucesso. Para mim, a leitura sempre foi um bom hábito que me ajuda a construir novas possibilidades. Buscar conhecimento, discernimento e sabedoria para me transformar a cada dia. Recomendo que você leia boas publicações, conteúdos que o ajudem a crescer e persista nesse hábito. Se não gosta de ler, comece com poucas páginas por dia. Quem lê, escreve bem, fala bem e isso aumenta a autoconfiança, conduzindo a novos caminhos.

Por isso, esse grandioso projeto de coautoria fez tanto sentido para mim. É gratificante a possibilidade de contribuir para inspirar outras inúmeras pessoas que diariamente decidem fazer a diferença em suas próprias vidas e, assim, transformam a realidade. Espero que algumas de minhas experiências descritas aqui possam inspirar você a empreender cada vez mais.

    Comece a praticar a mudança que você espera, um passo de cada vez. E busque a cada dia a sua melhor versão. Tudo o que acontece em nossas vidas é o resultado daquilo em que a gente acredita, persiste e realiza. Desejo a você uma vida plena de saúde, felicidade e sucesso!

Kátia Siqueira

Eu me descobri na Arte

17

Kátia Siqueira

É empresária, fundadora da Arte Maior Centro de Educação Musical (1988) e da Banda Italiana Finestra Del Cuore (2000), e responsável pelas franquias TG Assessoria Musical (1988) e Aimec Joinville (2012), especializada em música eletrônica. Também foi fundadora do Conservatório de Música Santa Cecília (1984), em Alta Floresta (MT).

Concluiu o curso Técnico de Piano no Conservatório Brasileiro de Música (RJ) e o Curso de Órgão Eletrônico do Instituto Minami (SP). Tem formação em Pedagogia Musical Infantil pelo Ateliê Musical Enny Parejo (SP), e pós-graduação em Educação Musical, pela Univali (Universidade do Vale do Itajaí – SC).

Arte é a minha vida. Eu vivo da Arte e me realizo com ela. É minha vibração, o que eu respiro. Acordo e durmo com a música, choro de emoção ao ver meus alunos se apresentando, ao ver a satisfação deles, sinto todas as sensações maravilhosas dos aplausos. E eu sei que a Arte extrai o que há de mais profundo nas pessoas, e a capacidade que ela tem de nos fazer ressurgir. Em minha vida, houve momentos em que fui ao fundo do poço e consegui me reerguer pela Arte. Por meio dela, defini o meu caminho profissional e dei rumo à minha família.

Nasci em Catanduva (SP), em fevereiro de 1962. Mas nunca morei nessa cidade. Os meus pais são de lá, mas nessa época já haviam se mudado para Apucarana, no Paraná. Meu pai, Milton Alves de Siqueira, era comerciante e criou a todas nós, cinco filhas, vendendo carros. Eu sou a mais velha. Na minha gestação, minha mãe passou muito mal e acharam melhor ela ter o bebê em Catanduva, na época uma cidade com mais recursos. E eu nasci lá.

Minha mãe, Antônia Merce Sestito de Siqueira, era professora do Magistério e de música, e foi diretora escolar. Era musicista e fazia todas as provas das escolas de música autorizadas pelo MEC. Teve uma carreira marcante no Paraná.

Os meus pais gostavam muito de música – e eu também. Tínhamos um piano em casa e minha mãe tocava praticamente todos os dias. Cresci nesse ambiente. Ela queria que estivéssemos sempre em contato com um instrumento, e eu comecei a estudar piano com cinco anos. O estudo do piano foi crescendo junto comigo, faz parte de mim.

O fato de a música aglutinar pessoas sempre me encantou. Quando tinha reuniões em casa, tocávamos. Quando estávamos muito tristes, tocávamos porque estávamos tristes. No momento em que estávamos felizes, tocávamos para comemorar. Aos domingos, tocávamos porque estávamos juntos e papai gostava de ouvir... a música era um hábito muito forte lá em casa.

A música como profissão

Sempre estudei música, mas sonhava em ser médica. Acabei me formando em Enfermagem, porém nunca atuei na profissão. Nem deixei de lado o estudo do piano. Em 1984, me casei. A família do meu ex-marido tinha uma rede de supermercados em Apucarana e resolveu montar um atacadão em Alta Floresta, no Mato Grosso. Nós nos casamos e fomos morar lá.

Alta Floresta, naquela época, era voltada para o garimpo, era terra rude e violenta. O que importava era ganhar dinheiro a qualquer custo. Aconteceu de estar em algum lugar e, de repente, começar um tiroteio. As ruas não eram pavimentadas e a poeira impregnava tudo. As pessoas tinham hábitos diferentes, como ter filhotes de animais selvagens em casa. Nós tínhamos uma jaguatirica. Era uma situação estranha e inusitada.

A princípio, pensei em atuar como enfermeira, mas o sistema de saúde local não oferecia condições. Como já tinha dois pianos, decidi dar aulas. Montei uma escola em casa e em menos de dois meses já tinha 60 alunos. Trabalhava de manhã, de tarde e de noite. Sozinha, dando aulas de piano, aula, aula, aula, e montando atividades, criando... Foi muito legal.

Eu sempre ia nas férias para a casa dos meus pais. E, na época, estava em alta o curso de órgão eletrônico Minami. Comecei a fazer o curso em Apucarana, comprei um órgão e já o levei para Alta Floresta. Logo estava dando aulas de órgão eletrônico também. Eu me descobri nas Artes. Eu me descobri nesse ofício de ser professora, de ensinar, de ver meus alunos absorvendo conhecimento musical. Ali também me descobri como empreendedora e comecei a investir no meu trabalho, naquilo que eu sabia fazer.

Vivi quatro anos em Alta Floresta e lá nasceu o meu filho Fábio, em 1986.

A escola que fundei com o nome de Conservatório de Música Santa Cecília ainda funciona. Plantei lá a sementinha da música. Naquela época não existia isso na cidade e o conservatório foi importante para aquelas pessoas. Para mim foi mais que isso... foi a forma de me situar na cidade. Mas em determinado momento o negócio da família entrou em crise e quebrou. Foi um pânico, e decidimos: "Vamos embora desse lugar".

Voltamos para o Paraná, para a casa dos meus pais, quebrados, com um filho, marido em depressão... O que fazer? Bem, precisava ajudar nas despesas.

Além da música, também tinha facilidade para pintura e minha mãe sugeriu: "Por que você não faz pinturas para vender?" Comecei a fazer isso com a ajuda dela. Nós duas varávamos a madrugada pintando guardanapos, toalhas de mesa, enxovais de bebê. Pintei muito, muito. Com esse dinheirinho ajudei e não me senti uma inútil na casa dos meus pais.

Mas eu era apaixonada pelo órgão eletrônico, queria abrir uma nova escola de música, e pensei em uma franquia da Minami. Tinha clareza de que não queria ficar em Apucarana, que ali era apenas uma passagem. Pensava em ir para São Paulo. Na Minami, me explicaram como funcionava a franquia... Era preciso ter uma loja para vender os instrumentos, junto com a escola. Mas onde? Nas principais cidades de São Paulo já havia franquias. No Paraná, também. Em Santa Catarina, porém, só havia em Florianópolis. Não tinha nada em Joinville nem em Blumenau. Ali eu tomei a primeira decisão: pesquisar as duas cidades.

Primeiro, Joinville. Demos uma olhada geral, achei tudo muito amplo, bonito. Depois fomos para Blumenau, mas não conseguimos nos identificar tão bem com o local – e decidimos ficar em Joinville.

Eu não tinha ideia de como achar um lugar para instalar a Escola em um local que ainda não conhecia. Então, o meu pai me orientou: "Filha, em uma cidade sempre tem uma igreja matriz, que fica bem no centro. Identifique a igreja e comece a rodar em volta dela. Tem que se localizar nos arredores".

Fiz exatamente o que ele me falou e, a poucas quadras da igreja, avistei um sobrado com uma garagem fechada. Paramos o carro imediatamente. Era o ideal. Podíamos morar em cima e ter a loja e a escola embaixo. Este sobrado ficava ao lado de onde hoje está a sede da Arte Maior, na rua Orestes Guimarães. Quando fomos acertar os detalhes com o proprietário, seu Waldemar Hoffmann, ele falou que precisava de um fiador... eu olhei para ele e falei assim: "Seu Waldemar, nós não conhecemos ninguém aqui. Estamos vindo instalar uma escola de música, como vou ter um fiador?" Ele me olhou atentamente e acho que, naquela hora, viu o meu desespero. E disse: "Eu vou alugar para vocês". Foi incrível!

Voltei para Apucarana toda feliz e disse para os meus pais: "Nós vamos!" Não tínhamos um gato para puxar pelo rabo... Na verdade, até tínhamos um caminhão, que sobrou do negócio de Alta Floresta, o que nos ajudou mais tarde. Éramos uma família tentando reconstruir a vida.

Fechamos com a Minami, vendemos o caminhão que tinha sobrado do antigo comércio e, com o dinheiro, compramos os equipamentos, arrumamos o espaço e fizemos a mudança. Quando deixamos tudo pronto, tínhamos zero vírgula zero. Mas abrimos a escola em setembro de 1988.

Logo em seguida, conseguimos um espaço de demonstração na Feira de Malhas que era realizada na Expoville, um centro comercial muito conhecido na região. Eu tocava o dia inteiro e, após a apresentação, passávamos o cartãozinho. E assim nós começamos. No final do ano eu tinha 80 alunos. Fiquei maravilhada.

Por muitos anos, dei aulas sozinha. E meu marido trabalhava no comercial e nas finanças da escola. Com isso, o negócio foi "vingando", acontecendo. Depois resolvemos nos mudar para um apartamento e abrir a escola na parte superior do sobrado.

Nessa época, surgiu a necessidade de outros cursos e iniciamos a contratação de professores. Eu estava sempre fazendo capacitações, aprendendo novas técnicas, reciclando os conhecimentos, trazendo novidades para a escola.

Em 1992, quando estava grávida da minha filha, mudei para o piso superior do prédio ao lado, onde estamos até hoje. Depois fui alugando mais espaços por partes, crescendo aos poucos. No ano 2000, quando desocupou a parte de baixo, o seu Waldemar falou para mim: "Agora é a hora. Ou você aluga tudo ou vou alugar para outra pessoa".

Apesar da ousadia e da vontade de crescer, eu estava em uma fase muito difícil. Tinha acabado de me separar. Imersa no trabalho, nunca me preocupei com as finanças da escola e de repente descobri que devíamos tudo e mais um pouco. Pela segunda vez estava quebrada.

Eu tinha confiança na pessoa com quem eu dividia a vida e fazia a minha parte. Mas ele foi se embolando na administração, comprometendo a saúde financeira da escola. Eu não sabia que devia quase dois anos de aluguel, que a escola dos meus filhos estava atrasada há um ano. Não sabia que tinha dívidas com agiotas... não sabia nada e de repente me vi no meio de tudo aquilo. Sabe o avestruz? Ele põe a cabeça na areia e não vê nada a sua volta. Uma pessoa um dia me falou: "Você era um avestruz". Doeu!

Estava separada, detonada, sem dinheiro, com dívidas que não contraí... mas era sócia e tinha que assumir. Eu nem sabia entrar em banco... é uma vergonha, mas não sabia. Não tinha o controle financeiro da empresa. Precisei aprender, me reorganizar, me reinventar totalmente.

Nessa época, entrei em depressão. Chorava, chorava... enfrentava o dia a dia, mas ia me desfazendo... De manhã, minha mãe me ligava e perguntava se eu já estava na escola. E eu dizia: "Não, tô na cama, não vou mais..." Então, ela falava: "Levante, já! Em 15 minutos eu vou ligar para a Arte Maior e você tem que estar lá". Cronometrava de longe e não me deixava desistir. Precisei tomar medicação para superar essa fase.

Um dia o seu Waldemar foi na escola – e nunca me esqueço dessa reunião. Eu estava com os olhos inchados de tanto chorar, desesperada, e falei para ele: "Eu nem sei se um dia vou poder pagar tudo isso". Ele olhou para mim e perguntou: "Você sabe como se come um elefante branco?" Achei que estivesse brincando comigo. Mas não estava. "Um elefante branco se come aos pedaços. Filha, você tem um elefante branco na sua mão. Eu vou te ensinar uma coisa: você vai pegar o dinheiro que entrar e repartir. Se entrar 100 reais, vai dar 10 para o seu Waldemar, 5 para o fulano, tanto para o sicrano... com isso, estará mostrando que tem boa vontade e todos vão saber que você vai cumprir com seu compromisso".

Eu ouvi aquilo e dei um abraço nele. Foi uma luz na minha vida, pois me ensinou a administrar a dívida. Fiz exatamente como ele falou, mantive a folha de pagamento dos professores sempre em dia e, aos poucos, fui pagando tudo e me fortalecendo com a ajuda das pessoas que me apoiaram.

Os meus filhos, Flávia, de nove anos, e Fábio, de 14,

viveram essa situação comigo, sabiam de tudo – a minha família também. Fui agredida verbalmente, humilhada pelos agiotas. Mas também endureci e aprendi a lidar com a situação. Levei mais de dez anos para pagar tudo, mas consegui. Meus filhos foram meus parceiros em tudo, a Flávia aos 13 anos dava aulas de violino para iniciantes e o Fábio, aos 16 anos, dividia seu tempo entre o estudo e ajuda no financeiro da escola.

Porém, não há mal que dure para sempre. Conheci o Moacir, uma pessoa que considero especial, com perfil muito semelhante ao meu, que me deu suporte, apoio e força de todas as formas, e com quem me casei em 2016. Hoje sou feliz e apaixonada. A vida se tornou leve, alegre.

Temos que olhar o negócio como um todo – uma grande lição

Quem tem uma empresa, tem que olhar para o todo e não apenas para a sua função, mesmo que se tenha um sócio em quem se confie. Essa foi a grande lição desse segundo recomeço.

Nunca pude acompanhar meus filhos ao médico ou à escola. Uma vez a Flávia sofreu um acidente e não pude ficar com ela no hospital porque tinha a cerimônia de encerramento da escola. Eu estava dilacerada, mas naquela hora eu era a Kátia, empresária da música, que tinha 300, 400 alunos. Tive que abrir mão de muita coisa e ser dura comigo e com os meus filhos para ser uma empreendedora, para levar meu negócio à frente. Se pudesse, faria um pouco diferente... mas não sei se poderia ser muito diferente.

A Arte Maior tem a minha cara porque estou presente o tempo inteiro. Minha equipe não esmorece porque eu não esmoreço. É como um desfile de fanfarra. Você vai na frente carregando a bandeira e atrás vai um monte de gente. Carregue seu negócio e vá em frente porque as pessoas vão reconhecer seu esforço, seu empenho, sua dedicação – e vão entrar no ritmo.

A Arte Maior cresceu muito. Devagar, fomos agregando o que nos pediam. Primeiro o violão, depois o piano, a guitarra, a bateria, o canto. Hoje ela é uma escola forte e reconhecida tanto em Santa Catarina quanto no País. Temos duas unidades: a Matriz atende adolescentes e adultos. A unidade Infantil é para os bebês a partir de oito meses e crianças, é a nossa "pré-escola". Atualmente são cerca de 950 alunos.

Sempre quis fazer algo para ajudar quem não tem condições de frequentar uma escola de música e há alguns anos começamos um trabalho social, proporcionando aulas para crianças de instituições assistenciais. Desde o ano passado começamos a trabalhar também com estudantes de baixo poder aquisitivo da rede municipal de ensino.

Quando comecei, pensei assim: "Se eu oferecer para estas crianças uma condição para fazerem música, quem sabe lá na frente uma delas poderá ser uma musicista ou ter um outro tipo de oportunidade?" Hoje são 60 crianças atendidas no projeto social. E recebemos alunos fantásticos, talentosos, que nos dão muita motivação.

A inspiração da mãe

As filhas do seu Milton foram educadas para ter uma profissão. Minha mãe foi um grande exemplo de vida. Estudou, trabalhou, teve uma vida profissional ativa e sempre cuidou do seu lar.

Se eu pudesse dar um conselho para as mulheres diria para buscarem sempre um equilíbrio entre o gerenciamento do lar e a realização profissional e pessoal. Porque casamento não é eterno, os filhos são do mundo e não devemos deixar os nossos sonhos de lado. Na minha vida isso foi determinante para que eu seguisse em frente.

Keli Cristina Vieira Maffezzolli

De degrau a degrau nós idealizamos nossos sonhos

18

Keli Cristina Vieira Maffezzolli

Possui mais de 15 anos de experiência em gestão de Recursos Humanos; é generalista em todos os subsistemas de RH; Coach Master ISOR® pelo Instituto Holos aprovado pelo ICF (Internacional Coach Federation). É pedagoga e psicóloga, com Especialização em Gestão de Pessoas pela UNC (Universidade do Contestado) e Especialização em Psicodrama pela Instituição Locus Partner. Também estudou em várias instituições como a FDC (Fundação Dom Cabral), com a Formação Executiva PCR (Programa de Capacitação de Resultados), pela FEBRACORP University no Programa Executivo de Visão de Negócios para RH e Estratégias para Meritocracia. Embaixadora da Inteligência Relacional pelo Instituto Ana Artigas; Atua como diretora de universidades da ABRH Jaraguá do Sul; é Credenciada Felipelli nos instrumentos MBTI® Myers-Briggs Type Indicator e EQI. 2.0 – Inteligência Emocional; DISC pela Etalent; *founder* da ALTioRem Desenvolvimento Organizacional, atuando como psicóloga, *coach* e Consultora Organizacional.

Muitas pessoas me diziam que eu deveria escrever um livro com minha história e nunca dei a devida importância, e aqui estou eu escrevendo uma parte dela para demonstrar que podemos ser empreendedoras desde pequenas, não importa onde você esteja.

Sou natural de Canoinhas, Santa Catarina, meu pai era construtor e minha mãe do lar. Eu era a quarta menina de seis filhos que minha mãe gerou, sendo eu a do meio das três meninas que nasceram para viver suas histórias.

Éramos uma família muito humilde, meu pai fazia o possível para colocar a comida em casa, minha mãe fazia casacos de tricô para ajudar no sustento. Minha irmã mais velha tinha apenas um ano de diferença e a mais nova nasceu dez anos depois de mim.

Estudei sempre em escola pública, às vezes não tinha o mesmo sapato das outras para a apresentação de balé, mas participava porque queria fazer parte ainda que não fosse igual.

Brincávamos na rua, subia em árvores, ajudava o pai a fazer massa de cimento para reformas em nossa casa, estudava, e assim passei a infância.

Quando eu estava com 13 anos tivemos uma perda na família, minha mãe faleceu.

Naquele momento não pensei duas vezes, peguei minha irmã de três anos e disse: "Eu cuido dela, minha irmã mais velha vai terminar o segundo grau e eu volto a estudar no próximo ano", e assim aconteceu, fiquei um ano como dona de casa, minha irmã estudava de manhã, eu cuidava das tarefas domésticas e da menor e à tarde ficávamos juntas, não tínhamos mais tempo de brincar na rua.

Nesta época já queríamos ganhar nosso dinheiro, fazíamos casquinhas de Páscoa decoradas e vendíamos na escola para professores e pais, e ganhávamos nosso dinheirinho para comprar alguma comida diferente. Fazíamos amendoim confeitado para vender também.

Minhas aspirações na adolescência eram estudar e sair de casa para ter a minha própria vida, dizia que iria morar com uma amiga e obter condições melhores para ajudar as minhas irmãs, queria ser alguém maior e que fizesse algo pelas pessoas.

Meu pai logo se casou após o falecimento de minha mãe e com 15 anos fui trabalhar de babá, ganhava meio salário mínimo e estudava à noite. Com este valor, ajudava em casa e comprava a minha roupa. Depois fui promovida, fui trabalhar de empregada doméstica e ganhava um salário mínimo, com o qual continuava ajudando em casa e comprava tudo o que precisava para a minha sobrevivência, sempre estudando. Para buscar meu objetivo, fiz um curso de datilografia intensivo e logo o de informática.

Por algumas ironias e percalços minha vida mudou de rumo rapidamente e eu saí de casa com 17 anos, não como queria, mas foi a forma que pensei ser mais rápido para alcançar meus objetivos.

Fui morar em Jaraguá do Sul e lá vivo até hoje. Comecei a trabalhar como diarista, a cidade era muito conservadora e a entrada de novas pessoas na época não era fácil, não tinha muitos empregos, pois o local estava em expansão.

Enfim, nunca desisti, como não conseguia trabalho na

área administrativa, fui fazer curso para costureira e entrei numa empresa de vestuário, era novata, mas com muita vontade e esforço logo dominava todas as máquinas para garantir a minha renda e continuar a caminhada. Entre 18 e 23 anos vivi um momento de turbulência amorosa, financeira, minha autoestima era péssima, hoje quando olho as minhas fotos tenho certeza que tinha esquecido de cuidar de mim, só trabalhava, estudava e cuidava da casa. Com 22 anos comecei o ensino superior em Pedagogia, trabalhava no primeiro turno e estudava à noite. Até que consegui uma vaga na área administrativa como assistente de Odontologia, continuava estudando, fazendo cursos, meu sonho nunca foi fazer esta faculdade, mas era o que eu conseguia pagar. No último ano do curso vi que realmente não era o que queria, não servia para ser pedagoga, mas andragoga, pois minha afinidade era com adolescentes e adultos. Porém, os aprendizados sempre estão comigo, porque foi uma escola para a vida e se aplica no dia a dia e com nossos filhos.

 Antes de terminar a faculdade havia conseguido uma oportunidade na área administrativa com foco nas atividades gerais e principalmente em um sindicato trabalhista. Detalhe: eu não sabia nenhum cálculo, nada sobre a área trabalhista, mas implorei a oportunidade e devorei os livros e calculadora à noite, em uma semana eu já fazia as atividades sozinha, depois fui buscando cursos na área, então percebi que gostava de trabalhar com gente, que queria muito mais do que cálculos mas sim desenvolver pessoas. Tive desencontros amorosos nesta trajetória que me tiraram do foco e perdi minhas forças, perdi meu chão, depois de levantar das cinzas percebi que não tinha perdido a vontade de vencer.

 Levantei-me e foquei na minha profissão, decidi fazer minha pós-graduação em Gestão de Pessoas. Ganhava pouco na época para pagar uma especialização, então busquei em outros lugares, e com ajuda de um grande amigo fui estudar na minha terra natal, Canoinhas, na Universidade do Contestado. Eu e meu amigo Aurélio viajamos 180 km quinzenalmente por um ano para estudar. Aulas na sexta e sábado o dia todo, ficávamos na casa da minha irmã e cunhado, que abriram as portas para nos acolher neste período.

Porém, onde eu trabalhava não tinha espaço para aplicar o conhecimento e já tinha chegado ao topo do que era permitido naquela organização. Neste período também Deus me presenteou com um amor de verdade, com visão empreendedora, que caminhou comigo para subir os degraus. Em 2004 nos casamos, construímos nossa primeira casa e concluí a minha especialização.

Então a inquietação aumentou e resolvi buscar nova oportunidade pela qual me apaixonei: recursos humanos. Como tudo até aqui não foi fácil, além de ser mulher eu era vista na sociedade como "sindicalista" e ninguém queria uma na empresa. Fiz muitas entrevistas, tinha as competências necessárias, mas sempre tinha uma desculpa para não ser contratada. Uma grande mulher empreendedora, a quem agradeço imensamente, acreditou no meu potencial e insistiu com um empresário para que me contratasse, reduzi meu salário em 40% para conseguir a vaga, no entanto, eu tinha um foco e sabia que isso era temporário, entrei na empresa como analista de RH, em seis meses ganhava mais do que o antigo emprego e dois anos depois era coordenadora da área. Com muito trabalho, estudo, competência e honestidade.

Lá também enfrentamos dificuldades, a única coisa que as pessoas talvez não soubessem é que sou movida por desafios, e queria ver projetos implantados, pessoas sendo valorizadas, e resultado na organização, afinal, uma empresa sobrevive de resultados. Fui aprendendo a ser líder também, tive oportunidade de assistir à palestra do grande James C.

Hunter, autor do livro *O monge e o executivo – Uma História Sobre a Essência da Liderança*.

Na medida em que entrava na rotina do trabalho sentia que queria mais, e queria entender mais sobre as pessoas, então fui resgatar um sonho antigo, queria estudar Psicologia e com apoio do meu marido segui em frente. Trabalhava durante o dia, estudava à noite e sábados de manhã em outra cidade e tinha todas as responsabilidades como líder e como suporte para os gestores naquela empresa. E neste meio-tempo vendemos nossa casa para construir uma nova, ambos gostam do novo e construção é o nosso *hobby* favorito!

Neste período participava ativamente dos eventos promovidos pela Associação Brasileira de Recursos Humanos (ABRH) de Jaraguá do Sul, e à medida que participava me encantava a ideia de ser voluntária e também contribuir de alguma forma para desenvolver as pessoas na sociedade. Deixei meu nome à disposição para que assim que tivesse oportunidade fazer parte daquela diretoria. Depois de algum tempo fui convidada a participar e até hoje atuo como diretora nesta instituição.

Muitos projetos implantados, aquela organização tinha um empresário empreendedor e queria o melhor, já estava lá há cinco anos e veio minha inquietação novamente, queria algo maior, queria ser executiva.

Decidi buscar novo caminho, com portas abertas nesta maravilhosa empresa que me proporcionou tantas oportunidades de aprender e de ensinar. Entrei em uma empresa com quase mil colaboradores e várias plantas em todo o Brasil. Eu, que era pequena, mas tinha uma vontade tão grande de vencer, não pensei duas vezes.

Lembro-me até hoje de algumas frases na minha entrevista: "Você é psicóloga? Você sabe trabalhar com números?" "Sei e posso provar, o que eu não souber vou dizer, mas vou lhe trazer a resposta", e então fui contratada.

Era um ótimo desafio, estudava muito, nos intervalos, no almoço, o que aprendi na pós fui relembrar, o que não sabia fui procurar, o que não achei fui me capacitar para saber.

Em grande parte da empresa havia homens na liderança, então era mais um desafio mostrar que poderia fazer gestão e apresentar em números as melhorias alcançadas. O importante como mulher é acima de tudo ter o respeito por si própria e conquistar este respeito, mostrar que pode discutir um assunto numa mesa de negócios da mesma forma que os homens, desde que tenha competência para isso.

Enquanto caminhava admirava algumas mulheres que tinham brilho, competência e faziam brilhar o seu negócio, uma delas é Maria Elisabet Mattedi, empreendedora e empresária do CEDEHA em Jaraguá do Sul, e a outra, Sonia Hess, antiga empresária da Dudalina, ambas tinham uma história de vida que me cativava e me dava a certeza de que podia fazer a diferença. Uma frase de Sonia Hess que me marcou muito: **"Sonhe o sonho pronto, ou seja, aquilo que você consegue imaginar e realizar depois"**, e faço isso até hoje em tudo que quero realizar.

Pesquisa apresentada no Seminário Executivo de Pessoas, Talentos, Futuros e Tendências realizado em Joinville em maio de 2019 aponta que na pirâmide das lideranças temos 51% de colaboradoras mulheres, 60% são graduados e mestrados, o que representa praticamente meio a meio. Na linha de frente temos apenas 36% de mulheres e na média e alta gerência temos 25% Global e 16% no Brasil, entre este degrau há uma grande lacuna a ser conquistada. No nível de diretoria e CEO temos 6% e em conselho 20% de mulheres, e denotamos um crescimento lento nestes espaços. O porquê disso? É preciso haver uma mudança de *mindset* na questão de gênero. Esta mudança envolve cultura, políticas organizacionais e comportamentos individuais (WEISS,

D. S.; MOLINARO, V.; DAVEY, M. L. Leadership Solutions. Jossey-Bass inc., 2007)

A partir do momento em que a mulher decide romper os paradigmas e assumir diferentes papéis ao mesmo tempo, ela precisa entender também que está vulnerável e precisa acima de tudo de inteligência emocional para transitar nestes cenários em um mesmo dia.

Na área de Recursos Humanos percebemos que as mulheres preenchem uma fatia maior do bolo em representatividade. De acordo com a Associação Brasileira de Recursos Humanos (ABRH – Nacional), as mulheres representam 66% dos postos no departamento, e isso se dá por quatro características consideradas femininas e que levam as mulheres a dominar o RH, conforme artigo publicado pela consultoria Carreira Muller, que são estas:

Empatia

Trabalhar com pessoas significa ter variáveis emocionais. Saber lidar com a motivação das pessoas, identificar as melhores competências e quais evoluir. A capacidade de ouvir abre espaço para o diálogo, favorecendo a comunicação, que tem um importante papel no desenvolvimento de pessoas e equipes.

Resiliência

A determinação para mostrarem a melhor opção e o perfeccionismo torna as mulheres mais persistentes para superarem as expectativas, da empresa e delas mesmas. Essa exigência leva a excelentes resultados, mas é preciso que elas sejam realistas para não causar uma pressão desnecessária, nos outros e nelas.

Multitasking

A capacidade de realizar diversas funções ao mesmo tempo, com qualidade, é intrinsecamente feminina. Ela permite que diversas informações sejam processadas ao mesmo tempo, podendo levar a resoluções de problemas considerados complicados ao ver não só situações isoladas, mas "o quadro como um todo".

Flexibilidade

Graças à empatia, capacidade de ouvir e no foco em resultados, as mulheres têm a flexibilidade para negociar de forma que seja benéfica para todos os envolvidos, garantindo um ambiente de trabalho mais assertivo, motivado e agradável.

(http://carreira.com.br/mulheres-rh/08/03/2016)

Características estas que no meu ponto de vista se destacam nas mulheres para o sucesso como um todo em sua vida, e não somente na área de RH. Precisamos de empatia para nos colocar no lugar do outro no trabalho, em casa, com a família, filhos, resiliência para superar as dificuldades que surgem, quando saem e voltam para casa. Multitasking é uma das mais usada pelas mulheres, estar numa reunião de negócios, e ao mesmo tempo pensar em organizar a escola para o filho, a comida que ele precisa levar, se o marido conseguirá pegá-lo na escola, se os indicadores serão atingidos, ou seja, a cabeça não para um minuto, há um dinamismo constante que exige flexibilidade para se adaptar às mudanças a qualquer momento.

Eu sempre fui movida por "movimento", jamais gostei de rotina, gosto de constantes mudanças em que possa exercer a minha criatividade, expressar e colocar em prática minhas ideias, em casa a dinâmica é muito parecida, busco fazer o diferente sempre que posso junto com a família.

Como profissional estou em constante aprendizado e em busca de conhecimento gosto de acompanhar as inovações tecnológicas e informatização das coisas. Sempre fui "ligada no 220" em tecnologia, queria saber o que já tinha de novo, qual o melhor celular, aplicativos novos, o mundo virtual, as conexões, redes sociais, a inteligência artificial caminhando a nosso favor. Hoje não podemos ignorar esta transformação e tanto as mulheres como os homens se quiserem continuar neste mundo disruptivo precisam buscar a disrupção em si mesmos e então estar abertos às facilidades que a tecnologia proporciona. É preciso um cuidado, acompanhar a tecnologia, mas não se tornar escravo dela, novamente vem a inteligência emocional para alcançar o equilíbrio e acima de tudo buscar a humanização nesta nova era e futuro de novas profissões em que só temos uma certeza: será muito mais exigido dos seres humanos novas competências para lidar com este mundo digital.

Quais são estas competências e como adquiri-las? Por incrível que pareça, estamos falando de uma era digital, porém, as competências técnicas são mais fáceis de serem desenvolvidas, o que está em jogo são principalmente as competências humanas, como inteligência emocional, inteligência relacional, liderança, tomada de decisão, empreendedorismo, e tantas outras que podem preparar as pessoas para serem mais humanizadas.

Universidades já estão com disciplinas interdisciplinares com este viés para desenvolver os novos perfis, só as competências técnicas já não são suficientes. Exemplo disso é a Universidade Católica de Jaraguá do Sul, que está implantando uma grade curricular interdisciplinar, incluindo disciplinas como empreendedorismo, comunicação, trabalho em equipe etc. Eu fui convidada para desenvolver o conteúdo da disciplina liderança para esta nova geração de jovens estudantes.

Outras formas de desenvolver quem está saindo da faculdade é que esses formandos façam trabalhos voluntários, estágios, ou seja, saiam da sua zona de conforto e coloquem seus conhecimentos em prática, vão para a sociedade, empresa e procurem ser protagonistas. Os que conseguirem se destacarão como diferenciais e quanto às mulheres com certeza será um sinal de vontade, garra e capacidade que poderá abrir as portas das oportunidades com maior facilidade.

A leitura é muito importante para buscar novos conhecimentos e estarmos sempre atualizados. Se queremos ser líderes temos que falar sobre vários assuntos, e desenvolver várias competências de liderança, planejamento estratégico e visão de negócios.

Desde adolescente eu não tinha uma mulher que me inspirasse, porém, eu sabia o que não queria ser, não queria ser dependente de homem algum, ser tratada como uma pessoa sem valor. Queria ter meu espaço e ser reconhecida pelas marcas que deixaria no caminho, e assim seguirei enquanto estiver neste mundo.

Como não poderia ser diferente, neste ano estou alçando voos em um novo desafio, minha empresa: ALTioRem Desenvolvimento Humano e Organizacional. Estou mais uma vez empreendendo e este é o meu negócio, que tem como propósito: "Contribuir para que as pessoas voem mais alto com seus objetivos e sejam felizes". A ALTioRem traz em sua essência o significado que modifica a forma de pensar. Em latim, ALTioRem é a tradução para "mais alto", sendo este o objetivo de ter uma parceria com a marca.

Sou eterna estudante, adoro ler e penso que a leitura é uma grande ferramenta de conhecimento, aprendizagem e desenvolvimento cultural. Alguns livros que me inspiraram na liderança e indico: *Pipeline da Liderança*, de Ram Charan, Stephen Drotter e James Noel; *A Estratégia do Oceano Azul*, de W. Chan, Renée Mauborgne e *A Coragem de ser Imperfeito*, de Brené Brown.

Em nossa vida temos que conciliar o que gostamos, nossa profissão, família, espiritualidade e o tempo para si mesma. Eu amo praia, adoro sentar à beira do mar para escutar o som das ondas, sou religiosa e gosto de tirar o meu tempo com Deus, para agradecer por todas as bênçãos em minha vida. Gosto do tempo com os amigos, gosto de ter o tempo a dois, eu e meu marido, e de curtimos em família. Adoro natureza, gosto do novo, de criar, de conhecer novos lugares, adoro viajar.

Enfim, esta é uma parte da minha história, que continuarei construindo e deixando a minha marca por onde eu passar. A você que leu minha trajetória desejo que eu a tenha inspirado a ser protagonista e também deixar a sua marca, somos mulheres envoltas em vários papéis, cabe a nós decidir como viveremos cada um deles, dificuldades e preconceitos existem, não deixem que eles paralisem a sua caminhada e sim que sejam alavancas para irem "mais alto". De degrau a degrau nós idealizamos nossos sonhos.

ALTioRem para vocês.

Gratidão!

Larissa Kuhnen
Mara Lucia Mafra

Sobre intuição e propósito

19

Larissa Kuhnen

Graduada em Odontologia pela Furb. Especialista em Ortodontia e Ortopedia Funcional dos Maxilares pelo Instituto Odontológico das Américas. Pós-graduada em Redes de Atenção à Saúde na Atenção Básica. Cirurgiã-Dentista na Estratégia Saúde da Família em Itajaí. Preceptora do estágio supervisionado pela Universidade do Vale do Itajaí. Formação em Terapia Neural e Odontologia Neurofocal pelo Instituto Brasileiro de Terapia Neural. Sócia-proprietária da Harmonie Clínica Integrada, em Itajaí.

Contato:
E-mail: lari.kuhnen@gmail.com

Unidas empreendendo numa nova sociedade!

Mara Lucia Mafra

Graduada em Medicina pela Furb. Atuou na atenção básica do SUS por 11 anos. Especialista em Nutrologia pela Associação Médica Brasileira. Pós-graduada em Nutriendocrinologia Funcional, com diversos cursos na área da Medicina Integrativa. Formação em Terapia Neural e Odontologia Neurofocal em Córdoba, Argentina. Formação em Coaching pelo Instituto Brasileiro de Coaching. Sócia-proprietária da Humanare – Centro de Medicina Integrativa, em Blumenau.

Contato:
E-mail: dramaramafra@gmail.com

"*Um dia ainda vamos trabalhar juntas.*"
Não poderíamos falar de empreendedorismo sem falar de coração e sensibilidade!

Por isso, antes de contar o significado da citação acima e como chegamos até aqui, contaremos um pouco da nossa trajetória, afinal, empreender é sobretudo realizar, e sonhos foram construídos, quase sempre guiados sem razão, seguindo apenas o fluxo inconsciente da intuição! E todo propósito que se realiza com o coração encontra o caminho do sucesso e da felicidade!

Minha família, minha história

Eu sou a dra. Malu. Nasci em Brusque, numa época em que o empreendedorismo já fazia parte da minha família. Meu pai, mesmo proveniente de família humilde e com baixa escolaridade, era um homem visionário e à frente de seu tempo. Durante meus primeiros anos de vida, ele decidiu realizar seus sonhos. Após passar pela experiência de uma sociedade, mudamos de cidade e meu pai comprou uma empresa têxtil, a fez crescer de forma exponencial devido aos seus conhecimentos técnicos e seu espírito inovador. Com trajetórias semelhantes, meus irmãos mais velhos também empreenderam em suas carreiras administrativas, enquanto minha mãe geria o lar.

Somente mais tarde perceberia o quanto a história da minha família influenciaria os meus desejos e escolhas.

A criança carrega a essência

Ainda criança, embora tímida, eu tinha um forte gosto pelas artes, animais e em ajudar. Adorava música, dança e poesia. Fui bailarina, fiz pintura por longos anos e me arrisquei a cantar e tocar teclado. Amava cavalos e era destemida em montá-los.

Na escola tinha facilidade em aprender, desde Matemática a Português, mas eram as aulas de Biologia que me fascinavam, principalmente sobre o corpo humano. Por ser boa aluna, ajudava quem precisava e "dava aulas" particulares.

Tinha sonhos como qualquer menina, me casar e ter filhos. Mas havia algo mais forte em mim, o desejo de SER, ser alguém independente, especial e fora do comum, talvez por ter sofrido com a separação de meus pais. Recordo-me da fala de uma de minhas amigas que sonhava em se casar com um homem rico, enquanto eu ainda muito pequena falava que EU desejava ser rica, enfatizando de forma intuitiva a importância do meu eu, meu crescimento, esforço e reconhecimento.

Hoje entendo que esses fatos eram expressões da minha essência, que é livre e sensível, e que herdei dos meus pais suas melhores qualidades, a determinação e a coragem.

As primeiras experiências

Creio que as primeiras experiências sobre colocar uma ideia em prática para "ganhar dinheiro" (sim, o objetivo era depender menos do dinheiro dos pais) foram montar um espaço para vender figurinhas e trabalhar no Grupo de Escoteiros, embora não fosse escoteira. A primeira foi uma tentativa frustrada de sociedade, formada por mim e duas amigas; uma boa ideia, mas com local inadequado, o que fez com que uma delas desistisse rapidamente. No Grupo, por volta dos meus 15 anos, exerci funções na secretaria que me trouxeram vários ensinamentos, como lidar com uma máquina de escrever (os computadores eram artigos de luxo naquela época), administrar o dinheiro, fazer fluxo de caixa e cobranças, além de aprender sobre atendimento e liderança.

Medicina, a cura da alma

Aos 17 anos veio o dilema "o que ser quando crescer?". Graças ao auxílio financeiro de uma de minhas irmãs, pude cursar uma faculdade. A dúvida era Arquitetura ou Medicina, mesmo gostando de arte, optei pela área da saúde. Eu tinha uma visão muita idealizada sobre a Medicina e sobre os médicos, e seu papel de curadores onipotentes. Durante a formação fui percebendo que isso não é verdadeiro e, na busca da saúde, nós, médicos, somos apenas coadjuvantes e cada ser é protagonista de si. Eu tinha muita afinidade com as áreas clínicas, a prevenção e a educação em saúde. Não me sentia confortável em hospitais, tampouco em ambientes cirúrgicos. Assim, aos poucos definia meu papel de médica na saúde pública, trabalhando o cuidado em atenção básica, e percebia a necessidade de avançar meus estudos em assuntos com capacidade de proporcionar saúde de verdade à população, não apenas remediar.

Especializei-me em Nutrologia, fiz diversos cursos em Medicina Funcional não alopática, como Ciências da Longevidade e Ortomolecular, até iniciar minha pós-graduação com o dr. Lair Ribeiro aos meus 32 anos. Foi uma mudança de paradigma. Conheci a Medicina Integrativa, uma abordagem com foco no ser e sua totalidade, que utiliza diferentes terapias, desde aquilo que já me era familiar até outras práticas sistêmicas que trabalham no campo energético.

A partir daí tudo começou a fazer mais sentido para mim: a vida, o universo, o ser, a cocriação e a consciência divina. Mudei a forma de olhar e tratar o meu paciente. Mudei minha vida e minhas escolhas. Despertei e saí do meu papel de vítima, pois eu "culpava a vida" pelos momentos difíceis os quais tinha vivido. Assumi a responsabilidade das minhas conquistas e dos meus fracassos. Iniciei um processo de conexão com meu verdadeiro eu e levei isso para dentro da minha abordagem clínica.

> Compreendi que todas as doenças nascem de alguma forma em um plano energético antes de se manifestarem no corpo físico e que, ao auxiliar um paciente no seu processo de cura, eu me curo, dia a dia. Assim me tornei uma médica de alma!

Aprendizado

Por muitos anos atuei como médica de família no Sistema Único de Saúde, sobretudo em Blumenau, onde ainda resido. A saúde pública me trouxe várias lições, mas minha essência pedia liberdade, autonomia e expansão. E a cada conhecimento novo surgia a necessidade de empreender.

Como especialista em Nutrologia o primeiro negócio foi o clássico "montar meu consultório", mantendo jornada dupla entre vida pública e privada. Com o nascimento da Medicina Integrativa na minha vida, precisava de um ambiente maior, diferenciado, humanizado e que atendesse às terapias sistêmicas. Mas como montaria sozinha uma clínica? Eu me via com dois problemas (na época ainda não dominava a Psicologia Positiva e encarava como problema e não desafio): não dispunha de capital suficiente e tinha medo de enfrentar sozinha o impacto de uma Nova Medicina numa cidade onde a tradição era a alopatia. Não me sentia capaz! Mas o universo me uniu a dois colegas médicos e juntos fundamos a HUMANARE no final de 2015, uma clínica de Medicina Integrativa, onde atuo até hoje e me realizo como médica.

Não foi difícil montar a clínica, pois estávamos sintonizados nas ideias e no novo modelo a ser criado. Tudo fluiu e em poucos meses iniciamos os atendimentos. No entanto alguns desafios surgiram ao longo do caminho. Eu tinha uma visão de médica, gostava de atender pacientes. Não via o serviço médico como um negócio, assim como não percebia que agora assumia cargos antes inimagináveis, como administradora. Além disso, percebia falhas em nossa gestão. Passei por momentos turbulentos. Refleti sobre minhas escolhas. Pensei em desistir muitas vezes e voltar para o serviço público, onde, embora faltasse autonomia, não tinha problemas que dependessem de mim. Sabe quando os sobrinhos choram e você os devolve para o colo da mãe? Não havia essa possibilidade, eu era uma das mães do meu empreendimento, precisava resolver e gradativamente foi o que fiz junto com meus sócios.

Sou muito grata à clínica que ajudei a construir, pois lá aprendo continuamente sobre cura, Medicina, atendimento, gestão, liderança, modelo de negócio e superação.

> *Descobri que a Medicina é meu talento, tratar os pacientes com compaixão e empatia é o que sei fazer de melhor, no entanto, sou capaz de desenvolver qualquer tipo de habilidade, inclusive liderar e empreender, porque a mente não tem limites, basta desejar e acreditar!*

Encontro de almas e de ideias

Atender com olhar integral me proporciona ouvir histórias reais todos os dias. E foi em Blumenau, na Humanare, que conheci a Larissa em março de 2017. Parecia ser mais uma paciente que procurava uma abordagem diferenciada, mas não era. Havia algo especial, que minha razão não sabia explicar. E ao final da nossa conversa, sem entender o porquê, eu falei "talvez um dia trabalharemos juntas". Um ano depois, essa frase faria sentido.

Mesmo resolvidos os desafios da clínica, havia uma inquietação em mim. Você já teve a sensação de que falta alguma coisa? Eu queria mais, algo com minha identidade, um espaço de conexão com o EU e a natureza, através da Medicina e de outros serviços holísticos. Além disso, sentia um chamado para estar próxima do mar. E em maio de 2018, após um café, uma troca de ideias sobre trabalho e sonhos, surgiu o convite para atender em Itajaí, pois sua clínica odontológica estava se tornando um local de atendimento multidisciplinar. Então a relação médica-paciente se transformou em relação profissional e em pouco tempo nos tornamos também amigas. Meu coração já dizia que aquele café mudaria o rumo das nossas vidas, era a minha intuição.

> E conhecendo as leis de Deus, do Universo e os nossos projetos profissionais, sei que não existiu acaso, somos amigas de alma, unidas por um propósito!

Família, superação e amor

Meu nome é Larissa. Não venho de uma família empreendedora. Meus pais, Volney e Lindamir, nasceram em cidades interioranas e famílias simples. Caçula de oito filhos, meu pai teve a oportunidade de estudar e escrever um destino diferente para sua história. Minha mãe deixou a casa da família aos 13 anos em busca de oportunidades. Ambos mudaram-se para Blumenau, onde anos depois eu nasci.

Embora com dificuldades, tive uma infância feliz. Morávamos em São Paulo e, após um bom período com os negócios, meus pais lidaram com a falência, perdas financeiras, o retorno a Blumenau sem perspectivas e o recomeço.

Confesso guardar poucas recordações de momentos da infância com meu pai, pois a busca pelo sustento da família sempre foi prioridade, apesar disso, compreendo e me orgulho de sua trajetória. Com ele, aprendi a força do trabalho, o valor do dinheiro e o significado da palavra resiliência.

Eu e minha irmã Vanessa fomos privilegiadas em ter a presença da minha mãe durante nossa infância. Abdicou dos próprios sonhos e se dedicou a nossa educação e à família. Sempre carinhosa, certamente herdei dela esse perfil de "cuidar". Aguerrida, para ajudar nas despesas montou uma "lojinha" de roupas em casa mesmo e conciliou com a vida do lar.

Meus sonhos eram semelhantes à maioria das meninas, viver uma história de amor, casamento e filhos. Mas também não cogitava ser dependente de alguém, eu não abriria mão de uma profissão que me desse total liberdade. EU queria SER alguém.

Escolhas e primeiras experiências

Até a quarta série estudei em escola municipal, perto de casa. Então meus pais me transferiram para um colégio particular em busca de um ensino "mais forte". E, aos 11 anos, eu acordava às 5h30 e pegava dois ônibus para chegar às 7h30 no colégio, o qual ficava do outro lado da cidade. Para piorar, minha mãe era daquelas que não se comovia nem com chuva de canivetes, ou seja, faltar à aula era quase como ganhar na loteria.

Aos 15 anos, resolvi que teria o "meu" dinheiro e comecei como estagiária num espaço que cuidava de crianças no shopping. Na época, meu pai foi contra por achar que atrapalharia meus estudos, completamente aceitável, já que por vezes trabalhei sábados e domingos. Lembro-me da sensação de felicidade ao comprar com o "meu" dinheiro o primeiro celular. Após um ano iniciei em outro estágio e conciliei até começar o último ano do ensino médio.

Antes de iniciar a faculdade, tive a primeira oportunidade de viajar para outro país, passei três meses em Portugal, onde trabalhei com faxinas de prédios e, sim, aprendi muito. Vivi momentos incríveis e hoje enxergo quão valioso foi para a formação do meu SER.

Odontologia, um propósito de vida

Entrei para o curso de Odontologia aos 17 anos. A minha decisão já vinha desde a infância. A inspiração? Minha dentista! Lembro-me da admiração que tinha por ela. Além disso, eu desejava uma profissão que me desse a liberdade de gerenciar o meu tempo.

A dependência financeira dos meus pais me deixava desconfortável durante a graduação e os estudos em período integral me impediam de trabalhar, então decidi vender produtos de beleza, as famosas revistinhas me acompanhavam. Minhas amigas certamente se lembrarão disso.

Formei-me com 22 anos. Iniciei trabalhando em clínicas odontológicas e prestei alguns concursos públicos.

Logo iniciei a especialização em Ortodontia, na mesma época surgiu a oportunidade de adquirir uma clínica franqueada. Impulsionada por algumas escolhas naquele momento da minha vida, resolvi abri-la em Itajaí. Foi então que se concretizou uma sociedade familiar e em 2012 inauguramos a clínica. Nesse mesmo período, fui surpreendida pela convocação para assumir um emprego público de 40 horas semanais. Foi uma escolha difícil, pois esse caminho levaria ao oposto da minha vontade de ser autônoma e gerir meu próprio tempo. E o mais grave, estaria ausente do meu negócio, justamente no início dele. Entretanto, decidi que aquele seria meu ponto inicial, necessário e temporário. Aceitei o emprego.

> *Sem dúvida, todo início tem dificuldades, principalmente quando se trata de uma sociedade familiar, a luta para que a empresa não se torne uma extensão de casa exige paciência e persistência.*

Após três anos, optamos por seguir sem a franquia e ampliamos para mais especialidades odontológicas. A essa altura, apesar dos desafios eu já havia me acostumado com a rotina de manter todas as responsabilidades de morar sozinha, trabalhar oito horas na área pública e quatro horas na minha empresa, além das atividades extras.

Apesar de nunca ter sido meu grande sonho estar no SUS, confesso que foi um dos maiores aprendizados da minha trajetória. Em uma Equipe de Saúde da Família atuamos com um olhar diferente para a saúde que vai muito além do atendimento clínico. O foco na prevenção é extremamente forte, assim como o acompanhamento dos contextos familiares.

Esse vínculo fez-me enxergar minha profissão com outro olhar. Aprendi muito mais sobre empatia e amor ao próximo, sobre o respeito à individualidade de cada ser que eu trato, tornei-me mais consciente sobre a responsabilidade que as minhas ações promovem na vida de cada pessoa e percebi que a cura é uma via de mão dupla. O fato de compor uma equipe multiprofissional mostrou-me o quanto eu gosto desse sistema. O SUS também me trouxe a oportunidade de estar inserida novamente na universidade como preceptora do estágio. Sabe aqueles acontecimentos que você não entende no momento? Hoje entendo, tudo foi necessário para o processo de despertar e identificar o meu verdadeiro propósito de vida. Eu não fazia ideia do crescimento pessoal que essa experiência me traria. Inclusive norteando as decisões no meu negócio. E, em meio às dificuldades, sou grata por tudo.

Doce despertar

Yoga: em 2016, uma grande amiga apresentou-me essa prática. Pode parecer irrelevante, mas foi o "*start*" para o mais profundo processo de autoconhecimento. Através do yoga conheci outras práticas e terapias que foram essenciais para o meu caminho de resgate, empoderamento e a busca pelo meu propósito.

Início de 2017 senti a necessidade física e mental de mudar alguns hábitos de vida para continuar seguindo com saúde a rotina que eu havia escolhido. Optei por me consultar com a Mara, médica com ênfase em Medicina integrativa.

> *Quando expandimos nossa consciência, percebemos que grande parte das doenças são manifestações daquilo que de alguma maneira carregamos e por inúmeros motivos não resolvemos. Percebo isso com frequência nos meus atendimentos.*

Naquela consulta a Mara me encantou, a atenção, o respeito à individualidade e o cuidado ressaltaram o amor dela pela profissão. Nossa conexão foi além da consulta, e uma das falas finais me marcaram: "Gostei da tua energia, quem sabe um dia trabalharemos juntas". Definitivamente, foi um encontro de almas.

Nesse mesmo ano, iniciei um trabalho de consultoria de empresas e confesso que a minha capacidade de empreender não estava clara para mim, não carregava essa ambição no meu coração, ou pelo menos não tinha ciência disso. A consultoria foi além do negócio, fez nascer uma nova maneira de enxergar a vida e as prioridades, organizou meu tempo, meu modo de viver, meus condicionamentos familiares, minha saúde mental e o principal, independentemente do desafio, aquele projeto só venceria se eu estivesse à frente.

> *Para de fato empreender, é imprescindível que estejamos emocionalmente íntegros e alinhados aos nossos desejos.*

Nesse caminho, alguns laços foram desfeitos e planos adiados, em 2018 assumi toda a gestão da empresa e expandimos para uma clínica de saúde integrada. HARMONIE foi o nome escolhido e uma nova energia permeava ali! Finalmente comecei a experienciar a sensação de estar alinhada com o meu projeto de vida, que por algum tempo havia terceirizado.

Um período de extremo comprometimento. Toda energia estava voltada para o desenvolvimento desse novo modelo de clínica multiprofissional. Não se tratava somente de um negócio, era o meu sonho.

Não atribuo a palavra "sorte" porque creio que atraímos aquilo que emanamos. E a formação da equipe foi realizando-se aos poucos por profissionais alinhados com o verdadeiro sentido daquele espaço.

Em meio às mudanças, aquela fala da Mara se tornou realidade. Ela iniciou seus atendimentos na clínica e em pouco tempo percebemos a quantidade de sonhos em comum.

> *Nossas ideias e a forma como enxergamos a saúde estreitaram nosso laço de amizade e hoje posso dizer que, além de profissionais que se complementam, Deus uniu duas almas. Isso é a perfeição do Universo!*

Nossos sonhos em um novo empreendimento

Nossa história tem sincronicidades. Viemos de famílias humildes, carregamos seus valores, superamos dificuldades em nossas formações, exercemos trabalhos públicos que nos proporcionaram grandes lições sobre humanidade, despertamos nossa consciência e descobrimos que somos cocriadoras de nossas vidas! Unimo-nos num propósito e nos descobrimos empreendedoras (e ainda somos fisicamente parecidas)! **Para nós, empreender significa muito mais que ter um negócio.** É entregar algo bom para o mundo, inovar no modo de pensar e agir, estar disponível para a mudança e sair da zona de conforto, buscar aperfeiçoamento constante, tornar real tudo que foi sonhado.

Nossa sociedade está em construção e para obter sucesso e excelência estamos em formação contínua, investindo em capacitações técnicas, desenvolvimento profissional e, sobretudo, de pessoas. Estamos NOS desenvolvendo, para que possamos exercer liderança com responsabilidade e inteligência emocional, formar pessoas e colaboradores, pois esses nos acompanharão em nosso projeto de vida.

Desejamos FAZER a diferença na vida das pessoas de forma fiel à essência do nosso SER, pois um resultado totalmente diferente acontece quando prezamos pela nossa integridade física, mental e espiritual.

> *Tudo anda em conjunto e os que vivem uma confusão interna adiam sua vitória por não estarem conectados com o real propósito e o transmitem para o seu meio, seu negócio, sua casa e suas relações. Somos capazes de refletir apenas o que transborda de nosso interior.*

Não! Nem tudo são flores. Passamos por contratempos, altos e baixos, erros e acertos, perdas e conquistas, o que nos gera aprendizado. No entanto, observe alguém que você admira! Quando há conexão real com o projeto desenvolvido, o olhar do empreendedor revela a satisfação ao enxergar que aquele é o caminho, o que lhe move e dá sentido à sua vida.

É assim que nos sentimos. Nosso propósito tem coração e identidade, isso nos motiva dia a dia a vencer as adversidades, porque não há nada mais recompensador que trabalhar com o que amamos. Assim, reconhecemos a verdadeira gratidão e percebemos que estamos a favor daquilo que a vida nos pede.

> *Quer saber por onde começar? Reflita sobre seus sonhos e o que faz seu coração vibrar. É a motivação, guiada pela intuição, que fará você SER um empreendedor de sucesso, no trabalho e na VIDA.*

Leila Pereira | Gisele Pereira
Regina Pereira | Nilda Pereira

Um salão de beleza, propósito e coragem

20

Leila Pereira
Empreendedora, realiza pós em Psicologia Positiva, é *hairstylist*, visagista, especialista em penteados, ministra cursos de mechas e atua na área de marketing e gestão de pessoas no salão.

Gisele Pereira
Empreendedora, formada em Cosmetologia e Estética, é *hairstylist*, visagista, maquiadora. É responsável pelo financeiro e a gestão geral do salão.

Regina Pereira
Hairstylist, formada em Cosmetologia e Estética, possui o título Truss Lovers da Truss Hair; maquiadora, ministra cursos e lidera o treinamento técnico da equipe do salão.

Nilda Pereira
Atua há 20 anos como esteticista e massoterapeuta, especializada no método Renata França, com amplo conhecimento em rejuvenescimento facial, drenagem pós-cirúrgica e gestantes.

Ao pararmos para escrever nossa história, uma certa inquietude nos invadiu.

Como contar, em tão pouco espaço, a história de uma vida empreendedora e traduzir nestas linhas a essência da nossa trajetória, e de forma que seja útil para você, que dedicou tempo para conhecê-la? Vamos tentar.

Somos uma família de quatro mulheres empreendedoras, uma mãe e suas três filhas do interior do Paraná, juntas há 13 anos no *Leila & Gisele – Centro Integrado de Cabelo e Estética*, um dos maiores empreendimentos do segmento em Joinville, cidade que nos acolheu com muito amor.

Decidimos escrever este texto na primeira pessoa do plural, porque entendemos que cada uma de nós tem um valor imensurável na construção da história do nosso empreendimento. Há muitos anos somos uma louca mistura que dá muito certo.

Nas próximas páginas, convidamos você a fazer um exercício de conexão entre a nossa história e a sua. Leia com olhar de curiosidade e questionamento. Não há certo e errado, não há uma fórmula de sucesso, assim como não há unanimidade sobre o que é empreender e sobre o que é alta performance. Há apenas a autenticidade do que vivemos e nossos aprendizados. Compartilhamos com você com muita alegria e humildade.

O que é empreender?

Empreender, para nós, é arriscar em uma ideia que pode estar em um nível de segurança, mas na maioria das vezes é um abismo onde pulamos, e só depois descobrimos se sabemos voar. Na verdade, aprendemos a voar na marra.

Empreender é ter confiança e fé o tempo todo. É vibrar de alegria e satisfação vendo tudo dar certo e se encaixando como mágica, e saber recuar quando algo não sai como o planejado. É investir, não apenas dinheiro, mas tempo, vida.

Empreender é doação integral em algo que faz vibrar o coração e brilhar os olhos. É inspirar e compartilhar conhecimentos e sonhos com quem está ao nosso redor. É ter a iniciativa de trilhar novos caminhos, saber trabalhar coletivamente e entender que todos os dias podemos aprender.

Empreender é reinventar-se a cada obstáculo, a cada mudança que o mercado exige. É ter uma visão de crescimento e, em momentos de crise, ter a coragem de inovar.

Sempre tivemos uma mentalidade de abundância e com isso criamos uma realidade abundante, tirando possíveis obstáculos que pudéssemos colocar para nós mesmas. Assim, fomos construindo uma relação de confiança entre nós, com a nossa equipe, com os nossos fornecedores e nossas clientes. Consideramos isso o combustível para nossa alta performance.

Qual o nosso segredo?

É simples. Nossa gestão tem uma filosofia que considera o fator humano como chave para o sucesso. É uma premissa na gestão do nosso negócio e isto nos ajuda o tempo todo a estar preparadas emocionalmente para agir com inteligência e respeito com os nossos colaboradores, principalmente nos momentos de tensão.

Temos sensibilidade e presença de espírito quando uma situação pede.

Idealizamos nosso negócio criando um ideal de empresa para nós trabalharmos. Queríamos tanto um jeito de fazer as coisas que usamos isso como norte para fazer tudo o que fazemos.

Liberdade para escolher os produtos, treinar pessoalmente a equipe, receber pessoas de todas as classes sociais, remunerar bem nossos colaboradores e incentivar o seu crescimento profissional e a autorresponsabilidade pelas suas carreiras. Com muita empatia, criatividade, disciplina e resiliência desenvolvemos nosso potencial de liderança para tornar nossos desejos realidade. E conseguimos.

Clareza, foco, proatividade e gestão do tempo e dos pensamentos para lidar com situações adversas também são aspectos muito presentes no nosso jeito de conduzir o negócio.

No entanto, aprendemos que a perenidade vai além do resultado e nos exige motivação e disposição para fazer melhor, o tempo todo. E no segmento de beleza e estética isso significa ter coragem para ousar. E ousamos.

O que é beleza? E por que fizemos dela um empreendimento?

Para nós, beleza é muito mais do que a simples aparência. A beleza está no modo de agir e de pensar. Beleza é tudo o que é agradável aos olhos e desperta outros sentidos. É algo que transcende os padrões, que desperta e coloca para fora o que há de mais puro dentro da pessoa.

A beleza está em tudo! Desde um trabalho final, quando olhamos para a cliente se sentindo maravilhosa e expressando sua essência sem padrões, até aplaudir um profissional que começou conosco deslanchar na carreira.

Decidimos empreender neste mercado depois que trabalhamos alguns anos nos principais salões, como profissionais autônomas, e de termos aprendido em todos os lugares lições importantes sobre técnica, gestão e relacionamento.

Temos imensa gratidão por algumas pessoas que foram marcantes na nossa carreira antes de termos nosso salão. Marcelina *(in memoriam)*, a primeira pessoa que percebeu nosso talento e potencial, nos incentivou e ensinou muito do que sabemos como base técnica profissional. Jack Simonéia, que nos ensinou a dar valor emocional para a equipe e a lançar os profissionais no mercado, e Marcio Vargas, com quem aprendemos a valorizar financeiramente os profissionais. Com estes empreendedores, aprendemos preciosidades que contribuíram para criarmos um negócio com missão, visão e valores sólidos.

A beleza de saber servir – Plantamos amor e dedicação e colhemos lealdade e parceria.

Quando resolvemos ter nosso espaço, sabíamos que nossas clientes já estavam acostumadas com um certo padrão de atendimento e estrutura física.

Inicialmente, só tínhamos o padrão de atendimento para oferecer. Improvisamos uma salinha nos fundos do estabelecimento, pois o espaço ainda estava em obras, e ali começamos.

Não tínhamos dinheiro, planejamento e conhecimento para abrir um negócio. Tínhamos apenas a certeza de que era isso que nos movia, a confiança de sermos ótimas profissionais e nossas clientes que confiaram e apostaram na nossa loucura. Foi uma fase emocionante.

Elas iam ao salão todos os dias para fazer qualquer coisa que pudesse nos ajudar. Qualquer coisa mesmo. Desde os poucos serviços que podíamos oferecer com a nossa limitação de estrutura, até levar lanchinho para tomarmos um café da tarde. Elas sempre nos questionavam sobre quais serviços elas podiam fazer a mais para nos ajudar a pagar rapidamente as contas iniciais.

Elas foram sensacionais em todos os sentidos!

Fomos crescendo e nos desenvolvendo de modo gradativo e descobrindo o motivo que nos fazia (e ainda faz) levantar da cama todos os dias.

Nossa essência de beleza – Gente. Nós gostamos de gente!

Temos paixão pelas pessoas e nos sentimos privilegiadas em ter acesso a tantas visões de mundo, sonhos e realizações. Amamos interagir e partilhar tantas histórias na relação com as clientes. Nosso salão é um espaço de escuta e redescoberta e não medimos esforços para ajudá-las a resgatar sua autoestima.

É lindo receber um feedback além da satisfação estética, quando está conectado a uma mudança profunda e a cliente se reconhece naquilo que entregamos e ela vê no espelho.

Da mesma forma, temos um imenso prazer em desenvolver as pessoas da nossa equipe. Vemos potencial em todas elas. E, muitas vezes, nem elas mesmas sabem o potencial que têm. Seja uma manicure que leva jeito para depilar, ou uma pessoa que trabalha na limpeza que tem potencial para ser uma maquiadora. É uma imensa alegria descobrir talentos e direcioná-los.

Quando alguém quer aprender e se fazer na área, nós damos oportunidade.

Todos os profissionais que ingressam no nosso salão começam do zero. Logo que entram, apresentamos uma escala de crescimento, demonstrando até onde podem chegar. Assim despertamos sua vontade de ascender e logo entendem que sua cadeira aqui se torna sua empresa particular, onde precisam treinar sua própria equipe e lutar para conquistar cada cliente. Então, fica quase desnecessário gerenciar o atendimento, pois assumem sua responsabilidade de excelência na execução do seu trabalho.

Temos muito orgulho em ver muitos profissionais de sucesso, que nós ajudamos a lapidar. Desde a parte técnica executada em altíssimo nível, como também o apoio emocional quando se encontram em algum momento de ansiedade, medo ou crenças limitantes.

Muitos profissionais que hoje têm seus próprios salões ou estão atuando em outros ótimos salões da cidade começaram suas carreiras conosco. Em 13 anos, também nos tornamos referência em profissionalizar as pessoas.

Escrevendo esta parte do texto, nos demos conta que o que mais faz brilharem nossos olhos é ajudar a transformar vidas.

O que cansa nossa beleza?

Temos um compromisso com a excelência e com o bem-estar das pessoas. Encontrar o equilíbrio para isso é um grande desafio e, na rotina da vida real, descobrimos que algumas situações são mais desafiadoras.

Quando alguém da equipe não está bem ou quando não conseguimos encontrar uma solução viável para um conflito entre algum profissional com uma cliente, por um erro de técnica que resultou na insatisfação ou frustração com a entrega do serviço, por exemplo. Lidar com a frustração do outro é muito difícil. Mas prezamos muito pela relação olho-no-olho. Então sempre somos acessíveis e abertas ao diálogo e tentamos resolver tudo de uma maneira que todos possamos aprender com as adversidades.

Leila Pereira | Gisele Pereira | Regina Pereira | Nilda Pereira

O que não toleramos é intriga e fofoca. Quem conhece nosso salão sabe que primamos por um atendimento profissional desde o primeiro momento até a entrega final do serviço. E, para garantirmos isso, fazemos reuniões diárias com a equipe para mantermos o padrão de serviço e conduta de todos. Desta maneira, aprendemos a lidar com as nossas falhas e com as falhas das outras pessoas e a evoluir ao lidar com dada situação.

A beleza que nos engrandece e nos desafia

Durante todos estes anos, aprendemos a gostar de desafios. Quando não aparecem, nós tratamos de criá-los.

Com o crescimento do salão, tivemos que organizar a gestão. Nós mal sabíamos ligar um computador. Com incansáveis reuniões com contadores e advogados, treinamentos e consultorias, aprendemos a tornar o salão uma empresa. Diversas formações, especialmente em Cosmetologia e Estética, para podermos assinar tecnicamente pelos aparelhos estéticos.

Aprendemos também que manter uma equipe de 30 pessoas motivada e engajada é um dos maiores desafios. Sempre temos o olhar amplo sobre os nossos colaboradores para ajudá-los a organizar sua vida pessoal e profissional. Ajudamos a pagar cursos, motivamos com premiações de viagens internacionais, representação do salão em cursos profissionalizantes e conversamos. Conversamos muito. Dedicamos muito tempo exercendo a nossa liderança porque qualquer pessoa pode dominar uma técnica. Mas aqui queremos que aprimorem sua percepção, que estudem e coloquem muito amor no que fazem.

Também conquistamos nosso espaço no mercado das grandes marcas. Temos profissionais embaixadores das maiores marcas do mercado e temos acesso privilegiado a novas tendências, técnicas e produtos. A atualização é constante tanto para nós, quanto para a nossa equipe. Sempre nos antecipamos para oferecer o que há de melhor no mercado. Um exemplo é visagismo, técnica que nos permite fazer de maneira profissional aquilo em que sempre acreditamos – trabalhar a beleza de dentro para fora. Nosso salão foi um dos pioneiros a trazer este conceito para o mercado de Joinville.

Outro desafio é acompanhar o mundo digital, que é muito veloz e fluido. Já fizemos cursos de fotografia, iluminação e cor das paredes direcionadas só para fotografar cabelos e maquiagens. Fazemos marketing interno e externo, campanhas, outdoors, promoções em datas comemorativas, somos muito atuantes nas redes sociais.

Fazemos muita coisa com as nossas clientes, ressignificando o que aprendemos no início da nossa profissão, quando não era permitida esta aproximação. Hoje vivemos a era do atendimento personalizado e humanizado, a interação é constante, as ideias surgem e nascem grandes amizades.

Vamos nos adequando conforme o mercado e a sociedade vai mudando e nos demandando.

Mas com certeza um dos grandes desafios foi a decisão de ampliarmos nossa sociedade. Embora trabalhássemos as quatro no negócio, a sociedade sempre foi entre duas de nós – Leila e Gisele. Em 2017, ampliamos nossa sociedade e agora somos as três irmãs empreendendo juntas no salão e a mãe proprietária da parte estética. Foi um grande desafio para a família, para a equipe e para o negócio. Mas fizemos tudo com muita transparência e cuidado e conseguirmos fazer uma transição muito tranquila. Esta decisão oxigenou o negócio e impulsionou a motivação de cada uma de nós para a manutenção do nosso projeto coletivo e a criação de projetos individuais.

Leila Pereira | Gisele Pereira | Regina Pereira | Nilda Pereira

A beleza de empreender em família

Sempre nos perguntam como é trabalhar em família. É muito fácil, pois separamos as questões familiares das questões do negócio. É claro que já tivemos desentendimentos, pois cada uma tem sua personalidade e seus anseios, mas sempre soubemos dar o tempo que cada uma precisa para assimilar algo.

É muito lindo o que acontece com a gente. Há muita sinceridade, compreensão, confiança e união. Ter com quem dividir as tarefas e os problemas, as soluções, os sonhos e as realizações é um bálsamo para todas nós.

Contamos também com a força e sensibilidade do sr. Edson Pereira, marido e pai amado. Um ser humano lindo que sempre nos incentivou com palavras e atitudes. Ele é o nosso 'Severino' e está sempre pronto para fazer pelo salão o que estiver ao seu alcance, desde pequenos reparos até grandes reformas. Tudo no salão tem a mão dele, literalmente. E quanto orgulho tem de nós quatro! É bom tê-lo perto sempre, nos sentimos seguras e isso tem um valor inestimável para nós.

A beleza de servir ao mundo

Entendemos que nosso negócio tem muito a contribuir para o mundo. Em especial, para os desafios da mulher.

Diariamente ouvimos todos os tipos de história. Desde a mulher que chega empoderada e sabe muito bem o que quer, até aquela que se acha inferior, com a autoestima no pé e não se acha merecedora de ter uma aparência de poder.

Nós personalizamos o atendimento para cada cliente ajudando-a a refletir e entender quem realmente é e como quer ser vista pelas pessoas. Ela passa a se redescobrir e se permitir ser o que sempre sonhou, mas tinha medo até então.

Vendo tantas transformações, fomos entendendo que poderíamos ampliar o impacto do nosso trabalho e decidimos criar um projeto inovador.

Em 2018, em parceria com a Revista DUO, criamos uma campanha chamada *Empodere-se*. A proposta era mostrar que qualquer mulher pode ser capa de revista. Escolhemos clientes anônimas e oferecemos a elas uma produção cinematográfica. Após a sessão de fotos elas foram entrevistadas e suas histórias foram destaque naquela edição. Fizemos um grande evento onde cada uma, capa da revista, foi homenageada no palco.

Este projeto teve um grande impacto na cidade e região, pois mostrou a força e o poder da mulher comum, pois cada uma é singular na sua pluralidade, com valor de onde quer que tenha vindo e chegado. A capa da revista foi apenas um símbolo do destaque que toda mulher pode ter e dar à própria vida.

Aprender é belo. Servir é magnífico. Fazer é engrandecedor.

Durante nossa jornada até aqui, cada uma de nós pôde olhar para si, seus desejos e sonhos, seu ofício e decidir até onde queria ir. Cada uma de nós tem uma inteligência que coloca a serviço do negócio como fruto do próprio desenvolvimento. Juntas temos tudo o que o nosso salão precisa. Juntas, somos especialistas em cabelo, maquiagem, manicure, depilação, massagem, gestão, finanças, contabilidade, marketing e liderança.

Temos a convicção de que podemos realizar tudo o que queremos. Nunca sonhamos em ser empreendedoras. Nem sabíamos o que era isso, mas nos surpreendemos com a nossa capacidade de transformar nosso potencial em resultados tangíveis e intangíveis.

Leila Pereira | Gisele Pereira | Regina Pereira | Nilda Pereira

Cada uma de nós chegou até aqui tendo que lidar com as dores e delícias da vida real. Aprendemos que para tudo tem uma solução, que a dedicação abre caminhos e que o amor pelo fazer nos leva a patamares de realização inimagináveis.

Nossa realização conjunta com respeito e valores sólidos foi nos permitindo criar novos sonhos individuais e temos nos permitido vivê-los dentro e fora do salão. Florescemos e reflorescemos todos os dias, sempre nos apoiando mutuamente.

E assim seguimos nossa jornada, abertas e despertas para novos olhares, e libertas para novos fazeres. E juntas, no querer de melhor para cada uma de nós.

Maria Cláudia de Sena Abrahão

Desafios de empreender e os caminhos de autoconhecimento

21

Maria Cláudia de Sena Abrahão

Mineira, nascida em 3 de novembro de 1960 na cidade de Uberlândia. Há quase 30 anos mora em Florianópolis (SC). Casada, tem duas filhas. Trabalha desde seus 18 anos, como professora de Língua Portuguesa de ensino fundamental e médio, em escolas estaduais e federal. Pós-graduada em Linguística na UFSC (Universidade Federal de Santa Catarina) em 1989-1992. Aposentou-se em 2012.

Atualmente trabalha no ramo do comércio de produtos sexuais. Proprietária da loja Floripa Sex Store desde 2015.

Coach na área de sexualidade e relacionamento pelo Instituto Anna Neves em 2018. Em 2019, cursando Coaching de Relacionamento e Sexualidade, nível avançado, no mesmo Instituto.

Contato:
E-mail: mcsena1960@gmail.com

Quando fui convidada pela Editora Leader a escrever um pouco da minha história, indicação de Anna Neves do Instituto Anna Neves, de Balneário Camboriú, em Santa Catarina, senti-me muito lisonjeada, feliz mesmo. Ao mesmo tempo, uma pontada de medo. Apesar de ter tido uma formação escolar que deveria ter me proporcionado facilidades acadêmicas para a escrita, não tenho hábito, nunca tive, de contar histórias.

O desafio foi lançado. Então, vamos lá.

Nasci na cidade de Uberlândia, Minas Gerais, mais exatamente no Triângulo Mineiro. Região rica na agropecuária e no comércio atacadista, muito próspera.

Lembro-me de poucas coisas vividas na infância. Meus pais eram bem pobres. O pai de descendência libanesa; a mãe mineira, descendente de uma mistura bem brasileira, português com índio.

Meus avós paternos vieram para o Brasil foragidos da guerra, da pobreza do país de origem. Conheceram-se no navio. Ela, viúva, com um filho de colo. Ele, deficiente, só andava de cadeira de rodas. Ambos traziam o sonho de uma vida melhor. Casaram-se no navio antes da chegada ao destino final. Os parentes acharam que o casamento era o melhor a fazer.

Ao chegarem ao Brasil, instalaram-se na região de São Paulo. Depois de algum tempo de grandes penúrias, como é comum entre os libaneses migrantes, concentraram-se em trabalhar no comércio. Tiveram um mercado onde se vendiam vários produtos: cereais, objetos para casa, produtos para agricultura etc. O estabelecimento não prosperou. As pessoas não tinham dinheiro para comprar, meu avô vendia fiado, muitos não acertavam suas dívidas. Foi uma vida de muitas dificuldades, de muita pobreza. Da união, nasceram quatro meninos. Meu pai, o terceiro dos irmãos.

Não cheguei a conhecer meu avô pessoalmente, apenas através de uma foto de família. Já minha vó foi nossa vizinha durante alguns anos antes de morrer. Cuidava do filho mais velho, mentalmente adoecido, doença essa decorrente de inúmeras surras que ganhou na infância. Não tive nenhuma intimidade com ela. Não frequentava a casa dela, pois morria de medo de meu tio e ela não ia a nossa casa também. Apenas me lembro de seu semblante triste, suas mãos calejadas, e muitas pintas escuras na pele. Era, com certeza, uma mulher muito triste.

Os pais de minha mãe morreram quando ela tinha seus 13, 14 anos. Após a morte dos pais, foi "criada", "cuidada" pela irmã mais velha, casada com apenas 16 anos. Na época, as meninas tinham de se casar bem cedo, no mais tardar até seus 17 anos, "para não ficarem para titia". Meu avô, de origem portuguesa, era um homem de 2 metros de altura, gordo e muito inteligente. Foi professor e diretor de colégios da época. Minha avó, ascendência bem brasileira, era pequena, 1m50cm, e cuidava apenas da casa. Moravam na região do Rio Paranaíba, Minas Gerais.

Meus pais se conheceram quando já moravam em Uberlândia, também em Minas Gerais. Ele não tinha onde cair morto. Trabalhava de alfaiate, profissão da qual não se orgulhava, ganhava muito pouco e não combinava com ele, sentia que poderia ganhar o mundo com a força de seus braços. Assim pensava ele. Conseguiu juntar um dinheiro para dar entrada num caminhãozinho e começar a trabalhar com vendas.

Devagar, com muitas dificuldades, começou a trabalhar de mascate. Vendia um pouco aqui, um pouco ali. Depois, associou-se ao irmão mais novo na compra de uma beneficiadora de arroz. O irmão foi o mentor intelectual do negócio, meu pai, o trabalhador braçal. Levava o arroz beneficiado para a região de Mato Grosso. As viagens eram árduas, solitárias, recheadas de imprevistos, de aventuras e só divididas anos posteriores com um companheiro que compartilhava a direção com ele. Com a melhora nos negócios, compraram outros caminhões maiores de carga. Foram verdadeiros desbravadores da região, as estradas eram de chão batido, tinha muito mato ao redor, nenhum ou quase nenhum recurso numa grande extensão do caminho, povoados distantes um dos outros, calor intenso, mais de 40 graus, atalhos tenebrosos, muitos mosquitos, pernilongos, quando chovia, enfrentavam grandes atoleiros... Mas, apesar disso, acreditavam que valia a pena, tudo que levavam conseguiam vender. As pessoas e o comércio da região eram muito mal assistidos em produtos básicos. Assim, vendiam arroz, feijão, cebola, manteiga, óleo... Seus sonhos de enriquecer com o comércio acabou sendo frustrado.

 Minha mãe, antes de se casar, formou-se em Contabilidade, fez datilografia, importante na época, e atuou na área por poucos meses. Casada por volta de seus 20 anos, passou a trabalhar só em casa, desempenhava todas as tarefas próprias para mulheres na visão de sua geração. Meu pai nunca a deixou trabalhar fora. Como ele viajava muito por longo tempo e quando voltava logo se preparava para sair, ela ficou muito sozinha no início do casamento. Mais solitária ainda porque ele a isolou, impedindo relações mais próximas com seus parentes. Coisas do ciúmes. Em consequência, nós, os filhos, tivemos pouquíssimo contato com tios, tias, primos, primas, principalmente da parte dela.

 Tiveram cinco filhos. Entre os três mais velhos, há uma diferença aproximada de um ano. Sou a terceira. Depois vieram os temporões. Tenho uma diferença de oito anos com minha irmã mais moça e de 12 com o caçula.

Minha infância foi vivida com tranquilidade. Brincávamos muito entre os irmãos. Brincadeiras de meninas: de bonecas, de casinha, comidinha, joguinhos. Minha mãe costurava todas as roupas de nossas bonecas com os retalhos que sobravam das que fazia para nós. Era uma festa. As brincadeiras foram mudando com o avançar de nossas idades e, no mesmo passo, eu me tornava cada vez mais tímida, calada, retraída. Passei a me contentar em olhar meus irmãos e amigos nas brincadeiras de rua: vôlei, queimada, bate manteiga, carrinho de rolimã, na maior parte das vezes. Gostava muito de ir ao clube de que meu pai tornou-se sócio. Ficava horas a fio na piscina, mergulhando, brincando com meu irmão mais velho. Adorava. Hoje, esse clube é referência nacional pela beleza do espaço – Praia Clube.

A partir dos quatro anos de idade enfrentei alguns problemas de saúde.

Entre quatro e cinco anos, tive uma grave infecção reumática. Fiquei hospitalizada por um mês e pouco entre vida e morte. A partir de então, passei a ser acompanhada periodicamente por médicos. E receber uma injeção por dia de Benzetacil 1.500 até meus 13 anos aproximadamente.

Entre seis e sete anos, os médicos acharam que deveriam tirar minhas amígdalas. Tive algumas amigdalites violentas. Cirurgia traumática. Meus pais convenceram-me de que precisava ser feito. Mas meu medo era imenso, iam arrancar algo de mim. Puseram-me numa camisa de força para impedir que me mexesse. Fiquei o tempo todo acordada. Chorava e gritava muito. Medo. Desespero por estar presa. Lembro-me bem do desespero do médico, que não conseguia me acalmar, controlar. Não sei como conseguiu realizar os procedimentos adequadamente. Mas, afinal, deu tudo certo.

Ao completar meus 13 anos, descobriram uma deficiência cardíaca: comunicação entre os ventrículos. Nome científico, nunca memorizei. Sintomas: um cansaço injustificado e as extremidades roxeavam, unhas de pés e mãos. Solução: cirurgia. O que poderia acontecer? Se não fizesse a cirurgia, poderia haver um choque e morrer a qualquer momento ou viver por um tempo com a deficiência.

Meu pai se desesperou. Não tinha dinheiro para bancar a tal cirurgia. Continuava mascateando em Mato Grosso. Ia até Cuiabá e arredores. Ganhava, perdia, perdia, ganhava. Tinha pouco para o sustento de uma vida simples, para o básico da família. O que o movia? Sonho de ganhar muito e deixar os filhos bem financeiramente.

Como pagar uma cirurgia tão cara? Empréstimo com um sobrinho, algumas economias, indicação do médico que acompanhava o caso ao cirurgião "bam bam bam" do momento, dr. Adibe Jatene.

Consultas realizadas, exames, lembro-me em especial do cateterismo por ter me sentido muito mal. Cirurgia marcada.

Meus pais, em especial meu pai, sofreram muito com a agonia de precisar ajudar e acompanhar a filha neste processo, não ter condições financeiras suficientes e ter de deixar os demais filhos, os dois mais velhos e a mais nova com apenas cinco anos, sozinhos em casa. Não tinham com quem contar.

Na data da cirurgia, meus pais voltaram para Uberlândia. Foram buscar os outros filhos, que acabaram ficando na casa de uma tia, irmã de minha mãe. Quando chegaram em São Paulo, a cirurgia já havia sido realizada com sucesso. Minha convalescença foi tranquila.

Sempre gostei de estudar. A primeira escola foi num galpão em frente da casa onde morávamos. Adorava a professora e ela gostava de mim também. Era o tipo de aluna que fazia tudo que mandavam. Depois, fui para um Grupo Escolar, onde fiz todo o curso primário, primeira à quarta séries. Fazia sempre parte das turmas dos melhores, mas em função da extrema timidez não tinha destaque.

Ingressei no ginásio, hoje Ensino Fundamental de 5ª a 8ª séries, aos 11 anos, Colégio Estadual, o melhor da cidade. Antes de iniciar o curso, precisávamos passar pelas provas de Admissão, comprovar aptidão. Aprovada, fiz o ginásio e o colegial (Ensino Fundamental e Médio) no mesmo colégio. Apenas o 3º ano fiz num colégio particular, cursinho, por ter conseguido bolsa integral.

Continuei fazendo parte de turmas com ótimo rendimento, notas, boa disciplina e muitas vezes recebíamos medalhas de honra ao mérito como reconhecimento e incentivo.

Sempre tive poucos amigos. Da época de escola, lembro-me de uma amiga em especial. Estudamos juntas da 7ª série até o curso universitário todo. Reencontrei-a pouco tempo atrás, continua morando em Uberlândia.

Durante nosso tempo de estudante, meu e de meus irmãos, nosso pai nunca permitiu ou incentivou que trabalhássemos. Por não ter conseguido fazer nem o curso primário, sua convicção era de que seus filhos teriam formação acadêmica universitária para galgarem futuros melhores do que o dele. Isto seria sua maior herança. Sem ter esta compreensão e visão da certeza de meu pai, com 15 anos desejei tornar-me independente financeiramente. Sem falar com ninguém, busquei um trabalho remunerado conseguindo um como ajudante de dentista. Preparei-me para assumir o trabalho. No meu primeiro dia, ele apareceu no consultório e me tirou de lá aos tapas, brigando muito. Vergonha. Revolta. Incompreensão.

Revolta guardada, prometi a mim mesma que não tardaria minha emancipação. Fiz todo o curso fundamental e médio estudando muito.

Chegado o 3º ano do Ensino Médio, uma grande decisão a tomar: prestar vestibular para quê?

Meu pai queria que fizesse Medicina. Eu não sabia o que queria. Impasse enfrentado por muitos até nos dias de hoje. Minha mãe vendo minha indecisão sugeriu o curso de Letras e argumentou que eu poderia me tornar uma boa profissional, ter tempo para trabalhar, estudar e cuidar da família que formasse. Achei a sugestão pertinente e, sobretudo, não estava preparada para enfrentar o vestibular para Medicina.

Fiz o curso de Letras Noturno – Português/Inglês em quatro anos. Tempo normal do curso. Começamos com duas turmas de 50 alunos cada uma. Terminamos com uma turma de quatro alunas. Aprendi muitas coisas, gostei de outras, tive de aprender algumas sozinha. Muito esforço e trabalho.

Logo que fui aprovada no vestibular, distribuí meu currículo em várias escolas particulares da cidade. Uma chamou-me para o trabalho. Colégio Inconfidente. Meu primeiro trabalho e de carteira assinada e tudo. Não me aguentava de contente. Fui contratada para dar aulas de Língua Portuguesa em alguns cursos oferecidos pela escola: Contabilidade, Magistério. Turmas de 50 alunos ou mais. As do Magistério, só mulheres. Uma verdadeira loucura. Sem conhecimento para dar aula de Línguas, sem experiência, assumi com a cara e a coragem. Trabalhei uns dois anos nesta instituição.

Depois desta experiência, parti para trabalhar em escolas do Estado, na época como ACT, professora contratada. Algumas escolas de periferia, algumas urbanas, umas perto de onde morava, outras muito longe. Mesmo longe, muitas vezes, ia e voltava a pé para economizar. Tive boas experiências, outras difíceis, outras dificílimas, alunos que gostaram do meu trabalho, outros que odiaram. Ministrei aulas de Língua Portuguesa e de Língua Inglesa, verbo To Be, é claro. Ganhava pouco, mas com este pouco comprava meus livros, roupas e sapatos de que gostava, pagava o transporte – o busão –, o cinema, as festas, os lanches... e ainda economizava um pouco. Nesta época, morava na casa de meus pais.

O certo foi que nunca mais parei de trabalhar.

Mais no final da faculdade, prestei concurso para efetivação no Estado. Efetivada, trabalhei mais algum tempo antes de desejar realizar uma nova mudança na minha vida.

Alguns criam asas cedo e se lançam em busca de novos rumos. Eu estava com os meus 26, 27 anos. Para crescer, amadurecer mais, precisava sair da casa de meus pais. Buscar novos horizontes. Currículo atualizado, mandei para várias universidades de São Paulo, Campinas, meu interesse maior, e para a UFSC (Universidade Federal de Santa Catarina). Objetivo: participar de processo seletivo para curso de mestrado na área de Língua Portuguesa e ser aprovada, é claro.

Recebi resposta positiva do departamento de Linguística da UFSC/SC. Agarrei-me à oportunidade, fiz minha inscrição para as provas: análise de currículo, entrevista, prova de proficiência em Língua Estrangeira, e vim para Florianópolis, por volta de 1985.

Aprovada para o curso, desisti de meu cargo efetivo no Estado de Minas Gerais, solicitei bolsa da CAPES para que pudesse sobreviver. Não tinha nenhuma renda para me manter estudando. Com o dinheiro da bolsa, pagava aluguel, xerox, livros, alimentação. Almoço e jantar eram feitos no restaurante universitário.

Fácil? Não foi. Vim para Floripa sem conhecer nada nem ninguém, com poucas roupas e alguma economia.

Durante o mestrado conheci algumas pessoas, na sua maioria estudantes de outros estados, como eu. Solidão? Ah, sim, presente em vários momentos. Saudade de casa? Nem tanto, mas a aproximação entre mim e meus pais melhorou muito. Algumas vezes meus pais e irmãos vieram me visitar e curtir o que há de bom na Ilha da Magia. Nas férias, voltava sempre para casa.

Passado pouco mais de um ano, a necessidade de trabalhar veio com força. Ficar apenas estudando parecia-me muito enfadonho. Dei aulas em escolas estaduais de Biguaçu e São José, no Supletivo de 1º e 2º Graus, enquanto dava sequência ao mestrado, à pesquisa.

E como a vida nos guarda grandes e boas surpresas, conheci meu companheiro, hoje meu amado marido, antes de terminar o mestrado. Ele foi o grande incentivador para que eu o terminasse. Namoramos, curtimos muito, decidimos morar juntos. Frutos de nossa relação, tivemos duas meninas de excelente caráter e personalidades fortes. São minhas grandes paixões. Estamos juntos numa relação cada vez mais madura, nos apoiando sempre.

Fim do mestrado, tese defendida, surgiu a oportunidade de um novo emprego – Concurso para professor substituto no Colégio de Aplicação/UFSC. Bela oportunidade! Sair do estado. Trabalhar numa escola federal.

Comecei a trabalhar no Aplicação como professora substituta em 1992. Foram dois anos até me efetivar. O grupo de professores era de alto nível, profissionais com muito conhecimento, engajados em vários projetos, pesquisas, cursos, dedicadíssimos. Alunos inteligentes, muitos sabiam mais do que eu mesma, filhos de professores e/ou servidores da universidade. Para manter-me no salto, tive de estudar, esforçar-me e dedicar-me muito.

Depois destes dois anos, abriram concurso para efetivação de professores. Alguns colegas haviam se aposentado. Continuar na instituição, num emprego seguro, era um sonho. Sonho que se tornou realidade e durou 20 anos. Ministrei aulas no Ensino Fundamental, principalmente nas sétimas e oitavas séries e também no Ensino Médio, primeiro e segundo anos.

Nos oito últimos anos de atuação na escola, ocupei o cargo de Coordenadora de Grau do Ensino Médio. Trabalho que me proporcionou ampliar a visão sobre alunos, colegas professores, servidores, política universitária, especialmente sobre gestão escolar. Foram anos enriquecedores. Trabalho que envolvia não só questões administrativas, mas também problemas pessoais, emocionais, familiares de docentes e discentes.

Aposentadoria. Em 2012, aposentei-me por tempo de serviço e idade, tudo como manda a lei. Desejei a aposentadoria. Queria descansar, fazer coisas diferentes.

Durante os três primeiros anos foi uma maravilha. Fiz cursos presenciais, online, muita ginástica, regime, passeios, caminhada na praia. Porém, a vontade de voltar a trabalhar, fazer algo de útil, produtivo, ganhar um dinheiro extra, veio à tona com força. Afinal, não estava tão velha, tinha força para trabalhar. A essa altura tinha 52 anos e me sentia com muita vitalidade. Não pensava na possibilidade de voltar a ensinar, queria algo realmente novo.

Meu marido e eu começamos a pensar bastante em alternativas de negócios que valessem a pena investir. Ideias iam e vinham. Ele, em especial, começou a pesquisar negócios mais rendosos, quando surgiu a oferta de venda de um Sex Shop. Os donos tinham o objetivo de vender o negócio para realizar um sonho de vida deles. Antes de decidir comprar as lojas, fez pesquisa sobre, consultou profissionais de negócios e consultou-me se eu teria algum constrangimento em trabalhar no ramo. Tendo somente visões e respostas positivas, comprou as lojas físicas e me deu de presente. As lojas eram da mesma empresa, uma a matriz, a outra filial.

A ideia inicial era de que nossa filha mais velha e eu tocássemos o negócio. Ela ficaria responsável pelo financeiro e eu pelo setor pessoal. A loja maior tinha três funcionárias e a menor uma.

Acreditei que dominaria o trabalho rapidamente, que seria muito fácil. Ledo engano. Cada etapa da vida mais um desafio, o empreendedorismo não seria diferente.

Os três primeiros anos da empresa (2014/2015/2016) foram muito difíceis. Nós, sem nenhuma experiência de comércio e sem nenhum conhecimento no ramo, achávamos que só manter a estrutura já existente era o bastante para continuar rendendo bem. As funcionárias é que passaram a ser nosso alicerce. Tivemos brigas homéricas entre nós, divergências de opiniões, incertezas de acertos e erros. Nossa filha tentou se adaptar ao trabalho no início, porém, acabou se posicionando avessa ao negócio. Não gostava do ramo nem do que fazia. Senti-me abandonada por ela, mas continuei firme. O investimento foi alto. Não dava para jogar a toalha assim tão rápido. Meu marido, para me apoiar e aliviar as tensões, assumiu a parte financeira, os pagamentos e o monitoramento do dinheiro.

Acrescido à falta de tino/experiência comercial, veio a violenta crise econômica que estamos enfrentando até os dias de hoje. Retração comercial, desaparecimento de clientes, poucas vendas, falta de lucro, obrigou-nos a fechar uma das lojas, a que nos dava mais prejuízo, gastos.

Com o fechamento de uma das lojas em 2017, vieram sentimentos díspares em avalanche. Senti-me muito frustrada, derrotada. A loja era linda, bem montada, excelente espaço, localizada num bairro bem frequentado por turistas no primeiro ano de nossa gestão. Mas, como depois de toda turbulência vem a bonança, analisando o que foi feito, nossos avanços, e o que podíamos melhorar, concentramo-nos na loja em funcionamento e também no aprimoramento de conhecimentos no ramo. Fiz o primeiro curso de formação profissional em Coaching Sexual, em 2017, pelo Instituto Educacional Master Minds Academy, o segundo, pelo Instituto Anna Neves, em 2018. Estou cada vez mais apaixonada pela área: Sexologia e Relacionamentos. Há muito que estudar, aperfeiçoar o saber adquirido, existem muitas pessoas que precisam de orientação, ajuda, que querem ser felizes. Estou fazendo o segundo curso de Coaching em Sexualidade e Relacionamento pelo Instituto Anna Neves. Com mais conhecimento, sinto-me cada vez mais segura, preparada, mais atuante na escolha de produtos para a loja, na apresentação dos mesmos, no atendimento a clientes, mais à vontade em falar de problemas relacionados ao sexo e de incentivar as pessoas a expandirem suas visões sobre o assunto.

O meu sucesso está não só em acreditar no meu potencial, mas também no não esmorecimento, na não desistência de sonhos. Em qualquer área, a experiência vem com o tempo; o conhecimento, com esforço, persistência, trabalho.

Expandir o negócio, ter cada vez mais conhecimento do ramo/área, crescer mais são os objetivos atuais.

A vida é uma evolução de desafios que se enfrentados podemos ter êxito ou não em relação a eles. O importante é crescer com eles, aprender, evoluir, ser útil a si e aos outros, ser feliz.

Santa Catarina tem grande destaque nacional nos segmentos da agroindústria, papel e celulose, metal-mecânico, têxtil, mineração. Na região litorânea, em especial Florianópolis, destaca-se como polo de tecnologias e turismo.

As mulheres empreendedoras estão crescendo no mercado empreendedor ao longo dos anos no Brasil e também no estado catarinense. Assim o aumento do público feminino no mercado de trabalho como também o número de mulheres que resolveram dar início ao seu próprio negócio podem ser observados nos últimos anos. O que podemos concluir é que cada vez mais nós, mulheres, assumimos nossa capacidade e força de trabalho.

Os exemplos que temos de mulheres empreendedoras têm características comuns, no geral: pessoas de origem simples, que enfrentaram/enfrentam vários obstáculos na vida pessoal, social, profissional. Receberam/recebem reconhecimento familiar, de pessoas que se relacionam no trabalho ou na vida. VENCERAM.

Não sou diferente. Sei que nem sempre agradamos "gregos e troianos", mas ensinamos a ser lutadoras, a não desistir.

Para uma boa atuação em qualquer área, é necessário nos capacitar muito, ter força, determinação, objetivo(s) claro(s), meta(s) definida(s), confiança. Não se consegue tudo isto da noite para o dia. A persistência é nosso maior aliado.

Empreendi na área de Sex Shop por saber que está em grande expansão no Brasil. Inicialmente em lojas físicas mesmo tendo a ciência de que nosso maior concorrente, hoje, é de fato o e-commerce, vendas on-line. Muitos clientes ou possíveis clientes preferem comprar na comodidade e discrição de suas casas, ainda mais por se tratar de produtos tão íntimos. O investimento no e-commerce requer mais capital, maior quantidade no quadro pessoal e no estoque, estrutura logística diferenciada e conhecimento tecnológico. Inegavelmente o e-commerce precisa fazer parte da operação. Este será um próximo passo, novo desafio. Mesmo assim, as lojas físicas sempre terão sua atratividade dada a disponibilidade imediata dos produtos, orientação personalizada, discrição no atendimento, fidelidade de consumidores, entre outras facilidades. Para manter uma clientela fixa e fiel, procuramos sempre ter produtos de qualidade, diferenciados, que atendam às expectativas do(a) comprador(a), novidades, um excelente atendimento. Para o atendimento de qualidade, tivemos e temos funcionárias com grande desenvoltura, simpatia, conhecimento na área, motivadas com bons salários, boas comissões de venda, encargos sociais legais assegurados e com as quais se mantém uma relação de grande respeito, cumplicidade, companheirismo por parte dos patrões.

Investir no que se gosta de fazer, no que faz a pessoa se sentir feliz, ser gente de verdade é condição primordial para qualquer empreendedor em qualquer época.

Nadir Terezinha Koerich

Os múltiplos papéis da mulher empreendedora

22

Nadir Terezinha Koerich

Empresária, nascida em Urubici-SC, passou a morar em Florianópolis-SC para estudar, onde formou sua família e construiu sua carreira como proprietária da Koesil Contabilidade, empresa com mais de 40 anos de mercado. Possui uma sólida história no associativismo e se tornou a primeira mulher presidente da Associação Empresarial da Região Metropolitana de Florianópolis, representando mais de quatro mil empresas. Circulando por ambientes predominantemente masculinos, sempre acreditou na igualdade de direitos e deveres entre homens e mulheres. Com coragem conquistou seu espaço no mundo dos negócios e aprendeu grandes lições para se tornar uma empreendedora.

O dia da posse

A voz grave do apresentador anunciou:

— E agora vamos receber a nova presidente da Associação Empresarial da Região Metropolitana de Florianópolis, Nadir Terezinha Koerich.

Enquanto me dirigia ao palco, mais de 300 pessoas me recebiam com uma salva de palmas. Tudo parecia acontecer em câmera lenta. Perguntei a mim mesma: como cheguei até aqui?

Uma mistura de alegria, nervosismo, satisfação e gratidão tomou conta de mim. Cenas foram projetadas na minha mente, palavras do meu pai ressoavam nos meus ouvidos, a imagem da minha mãe acalmou meu coração. Reconheci o valor da minha origem e agradeci a Deus. A cada passo que dava em direção ao palco, meu olhar encontrava amigos, empresários, parceiros e clientes que conheci ao longo da vida. Ao chegar ao palco avistei minha família, na primeira mesa. Filhos, genro, nora, netos e irmãos me olhando com admiração e a certeza de que são partes fundamentais da minha trajetória.

Essa era a resposta para minha pergunta! Cheguei à presidência da maior associação empresarial do estado de Santa Catarina como resultado de uma bela história de empreendedorismo na qual assumi diversos papéis de maneira singular como filha, mulher, profissional, amiga, esposa, mãe, avó, empresária, diretora e, agora, presidente.

A semente do associativismo

Minha infância foi em Urubici, uma pequena cidade do interior do estado de Santa Catarina, que hoje tem 10 mil habitantes. Quando me perguntavam o que eu queria ser quando crescesse respondia: "Vou ter uma grande empresa na cidade grande". Esse sonho nasceu ouvindo as histórias que meu pai contava sobre suas longas viagens a São Paulo.

Quando eu tinha oito anos, meus amigos da escola diziam "Seu pai é rico! Ele é dono da Casa Rural". A Casa Rural era a cooperativa da nossa cidade e distribuía sementes, adubos e instrumentos para os agricultores. Realmente, meu pai estava sempre na Casa Rural, a construção mais imponente da cidade. Eu reconhecia que nada nos faltava, mas não me sentia rica. Um dia, enquanto esperava acabar seu expediente, perguntei se realmente éramos ricos. Meu pai, de um jeito amoroso, pegou minha mão e me levou até uma escrivaninha no canto da sala, abriu um fichário e leu os nomes das pessoas escritos no cadastro. Lá também estava o nome dele: Wilson Sebastião Koerich.

— Filha, todas essas pessoas são donas da Casa Rural. O pai é o presidente. Fui escolhido para cuidar da cooperativa.

Nesse momento o associativismo foi semeado, me conduzindo desde muito jovem a acreditar na força que tem a união de pessoas com interesses em comum.

Tudo se resolve

Nadir Carolina Zapelini Koerich, minha mãe, foi a referência feminina mais influente na minha vida. Ela fazia a gestão do nosso lar com mestria. Seguia sua convicção independentemente das convenções da época. Começou a dirigir em um tempo no qual este era um privilégio predominantemente masculino. Nadir estava sempre aberta a aprender e se adaptar ao novo. Em momentos difíceis que ameaçavam a produção da lavoura eu ouvia sua voz confiante dizendo ao meu pai: "Calma, tudo se resolve". Com o tempo a lição passou a fazer parte de mim. Realmente, é sábio encarar os problemas com tranquilidade e otimismo.

Meus olhos brilhavam quando via minha mãe se cuidando diante do espelho da cômoda. Usava cremes, perfumes, maquiagens e acessórios que meu pai trazia quando viajava. Quando a Dona Nadir chegava, tanto no armazém da esquina quanto em eventos festivos, todos a percebiam pela elegância no seu jeito de ser.

Como presente, ganhei o primeiro nome da minha mãe: Nadir. Mas não esperava ter de assumir seu papel. Dos 11 aos 14 anos, eu estudava em um colégio interno em uma cidade vizinha. Um dia, durante o intervalo entre as aulas, me virei para falar com minha amiga e avistei pela janela um senhor com traços familiares chegando ao colégio. Logo a freira me chamou às pressas.

— Venha, Nadir! Seu tio está aqui e vai levar você para casa.

— Mas as férias ainda não começaram, por que tenho que ir embora? – perguntei confusa e assustada.

— Sua mãe está muito doente e precisa de você – disse meu tio, com a voz tensa.

Entramos em um caminhão e seguimos para casa. Eu, sentindo que o problema era sério, perguntava sem parar. Meu tio, triste e abalado, não conseguia encontrar respostas. A viagem foi longa, cansativa e silenciosa.

Ao chegar em casa meus piores pensamentos se confirmaram. Minha mãe não resistiu a uma cirurgia e faleceu. Fiquei órfã ainda adolescente. A filha mais velha de oito irmãos, sendo a mais nova com seis meses. Tive de abandonar o internato e voltar para casa para dar apoio à minha família. Senti muita dor, tristeza e um vazio irreparável. Ao mesmo tempo precisava ser forte, corajosa e responsável. Lembrei-me de suas palavras – "Tudo se resolve" – e segui em frente.

Eu sou diferente – as escolhas da vida profissional

Magistério? Científico? Contabilidade? Depois de terminar o ginásio era hora de escolher o que fazer.

— Quero fazer Científico e Contabilidade! – falei.

— Mas só tem em Florianópolis e você não vai morar lá sozinha com 17 anos – disse meu pai preocupado com a minha segurança.

Minha avó Paulina morava em Florianópolis, vi ali a oportunidade de alcançar meu objetivo. Falei com ela pedindo para morar em sua casa até terminar o curso.

– Não, Nadir! Já tive uma experiência ruim com outra jovem que veio morar aqui. Não quero me incomodar de novo – disse minha avó, decidida.

— Mas eu sou diferente! Me deixe mostrar isso. Você não vai se arrepender – falei convicta e convenci Dona Paulina.

Assim, fui para Florianópolis estudar. Hoje, relembrando este momento, percebo que assumir responsabilidades precocemente me tornou uma jovem determinada e comprometida. No ano em que morei com minha avó tivemos uma ótima convivência. Descobri semelhanças e afinidades entre nós. Criamos uma relação de carinho, admiração, respeito e nossos laços foram além do vínculo familiar, nos tornamos amigas.

Na metade dos cursos decidi deixar o Científico e focar em Contabilidade. Vejo que quando estamos no caminho certo as portas se abrem. Fui convidada para trabalhar no escritório do meu professor. No primeiro emprego tive a certeza de que Contabilidade realmente era o que eu queria como profissão e me dedicava muito ao estudo e ao trabalho.

A vida me transformando

Depois de concluir os estudos minhas irmãs passaram a morar comigo em uma casa alugada próxima à minha avó. Nos dias de folga viajávamos para visitar a família. Quatro jovens animadas, com cabelos ao vento, dentro de um fusquinha bege. Quem morava na região já sabia que eram as filhas do Seu Koerich chegando.

Logo conheci Sérgio, começamos a namorar e três anos depois nos casamos. Nesta relação tive a maior experiência como mulher: a de ser mãe. Em 1979 recebi a notícia de que estava grávida. Experimentei sensações nunca sentidas antes, tudo era diferente. Mesmo sem saber o sexo eu já tinha escolhido o nome e seria em homenagem à minha mãe: Carolina, então aquele bebê se chamaria Karolyni. O sentimento e a emoção do primeiro momento em que vi seu rostinho permanece na minha memória até hoje.

Quatro meses depois recebi a notícia da minha segunda gravidez. Saí do laboratório sorrindo e me sentindo abençoada. Deus me enviou o Rodrigo de presente, realizando o meu sonho de ter um casal de filhos. Vivendo a maternidade conheci um amor incondicional. Aprendi a interpretar um olhar, um choro, uma expressão e a achar graça de pequenas coisas.

Agora os dois filhos adultos e com família continuam me ensinando. Karol me mostra a importância de ser autêntica e respeitar a minha verdade. Rodrigo, com seu senso de justiça, me leva sempre a reflexões quando tenho que tomar grandes decisões. Meus filhos também me possibilitaram desempenhar novos papéis, como o de ser avó. São três netos maravilhosos, Alice é a filha do Rodrigo, uma linda patinadora que dança com leveza e ao mesmo tempo demonstra firmeza em cada movimento. E os dois filhos da Karol, Kenzo e Yori. Os pequenos me motivam a estar atualizada com a tecnologia para poder interagir diariamente e acompanhar o desenvolvimento de cada um, independentemente dos quilômetros que nos distanciam.

De dona de casa a empresária

Depois de um dia cansativo, voltando do trabalho, pensei que sempre assumi muitas responsabilidades e senti vontade de mudar. Assim, resolvi dar um tempo na vida profissional e fazer como muitas mulheres da época: assumir o papel de dona de casa.

Minha rotina era lavar, passar, limpar, cozinhar, costurar e cuidar das crianças. Mesmo com muitas atividades não me sentia produtiva porque não tinha um retorno financeiro e consequentemente perdi minha independência. Insegura em contrariar a vontade do meu marido, que preferia que eu fosse do lar, aguentei durante um ano – que pareceu um século.

Meu pai me visitava frequentemente e percebeu que eu não estava bem, ao me questionar, respondi, chorando, que estava muito triste e insatisfeita com a minha vida. Não me sentia bem fora do mercado de trabalho. Contei que a ansiedade era tão grande que muitas vezes não conseguia dormir, então tricotava uma blusa de lã em uma noite. Ele me perguntou: "Onde foi parar aquele sonho de criança de ser uma grande empresária?" E me convidou: "Vamos começar a realizar?"

Combinamos que meu pai abriria um escritório de contabilidade para ele e, para evitar conflitos com o genro, com quem tinha um ótimo relacionamento, diria que eu apenas iria ajudá-lo no início. E assim, secretamente, em 1977 a dona de casa se transformou em uma pequena empresária. E as atividades da casa? Felizmente pude contar com a eficiência da Cida, que se integrou à família e me deu apoio por 23 anos. Essa ajuda me permitiu ir mais longe e chegar aonde estou hoje.

A estrutura da minha empresa era simples: uma sala pequena, com escrivaninha, uma cadeira e uma jovem com pouca experiência, mas muita força de vontade. Logo a demanda começou a aumentar e meu marido saiu da empresa na qual trabalhava e se tornou sócio do sogro. A empresa foi batizada pelo meu irmão, João Hermes, que sugeriu Koesil, resultado da união dos nossos sobrenomes, Koerich e Silva. E eu logo aceitei porque gostei da sonoridade da palavra.

Com a carteira de clientes crescendo e a equipe aumentando fui percebendo que cada pessoa tem habilidades que podem ser exploradas para que a empresa seja mais produtiva, trabalhando em sinergia, como uma engrenagem, onde os clientes são a força motriz. Observando meu comportamento identifiquei que o meu ponto forte já era a gestão de pessoas, tanto com funcionários quanto com clientes. Empresas que se tornaram clientes em 1978 continuam com a Koesil até hoje e chego à conclusão de que este relacionamento duradouro é resultado de valores construídos com base em confiança, atenção, honestidade, comprometimento, humildade e transparência.

Minha trajetória profissional e a revolução tecnológica caminharam juntas. No início passávamos muita dificuldade para fazer todos os cálculos à mão. Uma estrutura contábil e fiscal nos fazia trabalhar até de madrugada para cumprir os prazos. Em 1989 chegaram os computadores no Brasil e a Koesil se mostrou inovadora ao ser a primeira empresa do ramo na região de Florianópolis a implantar tecnologia de informação.

Gosto de saber que minha história profissional inspirou as gerações seguintes. Tenho orgulho por meus filhos terem escolhido a Contabilidade como profissão e participado da evolução da empresa. Rodrigo até hoje faz parte da nossa equipe, junto com minha nora, Karina. A presença deles me dá segurança para assumir outras atividades e me ausentar da empresa com tranquilidade, quando necessário.

Hoje a Koesil é uma empresa adulta, tem mais de 40 anos de experiência e conquistou credibilidade no cenário contábil da Grande Florianópolis. É responsável pela conta de renomadas empresas da região. Resultado da dedicação diária da equipe que trabalha alinhada com os valores da empresa. Como gestora, acompanhei a história de vida de muitos funcionários. A Neusa Maria Correa Fernandes, por exemplo, foi a primeira funcionária contratada e ficou na Koesil por 35 anos, se aposentando em 2018. A jovem que começou com pouca experiência no departamento pessoal se tornou uma peça-chave para nossa empresa.

Recentemente, organizando os arquivos antigos da Koesil, encontrei documentos escritos à mão pelo meu pai e lembrei-me dessa história, que começou como uma sociedade "secreta", mudou minha vida e concretizou meu sonho de menina. Senti a presença dele em cada letra escrita. Valorizei ainda mais sua bondade, compreendi sua capacidade de resolver conflitos e admirei sua habilidade de interferir no roteiro da história sem aparecer como protagonista. Ao final, reconheci minha força de agarrar as oportunidades e atingir meus objetivos.

O associativismo transforma a sociedade e solidifica sonhos

Num momento de resgate, após o encerramento de uma história de 13 anos casada, recebi por correspondência um convite para fazer um retiro de empresários cristãos. Um final de semana para dedicar-se à espiritualidade e capacitação para os negócios. Participar do retiro foi o ponto de partida para a minha vida associativista. Neste momento conheci Tito Alfredo Schmitt, Conrado Coelho Costa Filho e suas esposas, empresários admiráveis que me acolheram como uma amiga e me convidaram para conhecer a Associação dos Dirigentes Cristãos de Empresas (ADCE).

A partir dessa iniciação, resgatei meu espírito associativista e participei ativamente de 13 associações empresariais. Eu ia às reuniões e percebia que era uma das poucas mulheres presentes, mas isso não me intimidava. Sempre me senti igual, com a mesma capacidade. Observava e aprendia sobre liderança, economia, política e negócios. Meu posicionamento sério e respeitoso com todos começou a ser ouvido e respeitado.

Ocupei cargos em associações de mulheres, como a Associação de Mulheres de Negócios e Profissionais da Grande Florianópolis (BPW Florianópolis), a Federação das Associações de Mulheres de Negócios e Profissionais do Brasil (BPW Brasil), o Centro de Liderança da Mulher (Celim). Atuei no Conselho Estadual dos Direitos da Mulher (Cedim) e fui membro do Conselho Estadual da Mulher Empresária de Santa Catarina (Ceme). Em 20 anos envolvida neste movimento feminino compreendi o sentido da sororidade, ou seja, o poder que as mulheres têm quando se unem e se fortalecem.

Continuei aumentando minha rede de contatos profissionais. Aprendi como funcionam associações que integram homens e mulheres. Fui conselheira fiscal do Centro de Integração Empresa Escola (Ciee-SC), sócia remida do Rotary Clube Atlântico, passei a fazer parte do Conselho Regional de Contabilidade (CRC-SC) ocupando diferentes cargos ao longo de 12 anos. Também me tornei conselheira no Banco do Empreendedor de São José-SC, do qual participei da sua fundação, dando oportunidade e incentivo para microempresários colocarem suas ideias em prática.

Em 1993 entrei na "Casa do Empresário" – assim nos referimos à Aemflo e CDL São José. Uma associação que representa 4.300 empresas da Região Metropolitana de Florianópolis. Dediquei 25 anos de trabalho voluntário em prol do empresariado. Hoje me sinto honrada por ser a primeira mulher presidente da entidade em mais de 30 anos de associação, contando com uma diretoria composta igualitariamente por homens e mulheres. Independentemente das diferenças, todos temos o direito e o dever de fazer com que a cada dia o mundo seja melhor e que cada pessoa possa viver a cidadania plena. Presidir a Aemflo e CDL de São José me permite contribuir para esta missão.

Empreendedorismo de alta performance

No início da minha carreira eu trabalhava demais. Em época de fechamento de Balanço Patrimonial anual, declaração e imposto de renda ou fechamento mensal dos impostos tínhamos que fazer muitas horas extras, inclusive nos finais de semana. Até que em um domingo minha filha Karol, ainda criança, telefonou para o escritório:

— Mãe, vou te pedir uma coisa. Pelo menos no Dia das Mães você deixa de trabalhar pra ficar com a gente?

Neste momento decidi que nunca mais trabalharia nos fins de semana. Comecei a buscar o equilíbrio. Considero que um dos segredos para ter alta performance é saber administrar bem o tempo. Hoje tenho uma rotina disciplinada. Acordo às cinco e meia da manhã para dedicar a mim os primeiros momentos do dia: tomo um café saudável, pratico atividade física e cuido da minha imagem. Às 8 horas, quando começa o horário comercial, já estou entusiasmada para fazer um dia produtivo. Os fins de semana são dedicados à família, aos amigos, passeios e viagens.

Para ser um empreendedor de alta performance é preciso viver a vida pessoal com os mesmos valores da profissional. Por isso quero compartilhar com você algumas lições que aprendi sobre empreendedorismo:

- A inovação é necessária para manter-se no mercado e o primeiro passo é estar receptivo às ideias criativas.
- Para ir mais longe no mundo dos negócios é preciso confiar nas pessoas, escolhendo com sabedoria quem vai estar ao seu lado nessa jornada.
- O líder escuta todos com atenção e gera soluções considerando as diferentes ideias.
- Primar pela competência, manter a consistência e ser coerente torna o empreendedor mais confiável.
- Não podemos ter medo de ir em busca dos nossos sonhos. Somos tão capazes quanto aquelas pessoas que mais admiramos.
- Resiliência é ter as bases firmes e ao mesmo tempo ser flexível.
- Acima de tudo é preciso ter fé em Deus, acreditar em você e confiar nas suas escolhas.

Coragem é agir com o coração

Por muitos anos enfrentei barreiras simplesmente pelo fato de ser mulher. Estava entre as corajosas que abriram os caminhos no mercado de trabalho. Em algumas situações sentia que precisava "provar" que era competente para minha opinião ser considerada. A lição foi me posicionar diante dos homens compreendendo sua forma de pensar e respeitando minha essência feminina.

Fico feliz em ver as mulheres cada vez mais atuantes e conquistando cargos de liderança. Precisamos ser persistentes e pacientes. As mulheres já são maioria, inclusive na minha empresa. Observo que somos cuidadosas com os detalhes, dedicadas e muito responsáveis com os compromissos que assumimos. Temos em nossa natureza uma visão estratégica e a capacidade de equilibrar a vida pessoal e profissional.

Acredito que a coragem é o ingrediente fundamental para vencer o preconceito. É preciso ter coragem para resistir ao desejo de responder aos que nos magoam ou ofendem. É preciso ter coragem para defender suas ideias e ser responsável por suas consequências. Coragem não é a ausência do medo, mas a noção de que mais importante é o seu sonho.

Regina Célia Zimmermann da Fonseca

Determinada a vencer

23

Regina Célia Zimmermann da Fonseca

Engenheira Química e mestre em Engenharia Ambiental (UFSC – Universidade Federal de Santa Catarina), joinvilense. Protagonista da liderança feminina em ambientes industriais, possui visão holística e habilidade para integrar processos e engajar pessoas, facilitando a implementação de estratégias e alavancando resultados nos negócios. Mais de 12 anos de experiência como diretora Industrial e de Operações em empresas multinacionais e nacionais, conduzindo grandes equipes em várias unidades, no Brasil e exterior. Atualmente é diretora de Operações na Termotécnica. Teve passagem por Amanco – Mexichem, BASF e Petrobras. É VP do Excelência – SC, Mentora Master no Programa *Think Tank* – Projeto Resgate e VP no Núcleo de Mulheres da ACIJ.
Contato:
E-mail: Regina_zimmermann2@hotmail.com

Recebi com alegria o convite para participar deste livro, porém, ao mesmo tempo, nunca havia pensado em mim como empreendedora. Sou executiva, trabalho para empresários, e fui pesquisar visando entender onde me inseria. Encontrei definições de empreender tais quais: "Criar opções de melhor desempenho, ganho ou lucro. Transformar rotinas de trabalho de forma a gerar mais produtividade, ter ideias inovadoras e desafiadoras. Capacidade de enxergar além do cotidiano, solucionar com habilidade e criatividade. Ter visão de dono".

Percebi, então, que venho empreendendo por toda minha vida. Tenho uma história um tanto quanto singular, com várias conquistas: sou mulher, mãe e esposa; engenheira com 27 anos de atuação em indústrias, diretora Industrial (só 2% destes cargos são ocupados por mulheres no Brasil[1]), com legado em sustentabilidade, inovação e liderança. Acredito que meu protagonismo poderá servir de inspiração para outras pessoas que empreendem, jovens, pais e mães, em especial meninas.

Tive uma infância baseada na educação religiosa, cultura germânica, valores pautados na família, respeito, trabalho e integridade. Sou a filha do meio de uma casa de três mulheres, na qual meu pai, chefe da família, sempre foi nosso provedor e uma inspiração para mim, pela capacidade para o trabalho, a liderança, oratória e influência. Minha mãe, por outro viés, era do lar, mas gostaria de ter feito parte do pequeno

---

[1] Pesquisa da Hay Group, Revista Exame, 2008.

grupo de mulheres que ingressou no mercado de trabalho nos anos 60, entretanto, infelizmente, não havia estudado nem se preparado para isso. Porém, tinha uma vida confortável, com carro próprio, talão de cheque, viajava com amigas, mas a sua felicidade não era completa. Minha mãe foi nossa grande incentivadora, uma verdadeira empreendedora, que realizou seu sonho por intermédio de suas três filhas, pois fez delas grandes profissionais. Lembro-me que ela nos falava "mulher tem que estudar, trabalhar e ser dona do seu próprio nariz!" E nós acabamos levando essa lição a sério!

Recordo-me que minha diversão preferida na infância era montar quebra-cabeças: eu tinha vários, com os quais brincava concentrada por horas. Nesta mesma época, ingressei na escola de artes infantis da Casa da Cultura. Lá, o exercício da imaginação, o uso de cores e materiais distintos e o compromisso de sempre criar algo diferente em cada aula me desafiavam e agradavam muito.

Na escola eu perdia muitas aulas, pois fui uma criança com saúde frágil. Em compensação, era dedicada, aprendi a ser autodidata e isso sempre me garantiu um bom desempenho. Na adolescência comecei a estudar Inglês, que, na visão da minha mãe, era fundamental para o mercado de trabalho.

Naquela época, queria ser atleta: chegar à seleção brasileira e participar das Olimpíadas seria minha conquista máxima. Sonhava em carregar a tocha olímpica. Meu esporte preferido era o basquete, que treinava diariamente em um ginásio no centro de Joinville. Todas as vezes que vestia o agasalho preto com o brasão da cidade sentia uma grande emoção.

No final do ensino médio, após participar dos Jogos Abertos de Santa Catarina, percebi que, embora tivesse muita vontade e dedicação, não tinha porte físico e habilidades para me tornar uma atleta de alta performance.

Foi numa visita à Malharia Campeã, indústria têxtil

da região, que atualizei meu ideal de futuro: o processo de transformar uma planta, o algodão, em uma peça de roupa, fascinou-me. Transformação! Era isso que eu estava disposta a buscar. Percebi meu interesse por Química, Matemática e Física, disciplinas que se relacionavam com o gosto pela resolução de problemas, um embrião da Engenharia que vinha comigo desde a época dos quebra-cabeças. Logo, troquei o sonho de ser atleta por uma vaga na Universidade Federal. Em 9 de março de 1987, dia em que eu completava 18 anos, começaram as aulas na UFSC, em Florianópolis, no curso de Engenharia Química.

Foi o começo do meu protagonismo na carreira. Engenharia era um curso em baixa no final da década de 80 e a decisão não foi vista com entusiasmo pela família; o fato de eu ser mulher era mais uma preocupação em relação ao futuro.

Mas, dentro de mim, havia uma vontade infinita de desbravar, conhecer um novo mundo, desafiar a mim mesma, explorar, andar por terras desconhecidas, buscar novas oportunidades e perspectivas. Eu queria transformar e vencer!

Tinha convicção de que o caminho não seria fácil, mas queria ser diferente! Sabia que as melhores oportunidades eram escassas e só estariam disponíveis para os mais bem preparados. E eu tinha a ambição de ser uma das melhores.

Do esporte, trouxe comigo disciplina, persistência, comprometimento, trabalho em equipe, convicção de que, para vencer, o treino diário é necessário; tinha, ainda, a raça e a garra, que sempre fortaleceram o meu espírito de vitória. No meu planejamento de ser diferente, além de estudar com afinco e almejar aprender a teoria e a prática, precisava fazer algo a mais, construir repertório e riqueza de experiências. Só desta forma meu currículo poderia chamar atenção no futuro.

Investi então em um terceiro idioma, o Alemão, de olho nas maiores indústrias químicas do mundo; realizei estágios não remunerados nas férias para intensificar o aprendizado e tornei-me pesquisadora de iniciação científica, estudando cascas de camarão e contribuindo para chegar na quitosana, hoje encontrada nas farmácias como um emagrecedor natural.

Além do sonho de trabalhar em uma indústria química alemã, minha segunda opção era a Petrobras. A empresa era um orgulho nacional e, no início dos anos 90, eu tinha aquele idealismo de que o petróleo era nosso. Assim, batalhei e consegui o meu estágio curricular na refinaria no Paraná. Como o ingresso na empresa era por concurso, resolvi investir no mestrado em Engenharia Química na Unicamp e aguardar uma oportunidade. Antes que ela viesse, um telefonema para a casa dos meus pais me fez aceitar uma proposta da multinacional alemã Basf e começar minha trajetória na indústria.

Percebi que não estudei alemão desnecessariamente e que a Petrobras deixava de ser meu foco. Foi no interior de São Paulo, na cidade de Guaratinguetá, que comecei a minha carreira profissional. Trabalhei na Basf por três anos até que, em 1995, tive uma oportunidade de voltar a Joinville para trabalhar na Akros, empresa nacional com a ambição de investir e crescer.

Experimentei dois mundos muito diferentes nestas empresas e, em ambas, vivenciei ensinamentos que me oportunizaram crescer, como pessoa e profissional. Na Basf, cheguei sem conhecer ninguém, muito jovem, imatura, idealista e fui entender que o conhecimento aprendido na faculdade, os chamados *hard skills*, são necessários, mas não são tudo, e que as competências emocionais, as *soft skills*, que a vida ensina, realmente são muito importantes no ambiente corporativo.

O meu potencial criativo e inovador, certamente alimentado pelos anos de escola de artes infantis, aflorou na minha vida profissional, contribuindo com um olhar diferenciado para abordar problemas e explorar as oportunidades.

Usei esse potencial na Basf para desenvolver novos materiais para solados de sapato na indústria calçadista. Minha atividade era muito dinâmica, visitava clientes para lançar produtos e resolver problemas e era uma confiança nos plantões para a liberação de produção nos finais de semana. Os três anos que por lá passei valeram no mínimo como seis de vivência e aprendizado! O ritmo da empresa, no entanto, não estava de acordo com as minhas expectativas, e percebi que crescer ou trabalhar no exterior não seriam tão facilmente alcançáveis. Era hora de mudar.

Na Akros, que virou Amanco e hoje se chama Mexichem, fiz escola e carreira nos 17 anos que por lá trabalhei. Cheguei para desenvolver materiais e formulações para tubos e conexões de PVC e sai como diretora Industrial. A velocidade e a assertividade da gestão me impressionavam. Vivenciei várias oportunidades de viajar, desenvolver-me e transformar.

Foi na Amanco que começou meu pioneirismo na área de Sustentabilidade[2]. Implementamos vários trabalhos relacionados à gestão ambiental e certificações, inovação em tecnologias mais limpas, redução de consumo de água, energia, materiais e eficiência operacional. Soube fazer parcerias com áreas como Marketing, RH, Financeiro e mobilizar pessoas para fazer acontecer. Tornamo-nos referência em sustentabilidade e engajamento, reconhecidos nos guias Exame *de Sustentabilidade* e *150 Melhores Empresas para Trabalhar*, em muitas edições. Um dos trabalhos mais relevantes que fizemos está registrado em minha dissertação de mestrado: "O PVC e a Sustentabilidade Ambiental – Marcos Históricos e o Caso Amanco Brasil".

Com o decorrer dos anos, recebi novos desafios, assumindo áreas e coordenações como Produção, Qualidade, Meio Ambiente, e depois gerências integradas com Segurança,

---

[2] Colarinhos Verdes, Jornal Valor Econômico, 2008

Manutenção, Processos, Projetos, Produtos. Até tornar-me, em 2008, diretora Industrial, responsável pelas áreas de Engenharias Corporativas e pela Manufatura de nove unidades industriais no Brasil, liderando uma equipe de aproximadamente 1.700 colaboradores. Por um período de tempo fui também responsável por Argentina, Peru e Chile e liderei uma força-tarefa em todas as unidades na América Latina.

Além de eu ter trocado muitas vezes de função, a empresa também mudou de gestão e de capital: foi vendida, revendida, construiu e encerrou unidades, comprou empresas e incorporou empresas, desativou negócios e processos, implementou tecnologias, lançou produtos, conquistou mercado, marca e reconhecimento; e, neste contexto, experimentei tudo o que se pode viver em uma operação. Cheguei quando a empresa produzia 5 mil toneladas por ano e fui embora com ela produzindo anualmente 168 mil toneladas. Participei ativamente destes movimentos, liderando algumas das expansões ocorridas, e, com isso, entendi que o maior aprendizado de quem vive na constante mudança é o benefício de ampliar a visão e enxergar as coisas antes que elas aconteçam.

Percebi, em 2012, que era hora de encerrar meu ciclo na Mexichem e abraçar uma nova oportunidade na Termotécnica. Mais uma vez, saí de uma multinacional e fui para uma empresa nacional, como havia feito quando trocara a Basf pela Akros. Cheguei para abraçar, além de Manufatura e Engenharias, a área de Supply Chain, incluindo Compras, um novo e interessante desafio, à frente da Diretoria de Operações.

Na Termotécnica encontrei um ambiente aberto para inovar e atuar com as melhores práticas em gestão. Recebi apoio de meus superiores e, juntos, estamos fazendo um grande trabalho de busca da excelência. Através do uso de ferramentas e metodologias adequadas, comunicamos e desdobramos a estratégia da empresa de forma a gerar engajamento e eficiência operacional. Nosso orgulho de pertencer tem nos mantido por cinco anos consecutivos como uma das 150 melhores empresas para se trabalhar no Brasil, segundo a Revista Você S.A. Também estamos fazendo a economia circular acontecer na prática, com a reciclagem do EPS (isopor). Iniciamos, ainda, a publicação de Relatórios de Sustentabilidade e estamos buscando evolução em nossa gestão, que há três anos vem sendo reconhecida pelo Guia Exame de Sustentabilidade. Em 2018 fomos considerados a PME revelação em sustentabilidade e a indústria química mais sustentável no Brasil. Também conquistamos o Prêmio Catarinense da Excelência e prêmios relacionados a Gestão de Pessoas, Segurança, Meio Ambiente, Produtos e Inovação. Além disso, desenvolvi, na Termotécnica, o Benchmarking de Operações, iniciativa anual que visa reconhecer e premiar os melhores projetos e desempenhos em cada uma das unidades da empresa.

Planejo objetivos arrojados para as equipes que lidero e invisto na celebração das conquistas, pois acredito que isso gera gratidão e troca de energia. Sou protagonista e pioneira em uma carreira masculina: Engenharia não é uma profissão fácil para as mulheres pois existe um machismo elegante, na forma de esquecimento, sabotagem ou presunção de falta de interesse. Mas nunca tive medo de me expor e nunca aceitei o impossível como resposta. No início da carreira, por exemplo, muitas vezes precisei fazer muito mais, para ser vista, pelo menos, como igual aos colegas homens.

Em outras vezes, senti-me provocada por alguns de meus pares, que pareciam sempre duvidar da minha capacidade à frente de decisões difíceis, de riscos e impactos amplos ao mercado, ao caixa, às pessoas e à empresa. Também sofri com o medo de não conseguir dar conta, de não me sentir capaz, a chamada Síndrome da Impostora[3], em especial a cada nova promoção.

---

[3] Síndrome da Impostora descrita no Livro: "Faça acontecer, de Sheryl Sandberg)

No entanto, a perseverança e o meu espírito de vitória fortaleceram a minha autoconfiança: fui a primeira coordenadora de Produção e a primeira gerente da área industrial na Akros e Amanco; fui a primeira e única diretora Industrial da Amanco no Brasil e na Mexichem na América Latina e a primeira diretora na Termotécnica; fui pioneira como diretora Industrial de uma empresa de grande porte em Joinville e na Indústria Plástica de Santa Catarina e creio ter sido a primeira deste segmento, no Brasil; na Amanco, abri passagem para que outras mulheres assumissem coordenações de produção e gerências na área industrial; na Termotécnica, promovi a primeira líder de produção mulher. Por fim, alguns talentos nos quais apostei continuaram um amplo trabalho e conquistaram novos cargos, e isso muito me alegra, pois sonho em participar de uma sociedade mais inclusiva.

No mundo dos negócios sempre acreditei que máquinas se compram e prédios se constroem, mas são as pessoas que simbolizam e efetivam a diferença. São elas, independentemente de gênero, com suas habilidades, sonhos, frustrações e motivações que, alinhadas, engajadas, com as competências adequadas para cada função e guiadas por uma liderança inspiradora, sustentam os melhores resultados.

Sinto uma gratidão profunda a Deus, aos meus pais, antepassados, família e amigos, meus professores, superiores e equipes com as quais trabalhei. Sempre fui muito ajudada e é importante lembrar que sozinho se pode até ir mais rápido, mas é em equipe que fazemos movimentos mais consistentes e duradouros.

Sou uma pessoa privilegiada na vida, pela família que formei, pelos filhos que tive – Isabella e Luiz Alexandre, hoje universitários –; por ter sempre atuado na profissão que escolhi e por ter aberto portas pouco acessíveis às mulheres. Minha vida não foi sempre perfeita e tranquila, mas minha fé e a vontade de vencer me possibilitaram enfrentar as dificuldades sob outras perspectivas e me ajudaram, inclusive, a superar um câncer.

Logo, sinto um dever de devolver para a sociedade tudo o que recebi, desde a universidade pública e de qualidade até as experiências profissionais e de aprendizado. Quero ajudar estudantes, jovens profissionais, executivos e empresários, em especial mulheres empreendedoras, a almejar conquistas e a acreditar nos seus potenciais transformadores para resolver problemas e melhorar a vida da sociedade.

Algumas pessoas já me questionaram se vou me tornar uma empresária, mas, por enquanto, tenho feito isto através do meu voluntariado no Movimento Catarinense para Excelência (ajudando empresas na busca da excelência e do desenvolvimento sustentável), no Programa *Think Tank* do Projeto Resgate (desenvolvendo líderes e estudantes) e no Núcleo das Mulheres Empreendedoras da ACIJ, em Joinville.

Estou vivendo, portanto, o meu propósito de vida: contribuir para a transformação sustentável das empresas na busca do equilíbrio econômico, social e ambiental, visando uma sociedade mais ética, respeitosa e inclusiva, para que as pessoas se sintam mais valorizadas e felizes.

Rosa da Luz

Rosa da Luz!

24

Rosa da Luz

Líder educadora, contadora, metanoica, especialista em Gestão Empresarial pela FGV (Fundação Getulio Vargas). Sócia-fundadora da Luz & Oliveira Contadores. Participa do processo de educação para os negócios Metanoia. Idealizadora do Rico Treinamentos para Empreendedores.

Também é mãe da Julia e dos gêmeos Pedro e Amanda.

Escolher que sapatos usar nunca foi uma tarefa fácil para mim. Mas aqui estou eu diante de um closet grande e confortável em uma segunda-feira de manhã, depois de ter acordado às 5h00, feito meditação, café para os meus três filhos, levá-los à escola, voltado para casa, tomado banho, secado o cabelo, me maquiado, o ato de escolher sapatos me faz lembrar que comecei a usá-los somente com oito anos. Nasci em uma família de sete irmãos num sítio no interior do Paraná, tínhamos uma vida boa, e o melhor era a liberdade de poder brincar o dia todo no barro, na grama, correndo pelos pastos, atrás das galinhas, das vacas, dos porcos, subindo em árvore para colher pêssegos, tudo isso descalça mesmo, sem sapatos ou chinelos.

Aos sete anos eu deveria ir para a escola, mas para minha surpresa não pude ir, pois meus pés estavam todos machucados e rachados e eu não conseguia usar sapatos. Tive que fazer um tratamento de um ano para me curar, afinal, tinha que andar uns 6 km para ir até uma escola rural.

Este ano de atraso mudou a minha vida, pois até hoje eu fico tentando "compensar" o ano perdido, sempre sou muito disciplinada em tudo que coloco em prática. Disciplina é o que me faz acordar cedo e ter uma rotina agitada, porém bem definida.

Pronto! Sapato escolhido é hora de sair para o trabalho onde estão 80 colaboradores me esperando para dar início a nossa reunião mensal, em que conversamos sobre Resultados, Clientes e Equipe; mas nem sempre foi assim, sala cheia de pessoas e reuniões mensais. Comecei a empreender aos 21 anos, eu estava no segundo ano da faculdade, escolhi Contabilidade pelo fato de poder ter uma empresa. Afinal, tive uma grande inspiração sobre empreendedorismo vendo meus pais, dona Maria e o senhor Miguel, ela uma empreendedora do lar, que tudo fazia para manter a família e a casa. Matava porco, fazia sabão, pão, geleia, queijos, erva mate, costurava as nossas roupas, e todos os afazeres da casa, de mãe e de esposa, era muito organizada e eu desde muito pequena sempre estava com ela, absorvendo tudo.

O meu pai perdeu a fazenda onde vivíamos para o Banco.... e os oficiais de Justiça iam retirar tudo, trator, arado, cavalo, tudo... Dona Maria se desesperava e por muitas vezes ela tentou se suicidar!

E o seu Miguel se viu obrigado a empreender, ele criou uma empresa de transporte coletivo que levava as pessoas do sítio para a cidade, comprou três Kombis, mas ele não contava que uma pegaria fogo, outra tombaria com as pessoas dentro e teve que vender a terceira para pagar as despesas e assim morreu este negócio! Mas o seu Miguel, como bom empreendedor, logo teve outra ideia... resolveu ir pra cidade e montar uma mercearia, mas logo as contas começaram a se acumular e teve que vender a casa para pagar as dívidas com os fornecedores... E assim mudou-se para uma nova cidade e resolveu colocar uma padaria, afinal todos comem pão, e em meses a padaria faliu e as dívidas se acumularam, e nesta fase a família já morava numa casa da Cohab... E depois de dois anos e de quatro empreendimentos falidos ele resolve mudar de estado... e coloca o que sobrou num caminhão e vem para Joinville tentar a vida...

Esta inspiração me fez empreender já com um propósito: ajudar o seu Miguel, que representa os empreendedores do Brasil, que como o meu pai têm uma ideia, uns trocados e coragem. E uma empresa de Contabilidade é o primeiro lugar que um empreendedor busca, quando só tem uma ideia... E assim contribuímos hoje com cada empreendedor. Se hoje temos 80 colaboradores, uma filial em São Paulo e mais de 500 clientes em Santa Catarina, percorremos um longo caminho, com 21 anos eu trabalhava em um banco, já vivia no meio de muitos empreendedores, conhecia muita gente, e todos me pediam para abrir uma empresa, queriam que eu fizesse a contabilidade de suas empresas... e nesta mesma época conheci o Fernão S. de Oliveira, meu amigo de sala de aula, que mais tarde se tornou pai dos meus três lindos e saudáveis filhos, Julia e os gêmeos Pedro e Amanda.

Como toda boa empresa nasce numa garagem, a Luz e Oliveira, nossos sobrenomes, afinal era o que tínhamos, nasceu numa guarita de estacionamento, só por Deus mesmo as pessoas tinham coragem de entrar na guarita e entregar suas empresas na nossa mão, pois nos faltavam conhecimento, experiência, dinheiro, fomos movidos por um sonho, a fé e a disciplina. Eu com 21 anos, mas com cara de 16, com o nome de Rosa, foi o que me salvou pois Rosa lembra o nome de uma pessoa mais velha, aí mudei o corte de cabelo, a roupa e eu estudava muito para garantir que minha pouca idade e a falta de experiência não comprometessem a minha entrega, afinal, as minhas outras experiências não tinham relação com contabilidade. Aos 14 anos fui contratada com carteira assinada para trabalhar como costureira, trabalhava das 5h00 às 14h00, à tarde fazia cursinhos no Senac (datilografia, auxiliar de escritório, telex) e à noite fazia a sétima série, ia dormir meia-noite... Para uma adolescente dormir quatro horas era a treva! Mas todo sacrifício e experiência vão engrossando o couro, na sequência antes do banco fui trabalhar no Laboratório Catarinense, lá eu passava telex, controlava o material de expediente e tirava fotocópia, ou seja, nunca tinha tido contato com Contabilidade na minha vida.

Mesmo sem experiência alguma, eu encarei o desafio

de me tornar uma empreendedora no mundo contábil, e foram muitos esforços, não tínhamos carro e eu fazia tudo de ônibus, ia no cliente buscar documentos, levar os impostos, e assim iniciamos a **Luz & Oliveira**. De uma inquietude de ajudar mais o empreendedor eu buscava sempre todos os treinamentos e cursos até que encontrei o **METANOIA**... Metanoia significa: **CONSCIÊNCIA**... e aí eu comecei a entender que tudo está conectado com o DIVINO. Eu entendi que a empresa é o meio mais rápido para estarmos conectados com Deus... pois entregamos os nossos dons e talentos para um grupo de pessoas que chamamos de clientes e tudo isso gera riqueza para todos... e aí nós crescemos. Empreender é uma caminhada de muita beleza, verdade e bondade. A cada passo que damos há muitos desafios, e a beleza está em ver que cada momento é um grande aprendizado. Como nascemos de um sonho, continuamos sonhando, estudando e buscando esta evolução.

    Fomos inventando todos os modelos de atendimento... Criamos muitas coisas, a nossa busca era muito grande para acertar o modelo de negócio que mais estivesse próximo do cliente e para que cada colaborador pudesse entregar o seu melhor. E assim acontece um milagre! A descoberta do nosso **propósito: Revelar Riqueza,** tudo passa a ter mais significado por estarmos focados no empreendedor, pois quando ele vem para abrir uma empresa nós perguntamos o motivo, e todos falam que é ganhar dinheiro, e neste momento iniciamos a nossa grande contribuição, no ajuste deste porquê, pois riqueza não é só econômica, mas é neste momento que iniciamos a nossa revelação de riquezas, ao ajustar o olhar do empreendedor, de que ele deve ter um propósito muito maior ao abrir o seu negócio. Fica muito claro pra mim o quanto o que fez o meu pai falir quatro vezes foi o motivo errado de empreender. E isso nos impulsionou a trabalhar cada vez mais próximo do empreendedor, fazendo a contabilidade da sua empresa de forma que possamos ajudá-lo na melhor forma de gerir o seu negócio, fomos nos especializando em fazer contabilidade para empreendedores e criamos um modelo de gestão em que trabalhamos a **CULTURA**, o **PROCESSO** e a **ESTRATÉGIA**.

Cultura – valores e propósito;

Processo – 100% digital – mãos livres;

Estratégia – Uneps, treinamentos e segmentação.

Criamos ao longo da caminhada muitas formas de viver o nosso propósito, fomos fazendo, errando e acertando. Hoje todo nosso processo é medido diariamente, pois tudo o que medimos conseguimos melhorar.

Recebemos os alunos de todas as universidades da região, pois inspiramos as pessoas no sentido de que é possível gerir um negócio por Valores, criamos com a equipe, clientes e fornecedores uma carta de valores, que nos une ao propósito. Os alunos que nos visitam buscam entender como cuidamos no processo, como estamos nos preparando para os próximos anos, afinal, a profissão do contador do jeito que é hoje vai acabar, e ao entrarem aqui na empresa todos ficam surpresos ao ver que não temos nem lixeiros nas mesas, que usamos energia solar, que não temos papel, que realmente temos as mãos livres, pois estamos cada vez mais usando a nossa capacidade intelectual, fazendo consultoria ao cliente. Os empreendedores que querem trabalhar conosco estão buscando uma luz, isso mesmo, quando decidimos ter como estratégia as Uneps, nós organizamos os clientes por necessidade, cada grupo com um líder, e um time de contadores, tributarista e especialistas em RH focado nos empreendedores. Hoje temos Unep Empreendedora, focada nas necessidades do empreendedor que inicia o negócio. Unep Inspiradora, focada nos empreendedores que buscam **inspiração para continuar seu negócio, e ainda temos** a Unep sob medida para clientes que usam a Contabilidade como estratégia para seu negócio.

Todas as Uneps têm indicadores diários de entrega, de produtividade, de resultado, de satisfação do cliente e do desenvolvimento da equipe. Medimos tudo o que entregamos e a forma como entregamos, para garantir a qualidade e a confiança nos nossos serviços.

Para desenvolver a nossa equipe criamos a UNILUZ, universidade corporativa para desenvolver consciência e competência.

Para manter toda esta equipe conectada ao cliente, buscando resultados cada vez melhores e vivendo o propósito, temos vários rituais que sustentam nosso dia a dia.

Temos um evento voltado à comunidade chamado FEIRA, para inspirar as pessoas a empreenderem, e nosso objetivo é transformar os medos em desejos.

O que nos tem diferenciado muito nos últimos anos foi termos olhado para uma inquietude nossa, que é a mortalidade das empresas, ou a sobrevivência, afinal, temos que viver!

Nasce o **Rico**, um treinamento voltado ao empreendedor que está abrindo empresa, ou para os que já estão no mercado mas não estão equilibrados. Este treinamento é feito em sete módulos, todos voltados ao negócio, para expandir a consciência do empreendedor sobre Resultados, Clientes e Equipe. Desta forma conseguimos atingir muito mais o nosso propósito, a expansão de consciência que há em relação aos negócios, fazendo a gente buscar ampliar os treinamentos para mais empreendedores.

E o futuro está aí! A contadora terá, assim como todas as mulheres, que se reinventar, temos que encontrar a nossa melhor versão! Porque chegar aos 50 com três filhos e uma empresa com 80 colaboradores, 500 clientes, é um se reinventar todos os dias, pois o cabelo vai branqueando, a pele vai manchando, a memória já não é mais a mesma, nem a paciência. O que tenho feito é me amar, me cuidar, manter o meu corpo em forma indo para a academia todos os dias, mantendo a minha mente saudável, rezando, lendo e meditando todos os dias, mantendo a minha alma leve, com bons pensamentos, muita alegria e amor no coração.

Porque precisamos encontrar o melhor sapato, aquele que combina, que seja confortável e seguro para que possamos continuar a travessia, para que possamos continuar caminhando vendo a beleza do caminho de empreender, para que possamos todos os dias viver a nossa verdade, sermos íntegros, sabermos dizer sim e dizer não, e entregarmos a nossa bondade, o nosso melhor, a nossa vida. Porque em João 14, 6 está escrito assim: "Eu sou o caminho, a verdade e a vida, ninguém vem ao Pai senão por mim!"

Rosane Kunen

Faça o seu melhor, na sua melhor versão!

25

Rosane Kunen

Gerente executiva do Sesi e Senai – Regional Centro Oeste/SC, até novembro/2019.

Graduada em Ciências Contábeis, especialista em Contabilidade Gerencial, Auditoria e Perícia; MBA em Marketing, Finanças para Executivos e Gestão Serviços Sociais, formada pelas Universidades Federal de SC e Unoesc. Participação do Programa Internacional de Educação Executiva – Liderança Transformadora – Estratégia, Competitividade e Inovação – ESIC Business & Marketing School, e Fablearn Training em Stanford University – EUA. Experiência de mais de 21 anos na gestão de operações em Saúde (Saúde e Segurança do Trabalho, Promoção à Saúde e Bem-Estar), Educação Básica e Profissionalizante, Farmácia e Serviço de Alimentação.

Associação Empresarial (Acioc), gestão 2018/2019 – como vice-presidente.

Sócia-proprietária da Loja Estilo Digital (em Herval D'Oeste, desde novembro de 2017).

Natural de Campos Novos – SC
Contato:
E-mail: rosane.kunen.1@gmail.com

Rosane Kunen é uma pessoa do bem, tem uma família fantástica, ama o que faz, preocupa-se com o outro, abraça desafios e vive intensamente cada dia. Minha maior inspiração: minha amada mãe, Alvira Santim.

Nasci em Santa Catarina, meus pais, três irmãos e meus quatro amados sobrinhos residem em Campos Novos; eu e meu amado esposo em Joaçaba.

A vida desde sempre nos requisitou muito empenho, lutas e sacrifícios. Nossa história começa no interior de Campos Novos, e quando fiz sete anos mudamos para a cidade, para que pudéssemos estudar. Minha mãe doméstica e meu pai construtor. Nada nos faltava, mas tudo era muito controlado, limitado.

Eu e meus irmãos (Angela, Alexandre e Agustinho) sempre estudamos em escola pública, até irmos para a faculdade. Iniciamos a vida no mundo do trabalho aos 11 anos, em média. Desde a infância já ajudávamos papai e mamãe. Eu, filha mais velha, tinha a responsabilidade de cuidar e ensinar meus irmãos, pois meus pais ausentavam-se em função do trabalho.

Na nossa infância, mesmo diante das dificuldades, ausências dos pais, que trabalhavam fora o dia todo, a semana toda e às vezes até um mês ou mais fora de casa, ainda assim fomos (e somos!) felizes. A luta dos meus pais, seu caráter, seu espírito colaborativo na sociedade sempre nos deram orgulho, e nos motivam a seguir adiante, na certeza de dias melhores.

Já adolescente, sempre morando com meus pais e irmãos, trabalhava, estudava (muito!), e contribuía com a igreja (missas, cantos, catequese). Minha preocupação era garantir um futuro melhor para mim e minha família, meu maior propósito de filha.

Pensar no futuro profissional fazia com que eu consultasse as pessoas de confiança, com experiência e conhecimento, para tomar a melhor decisão, que carreira deveria seguir, a partir das minhas maiores aptidões.

Minha madrinha, Ângela Richetti, foi quem me ajudou a decidir pela área de Contábeis, pois tenho facilidade em lidar com números. Mesmo com a decisão tomada, um propósito maior estava presente: o de contribuir voluntariamente (dando o meu melhor!), e de ser uma empreendedora, embora me faltasse coragem.

Não pensava em me casar, não namorava, tudo isso era para depois, estava focada no meu trabalho (carteira assinada a partir dos 17 anos), e nos meus estudos. Afinal, queria ser "alguém", de quem minha família e amigos se orgulhassem, além de ter uma condição financeira de vida melhor para todos nós.

Na época, década de 80, as mulheres eram preparadas para serem donas de casa, se casar, ter filhos, fato que ocorria com minhas primas, desde cedo casavam-se e constituíam família, e eu não, aliás era sempre questionada pelas pessoas com quem convivia: "Você não vai namorar, casar...?" e minha resposta era "não", minha prioridade era meu crescimento pessoal e profissional.

A cidade onde vivia era conhecida por ser o **Celeiro Catarinense**, título honrado até os dias de hoje. Com aproximadamente 30 mil habitantes, o agronegócio e a agricultura são as nossas riquezas. Minha rotina era de alguém que trabalhava, estudava, ajudava minha mãe em casa, e na igreja.

Campos Novos, onde nasci, cresci e vivi até meus 22 anos,

tem culturas peculiares, de povo simples, hospitaleiro, que sabe lidar na agricultura e agropecuária, de onde vem grande parte do sustento das famílias que residem nesta cidade. Também conheci outras culturas, quando fui morar em Criciúma, depois Joinville, Jaraguá, Concórdia, e agora em Joaçaba, me possibilitando experimentar e vivenciar coisas novas, o que me ajudou a perceber as muitas oportunidades para minha cidade, por exemplo, de ter mais mulheres na política, sensíveis às causas humanas, sem distinção de partido político, que ainda corroem nossa nação, e o lugar em que nasci.

Já na fase adulta, mais precisamente ano de 1998, a vida começou a mudar (que ano!!!). Formei-me em Ciências Contábeis pela Unoesc, mudei de trabalho (ano em que iniciei minha carreira profissional no Sesi), saí de casa e fui morar com uma amiga, na cidade de Joaçaba. Tudo era muito difícil, mas eu sabia aonde queria chegar, quais eram meus sonhos, e estava cada vez mais fortalecida para enfrentar os desafios. Dentre muitas coisas boas, uma delas foi conhecer minha irmã do coração, Geysa Finilli, foi ela quem me deu novas perspectivas enquanto mulher (humana e no mercado de trabalho), ela me ajudou muito (e continua me ajudando!!), atualmente a distância nos separa, mas em pensamento, nas orações e no meu dia a dia ela está presente, afinal, todos precisamos de mentores, anjos do bem, que contribuem significativamente para o desenvolvimento, em especial, humano.

Além desta amiga especial, conheci e convivi ao longo da minha vida profissional no Sesi (21 anos) com mulheres espetaculares, cada uma do seu jeito, com sua história, que me fortaleceram, me inspiraram, e compõem a soma do que sou em 2019: realizada, orgulhosa de mim, e destas mulheres da vida (foram muitas!), e de sangue (minha mãe, Elvira, e minha irmã, Angela).

Nas cidades em que vivi, experimentei muitas coisas novas, fiz amizades, aprendi o que é conviver com diferentes raças, culturas, ideologias..., e quer saber?, foi muito bom, pois na mudança de "volta para casa" trouxe muito aprendizado, que me fez melhor.

Historicamente, minhas escolhas foram sempre pautadas na fé, e naquilo que acreditava ser o melhor, e que traria realização plena, aquela que traz felicidade, que tem valores e princípios, que faz sentido para a minha vida, e para as pessoas que convivem comigo, que desenvolve, prepara, desafia, principalmente se o dia a dia não for rotina, e que envolva cálculos, afinal, fiz Ciências Contábeis, se lembra?

Decidi me casar mais tarde, quando fui transferida para a região sul do Estado de Santa Catarina (Criciúma), assim, tinha um companheiro, casamento este que durou dez anos.

Por opção, não tenho filhos, mas no meu atual casamento, com meu Sebastião (homem muito amado e especial, companheiro de todas as horas), tenho dois filhos do coração, que ele me deu, e meus lindos netos: Miguel e Maria Isabeli.

A vida nos leva por caminhos nem sempre planejados, mas como DEUS tem um propósito para cada um de nós, então confio que nada é por acaso, e tem seu momento certo! Penso que o Sesi também me escolheu, me acolheu, faz parte da minha vida, e muito me ajudou em tudo o que fiz e conquistei até hoje.

Como gerente executiva, até 2018, gerenciava quatro negócios distintos, com aproximadamente 450 colaboradores, em mais de 30 locais de atendimentos, 36 municípios do Meio-Oeste Catarinense, com públicos a partir de 11 meses de idade (creche), até a fase adulta (serviços de promoção à saúde e bem-estar, educação formal e não formal...).

Em 2019, após integração de gestão das casas do Sistema Fiesc (Federação das Indústrias do Estado de Santa Catarina), Sesi e Senai, atuo na Região Centro-Oeste (sede Joaçaba), atendendo 20 municípios, com a missão de melhorar a vida das pessoas, através da Educação Básica e profissionalizante e da Saúde, totalizando aproximadamente 200 colaboradores.

Santa Catarina é um Estado pujante, de muitas oportunidades, que se destaca pelo seu povo, cuja essência é guerreira, a cultura, recursos naturais, qualidade de vida, tudo isso corrobora com o desenvolvimento, o Jeito Catarinense de SER e FAZER, e vem ao encontro dos anseios de nossa instituição.

Além da atuação como gerente, em meu DNA está presente o desejo de ajudar, de fazer algo pela sociedade, por isso atuo há três anos junto à Associação Comercial e Industrial do Oeste Catarinense (Acioc). Junto com os demais membros da Diretoria, nossa missão é o desenvolvimento da região, através do associativismo.

Dentre outras atividades, coordenei a FEIRA GERA, em 2017, sua segunda edição, com mais de 8 mil visitantes, com foco em Inovação, Tecnologia e Negócios; participei da Comissão Própria de Avaliação (CPA), da Unoesc, representando a comunidade.

O empreendedorismo faz parte do meu dia a dia, seja na gestão, na colaboração comunitária, e também na parceria com meu marido, porque temos uma loja pequena, mas conectada com o mundo digital.

Dentre muitas definições do que é empreender, compartilho com vocês esta, com a qual mais me identifiquei, vai entender, se já leu até aqui:

> *"Empreender é ter paciência, perseverança. ... Empreender é o modo de pensar e agir de forma inovadora, **identificando e criando oportunidades**, inspirando, renovando e liderando processo. Tornando possível o impossível e entusiasmando pessoas, **combatendo a rotina, assumindo riscos** em favor do lucro."*

Destaco como dificuldade a resistência de muitos, que ficaram no século passado com seus pensamentos, na forma de agir, e de se relacionar. O individualismo numa sociedade capitalista é forte e dominante, que nos faz pensar em desistir em muitos momentos, mas quem tem DEUS nunca está sozinho, e muito menos quando o amparo, o amor e a força positiva vêm da família, em especial a minha.

Tenho a grata satisfação de conviver com mulheres extraordinárias, empreendedoras de sucesso, de luta e de reconhecimento. Localmente, compartilho minha vida com empresárias (dignas de muitos prêmios conquistados), mulheres que atuam na Educação (em universidades), as que ajudam voluntariamente na igreja, as mais diversas profissionais, que estão inovando na Medicina, Odontologia, Psicologia, construção civil, nas Engenharias... e na espiritualidade, se fortalecendo em meio ao comando (liderança) do universo masculino.

Essas mulheres me inspiram, pela sua garra, instinto, e o mais importante, não têm medo de errar.

Se você, leitor(a), se identificou com minha história, aconselho a seguir sempre em frente, e só olhar para o retrovisor da vida se for para aprender e entender o porquê! Esta compreensão nos leva a atitudes **positivas**, na **prática de valores humanos a serviço do bem**, *e de como a vida pode ser diferente*, **se todos derem o seu melhor, para o melhor do outro**.

Ainda tenho muito por fazer, pois desejo ter uma vida longa, por isso, como estratégia para manter as conquistas até aqui, é me manter firme no propósito de vida, estar ainda mais próxima da família e de pessoas de bem, sem deixar de estar aberta ao novo, todos os dias!

Nem sempre é difícil manter (ter) o equilíbrio desejado entre todas as coisas que amamos, por tentar harmonizar, abrir mão de cuidar de mim em algum momento, chegando a ter crises de ansiedade e depressão. Por isso um dia de cada vez, a pressão diária é forte, mas penso que, se eu morrer amanhã (um dia a gente vai embora) tudo ficará aí... então, por que acelerar, fazendo com que a vida passe depressa demais, sem curtir o hoje, o momento, as oportunidades que a vida nos oferece? Você já observou que tudo que precisamos para sobreviver temos ou está disponível de graça?? O homem colocou preço (na terra, na água, no ar...).

Para o futuro, desejo *continuar estudando*, aliás, nunca parei, e acho que nunca vou parar, esta é uma das coisas que amo, por isso aceitei este desafio, de contar com muito orgulho e satisfação o que vivi, mesmo sendo mulher e ter enfrentado preconceitos por homens que ainda pensam que nosso lugar é na cozinha. *Viajar* também faz parte de meus planos, minha meta pessoal é de a cada dois anos conhecer um país diferente!

Para finalizar este editorial, duas palavras me vêm à mente: **gratidão e sabedoria**, além da espiritualidade, sou muito grata pela vida, sou abençoada, e tenho a certeza da presença do Divino Espírito Santo na condução de tudo o que faço.

Minha mensagem às mulheres (e aos homens): escolham o que desejam fazer, a partir dos ensinamentos recebidos, das suas aptidões e sonhos, façam tudo bem feito, sejam leais aos seus princípios e valores, aprendam com os erros, estendam a mão para quem pedir ajuda, sejam colaborativos, disponíveis e gratos por tudo (sucesso ou fracassos), pois tudo tem um propósito. Acredite nas pessoas, na vida e em especial em você. Seja feliz, esta é a missão diária.

Rute Pogan

Empreendedorismo, fé e propósito

26

Rute Pogan

É bacharel em Ciências Contábeis pela Univille (Universidade da Região de Joinville). Trabalhou seis anos na área administrativa e financeira, e em 2006 fundou o XYZ Coworking, do qual é a gestora até hoje.

É casada e tem duas filhas pequenas e um poodle.

Já empreendeu junto com seu esposo nas áreas de cafeteria, manutenção eletrônica, comércio de produtos eletrônicos, injeção de plásticos e em um programa de TV local, sem fins lucrativos. Ela e o esposo estão sempre pensando em novas formas de empreender, e está em fase de abertura em uma loja de assinatura de roupas informais, a 30 Looks.

Paralelamente à gestão do *coworking*, opera na Bolsa de Valores.

Tem também bastante conexão com alguns projetos sociais. Na África apoia um projeto que atende 500 crianças em situação de vulnerabilidade por semana, lhes dando alimentação, recreação, cuidados básicos de saúde e cursos profissionalizantes. O projeto também conta com casa de apoio onde abriga 40 crianças e adolescentes em tempo integral.

Amante de viagens, já esteve em 30 países e junto com o esposo tem a meta de viajar para 50 países até os 50 anos.

Contatos:
E-mail: rute.pogan@gmail.com
Instagram: @rutepogan

Sinto-me muito privilegiada pela oportunidade de participar deste livro. Da mesma forma como eu sou inspirada quando leio histórias de outros empreendedores, desejo inspirá-lo(a) de alguma forma. Então vamos lá.

Nasci em Joinville, em uma família cristã, humilde e de origem alemã. Meus pais me ensinaram os valores e princípios que levo até hoje e ensino para minhas filhas. Minha mãe me ensinou a ler e escrever em casa, quando eu ainda tinha cinco anos. Quando comecei a frequentar a escola, aos seis anos, estava ávida por aprender mais, escrever muito, usar o caderno e os materiais escolares. Eu e meu irmão André, dois anos mais novo que eu, íamos sempre a pé para a escola, que ficava a dez minutos de casa e contava com uma subida e uma descida de um morro bem íngreme. Lembro-me das manhãs de inverno, nas quais contemplávamos o céu muito azul contrastando com a Serra do Mar ao fundo. Estudamos sempre na escola estadual do bairro Costa e Silva, onde morávamos.

A menina maluquinha

Eu era uma criança inquieta, que estava sempre tendo ideias e criando coisas para me divertir. Uma vez a professora pediu para fazer uma redação sobre algo que não existisse, usando a imaginação. A maioria das crianças escreveu sobre contos de fadas e princesas, enquanto eu inventei uma história de uma mula sem cabeça que entrava em uma casa e roubava carne do freezer das pessoas. Fundei um clube de correspondências entre crianças chamado Corengo Seven Pop Club. Eu e meu irmão escrevíamos placas com frases esquisitas e colocávamos no terreno baldio em frente de casa, e gargalhávamos quando as pessoas passavam devagar tentando entender o que estava escrito. Foi também de minha autoria o poema:

"Subi num pé de alface

Para ver meu amor passar

Quantas maçãs sobraram?

Não sei, peixe não tem pulga."

Eu tinha uma imaginação muito fértil e não me conformava com o comum.

Tinha várias amigas, brincávamos muito, jogávamos vôlei e batíamos muito papo. Tenho boas e divertidas memórias dessa época.

Inglês, namorado e escolha profissional

Com 14 ou 15 anos, uma excelente escola de Inglês da cidade ofereceu o curso com um valor muito acessível para os alunos da escola onde eu estudava, e meu pai pôde pagar para mim. Dediquei-me bastante, na época ainda não trabalhava e tinha muito tempo disponível, então, quando cheguei em um nível que já conseguia ler, comecei a pegar livros em Inglês na biblioteca da escola, e isso ampliou muito meu vocabulário. Sempre falo para as pessoas que querem aprender idiomas para iniciar o quanto antes, ler muito e se apaixonar pela língua.

Fui ensinada a falar com Deus todos os dias, e assim faço

desde criança. Uma das orações que fazia na adolescência era pelo meu futuro esposo, para Deus providenciar e escolher. Com 14 anos eu queria muito namorar e tinha medo de "ficar para titia". Com 15 anos conheci o Ismar, uma pessoa incrível, de origem muito humilde, temente a Deus e com um caráter admirável, e com sua simpatia e espontaneidade me conquistou.

Na adolescência eu vendia Avon, e isso me ajudou a escolher a profissão. Eu percebi que a parte que eu mais gostava do processo era organizar os pedidos, calcular o faturamento, estruturar.

No final do ensino médio fiz um curso técnico de administração, e com 16 anos consegui um estágio de meio período no INSS. Eu queria muito trabalhar, e estava muito feliz. No primeiro dia, porém, ao chegar ao INSS, não me deixaram entrar, porque estava em greve! Fiquei tão frustrada que fui embora chorando no ônibus. Depois de algumas semanas me chamaram novamente, e pude enfim fazer o estágio. Fiquei lá três meses, e depois consegui um estágio de um ano nos Correios.

No ano seguinte iniciei a faculdade de Ciências Contábeis na Univille, e também comecei a trabalhar no financeiro da LDI Manutenção Eletrônica, empresa que o Ismar recebeu em troca dos direitos trabalhistas de uma outra em que ele trabalhou e faliu.

Casamento e salsichas

Quando eu estava com 20 anos e o Ismar 25, conseguimos comprar um apartamento de um quarto próximo à empresa, organizamos uma festa para 200 pessoas, a maioria amigos, e nos casamos. Agora podia comer o que eu quisesse, sair pra onde quisesse, eu estava muito feliz. Íamos ao mercado e enchíamos o carrinho de salgadinhos e chocolates. Na casa dos meus pais, minha mãe cozinhava duas salsichas e meia por pessoa, porque ela dizia que salsichas não são saudáveis e não devemos comer muito. Então eu e meu irmão, para garantir que a metade seria cortada exatamente ao meio, fazíamos o seguinte: um cortava e o outro escolhia. Agora casada, cozinhava a bandeja inteira de salsichas e comíamos tudo de uma vez. Passados alguns anos começamos a sentir na saúde e no corpo os efeitos da má alimentação, fizemos muitas mudanças, e hoje raramente comemos salsichas.

Quando o sonho de empreender surgiu

Ao longo da faculdade, trabalhando no financeiro da LDI, eu pensava em um dia montar uma empresa, ter algo meu. A LDI também era minha por ser esposa do Ismar e por trabalhar lá, mas eu não tinha autonomia sobre tudo, e ela não havia nascido de mim. Algumas vezes eu passeava por sites de concursos públicos da Receita Federal. Sentia-me atraída, mas parecia que tinha uma convicção dentro de mim que dizia que não era esse o caminho. Começou a ficar mais forte a convicção de eu abrir uma empresa. No ano seguinte à conclusão da faculdade eu passei a pesquisar negócios que pudesse abrir, e um dia, folheando a revista *Pequenas Empresas Grandes Negócios*, encontrei o negócio "escritório virtual". Achei muito interessante, e passei a pesquisar mais. Lembro-me de nos finais de semana, sentada em nosso apartamento, ficar longas horas pesquisando em sites de escritórios virtuais já existentes no Brasil.

Mais ou menos nessa época vendemos nosso apartamento, pois queríamos ter a experiência de viver em um imóvel locado e investir o dinheiro no mercado financeiro ou em um negócio. O Ismar me apoiou desde o início. Perguntei pra ele: "E se não der certo? Vamos perder todo o dinheiro do nosso apartamento". Ele disse: "Não importa, se não der certo, começamos tudo de novo". Quando iniciamos um negócio, é natural sentir insegurança e medo. Com certeza faz toda diferença ter a pessoa que você mais ama lhe dando apoio total.

Então, em junho de 2006, após pesquisar o mercado e visitar outros escritórios virtuais do Brasil, iniciamos a Joinville Business Center, com mobília simples, em uma sala de 160m² no Bairro América de Joinville. No início apenas eu, na época com 23 anos, e uma funcionária, uma amiga minha de 17 anos, no seu primeiro emprego, tocávamos o negócio. Os primeiros meses e anos foram muito difíceis. Quando perdíamos clientes que representavam bastante do faturamento, eu desanimava, pensava que teria de fechar. Também errei, falhei, me frustrei com várias expectativas não realizadas, mas tudo é para nosso amadurecimento e aperfeiçoamento. Após cerca de dois anos de muito trabalho, muitas tentativas e muitas conversas com Deus, o negócio começou a engrenar e a crescer. Inquilinos das salas comerciais ao redor da nossa foram saindo e fomos ampliando o espaço, modernizando, melhorando. Também abrimos uma filial em outro bairro da cidade, a qual depois de alguns anos fechamos, e outra filial na cidade de Blumenau-SC, que vendemos para a funcionária que nos auxiliou lá desde o início. Na filial de Joinville tive uma amiga de infância como sócia por um período. Às vezes algum cliente pagava alguns meses antecipadamente, e, para comemorar, íamos bem felizes almoçar em um dos excelentes restaurantes de frutos do mar da cidade.

Jesus e eu

Em 2007 participei de um retiro cristão, onde fui muito impactada por Jesus. Lá dediquei novamente minha vida a Ele, e entendi que Ele me chamava para um propósito. Senti muita gratidão por todas as bênçãos que Ele me deu, e o profundo desejo de agradá-lo, amá-lo acima de tudo, e compartilhar o amor dele com as pessoas.

Depois disso nos envolvemos com projetos missionários e sociais, os quais procuramos apoiar, e inclusive fomos à África em 2015 para conhecer pessoalmente as crianças e adolescentes atendidos pelo projeto CAFI, que hoje é o principal programa que apoiamos. O que mais me marcou nessa viagem foi ver o largo sorriso dos africanos, mesmo em meio a todas as suas dificuldades.

Nossa visão sobre trabalho também tem sido transformada desde então. Entendemos que o trabalho é para servirmos uns aos outros, trazer progresso à humanidade, exercitarmos nossos dons e talentos, cuidarmos do planeta, nos autorrealizarmos e compartilharmos o amor de Deus com as pessoas.

Maternidade

Em 2013 tivemos uma filha, a Alana, e em 2016 a Yasmin. Eu não me considerava uma pessoa com instintos maternos, mas quando elas nasceram me apaixonei.

Como minha empresa já tinha sete anos de existência e estava bem estruturada, quando as meninas nasceram eu consegui ficar bem próxima delas. Nos seus primeiros anos de vida, posso ter a liberdade de chegar mais tarde no escritório, pois já contamos com uma equipe bem treinada cuidando de tudo. Assim posso aproveitar os primeiros momentos do dia, os primeiros sorrisos, as primeiras gracinhas, dar colo, encher de beijos. Algumas vezes, porém, preciso me ausentar para eventos, reuniões ou viagens, mas nestes casos sempre posso contar com meus pais, que cuidam das netinhas com todo o amor e dedicação.

O principal legado que quero deixar para elas é que amem a Deus acima de tudo e ao próximo como a si mesmas. Também desejo que sejam pessoas humildes, que sejam amigas uma da outra por toda a vida e que vivam todo o seu potencial e propósito.

Recomendo às mulheres que desejam ser mães a empreender o quanto antes, porque esta realmente é uma fase bem delicada para a mulher. É muito amor, culpa, hormônios desregulados, as tarefas se multiplicam, é bem desafiador. Pode-se empreender em qualquer fase da vida, mas, quanto antes fizer isso, mais preparada você estará quando vier seu bebê.

Posicionamento como mulher no mundo

Desde pequena eu sabia que queria ter uma profissão – não gostava dos serviços domésticos e dizia sempre que trabalharia e pagaria alguém para fazê-los.

Sou defensora da liberdade de escolha das mulheres, e busco ajudá-las a enxergar seu potencial e a explorá-lo.

Dói muito saber que existem milhares de meninas e mulheres no mundo que são tratadas como objetos, que não têm liberdade, que são abusadas e espancadas. Precisamos fazer alguma coisa sobre isso. E isso parte de nós mesmas.

Não deveríamos mais precisar estar falando em empoderamento feminino, empreendedorismo feminino etc. Alguém fala de empreendedorismo masculino? Mas infelizmente ainda temos sim que falar nisso, porque ainda existe machismo, e ainda existem muitas mulheres que se sentem inseguras para seguir seus sonhos, e outras nem sonham. Já passei por algumas situações de machismo que chegam até a ser engraçadas.

Uma vez um senhor me apresentou ao seu sócio da seguinte maneira: "Esta é a Rute, a esposa do proprietário". Outra vez, falei sobre o *coworking* em uma rádio da cidade, e um amigo que ouviu falou para o Ismar: "Ficou com medo de ir na rádio e mandou a Rute?"

Outro dia, estava em uma negociação acirrada com um cliente, e ele falou para o Ismar: "Você ensinou ela direitinho, né?" Neste último caso, eu questionei o cliente na hora: "Como assim?" Depois ele me ligou e me pediu desculpas.

De escritório virtual ao *coworking*

Nos últimos anos o conceito de *coworking* passou a ser muito conhecido e divulgado no mundo todo, e então transformamos o escritório virtual em *coworking*. Foi um processo de transição de cerca de dois anos para mudar a cultura organizacional. Um *coworking*, além de prestar os mesmos serviços de um escritório virtual, de endereço fiscal, atendimento telefônico e locação de salas, trabalha intencionalmente para formar uma comunidade entre as pessoas que trabalham nos espaços de *coworking* e nas salas, fazendo conexões entre elas, organizando eventos, investindo tempo para conhecer as pessoas. Isso é fantástico. Meu desejo é que todas as cidades do mundo tenham *coworkings*, e que muitas pessoas possam experimentar essa nova forma de trabalho. Trabalhar em um *coworking* faz com que se fique mais motivado, se prospere mais e se trabalhe mais feliz.

Expandimos e fizemos reformas várias vezes, e isso sempre exigiu muitos recursos financeiros, que normalmente não tínhamos disponível naquele momento. Mas com fé, apertando daqui, esticando dali, sempre conseguimos honrar todos os compromissos.

Sempre que a carga está pesada, sempre que tem algum problema para o qual não vejo solução, clamo a Deus, e ele responde com clareza. A paz no coração é a forma com que O sinto me guiando. Às vezes são coisas simples, ficamos dias quebrando a cabeça e não vemos solução. Lembro-me de uma vez em que estávamos fazendo uma ampliação, e o layout que queríamos não estava encaixando. Já havíamos pensado e desenhado muito, e não víamos a solução. Um dia eu estava orando, e apareceu na minha mente o desenho exato de como deveria ser. Executamos e ficou perfeito.

Fico muito feliz quando posso, através dos negócios, dar oportunidades para as pessoas. Vejo o potencial de funcionários que, algumas vezes, estão exercendo uma atividade aquém do que poderiam realizar, e gosto de incentivá-los a voltar a estudar, quando possível os ajudo com os estudos, e quando abre uma oportunidade mudo-os de cargo. Gosto de vê-los crescer e prosperar. Também me alegra muito ver os clientes se conhecendo, fazendo conexões, tendo novas ideias e oportunidades e como plataforma o negócio que comecei timidamente em 2006.

Hoje o *coworking* tem mais de dez vezes o tamanho em comparação a quando começamos, e está entre os mais completos do Brasil.

O XYZ é muito elogiado pela sua estrutura, arquitetura, paisagismo e pela hospitalidade da equipe. Isso nos gera uma grande responsabilidade. Precisamos ser exemplo, inovar, aprender sempre mais, manter a equipe motivada. Sempre que possível visitamos outros *coworkings* do Brasil e do mundo. Essas visitas sempre nos trazem inspiração.

Meu esposo e eu já iniciamos vários negócios e empresas. Alguns deram certo e outros não. Mas, para nós, todos tiveram sucesso. Porque sucesso não é apenas retorno financeiro. Sucesso é aprendizado, conhecimento, experiência.

50 países até os 50 anos

Além de empreender, também gostamos muito de viajar. Cada viagem nos faz conhecer novas culturas, nos desapegar mais das coisas e abrir a nossa mente. Já passamos por 30 países, e nossa meta é chegar a 50 países até os 50 anos de idade.

Em junho de 2019 realizei um sonho, que era fazer uma viagem internacional totalmente sozinha. Passei por Nova York, Filipinas e Japão. Os dias que antecederam a viagem foram de bastante apreensão sobre como seria ficar sem as crianças por 18 dias.

Meu esposo me apoiou e incentivou muito e, com o apoio

dos meus pais, cuidou muito bem delas todo esse tempo.

Andei por ruas e becos de todos os lugares por que passei, passeei em lojas, atravessei pontes e parques, andei de barco, de caiaque, de triciclo, de trem-bala, nadei com *snorkel*, experimentei as comidas locais, fui a show da Broadway, participei de uma conferência cristã de cinco dias nas Filipinas, com 850 pessoas de 109 países diferentes, fiz amizades internacionais, visitei um casal de amigos muito queridos no Japão. Conheci *coworkings* nos três países por que passei.

Também senti cansaço, dormi mal várias noites pela diferença de fuso horário, me perdi, me encontrei, peguei o metrô do lado errado. Nas Filipinas, passei dois dias me sentindo triste e com vontade de voltar, após fazer uma chamada de vídeo com minha filha mais velha e ela chorar no vídeo de saudades.

Esta viagem foi uma experiência única de liberdade, autoconhecimento, reflexão e conexão com Deus.

Ultimamente tenho me sentido desafiada a me expor mais, aceitar convites e contar mais a minha história. Venho de uma criação de origem alemã, em que muitas formas de se expressar são vistas como "se aparecer", se exibir ou "o que vão pensar de você?". Isso está muito intrínseco em mim, e é muito difícil vencer. Porém, tenho entendido que ao contar minha história posso inspirar as pessoas na fé e no empreendedorismo. Escrever este capítulo faz parte deste desafio, e meu desejo é que minha história o ajude a refletir sobre a sua história e seus objetivos.

Quais seus sonhos pessoais e profissionais? Você está disposto a sair da zona de conforto para realizá-los? Quando e como irá começar?

Simoni Mércia Mesch Nones

Prefeita eleita
pela espiritualidade

27

Simoni Mércia Mesch Nones

Formação: Ensino Fundamental: EEB Frei Lucinio Korte (Doutor Pedrinho/SC).

Ensino Médio: EEB Teófilo Nolasco de Almeida (Benedito Novo/SC).

Ensino Superior: Administração de Empresa (FURB – Universidade Regional de Blumenau, SC).

Contatos:

E-mail: simonimmnones@Outlook.com

Facebook: www.facebook.com/simoni.nones

Instagram: @prefeitasimoni

Desde criança sempre senti um chamado diferenciado. Um chamado para o servir, ser útil, estar neste mundo por algum motivo e não apenas para fazer peso, fazer xixi, cocô e gerar lixo. Nesse sentido sempre fui uma criança diferente, uma adolescente inconformada e como não poderia ser de outro jeito uma adulta revoltada com o sistema e a hipocrisia da nossa sociedade. Então a pergunta que sempre me acompanhou desde tenra idade é: "Por que eu nasci? O que eu vim fazer neste mundo? Qual a minha missão?" E na busca das respostas segui minha vida passando por alguns empregos, todos na área de Administração de Empresas, que é minha formação acadêmica. A maior parte da minha vida sempre morei no meu município de origem, Doutor Pedrinho, onde nasci de parteira com 1,2 kg e, como diziam os antigos, não morri porque apesar de pequena a missão era grande. Nosso município ainda é pequeno e hoje conta com aproximadamente 4.460 habitantes. Durante minha adolescência lembro-me que num domingo de tarde, caminhando pelas ruas centrais ainda de barro na época, com uma profunda crise existencial eu pedia numa angústia gigante por que eu não era como todos que saíam de Doutor Pedrinho para estudar e trabalhar em outros municípios maiores, eu chorava porque queria ficar e uma voz me disse que um dia eu ia ser a prefeita de Doutor Pedrinho. Imaginem a minha surpresa em ouvir aquilo, na hora tirei sarro porque na época não éramos nem município, ainda éramos distrito de Benedito Novo. Refiz a pergunta e a voz insistiu em me dar a mesma resposta. "Um dia você vai ser prefeita de Doutor Pedrinho". Óbvio que achei que estava ficando louca, segui minha vida e no dia em que ganhei a eleição pra prefeita de Doutor Pedrinho, na hora em que subi ao palco e fui ovacionada pela população, a voz voltou e me disse: "Eu não falei que você seria a prefeita da cidade??"

Então, caros leitores, vocês devem estar se perguntando como fui eleita prefeita. Quero deixar bem claro que nunca antes eu tinha participado da política, nunca tinha me candidatado a nenhum cargo político. Na verdade meu marido sempre foi o político da família e foi ele quem me incentivou a me candidatar. Pelo fato de eu ser mulher e não ter experiência política, a princípio o partido me rejeitou. Mas com o apoio do meu marido, que era o candidato natural pelo partido que me incentivou a me candidatar por me conhecer e saber das minhas ideias para um plano de governo, fui aceita pela base do partido.

Posso dizer pra vocês que foi preciso ter coragem para empreender num mundo totalmente novo pra mim, visto que em 2009 eu tinha vendido minha franquia de farmácia e antes de voltar a trabalhar na farmácia do meu marido tive um ano sabático de profunda busca pelo que eu deveria realizar. E foi na espiritualidade que busquei as minhas respostas. Só que no início elas eram vagas, me diziam que eu estava sendo preparada. Posso dizer que eu ficava confusa com a orientação e mesmo sem saber direito para o que efetivamente eu estava sendo preparada eu segui em frente. Dentro das terapias como as de regressão e constelações sistêmicas me foi mostrado o meu papel na política como prefeita de uma cidade pequena, mas que nesse momento precisa da energia feminina, então hoje estou aqui cuidando do meu município.

Quebrar paradigmas não é fácil, digo isso por me considerar uma política da nova política, ou seja, não aceito o velho jeito de fazer política. Na minha campanha não comprei votos nem fiz falsas promessas só para ganhar a eleição.

Sempre pedi que votassem em mim e no meu vice para nos darem a oportunidade de fazermos diferente, de seguirmos as leis de trabalharmos pelo todo e não pelo umbigo individual e egoísta do cidadão, o que infelizmente ainda é prática comum no nosso país. E devo confessar que me deixa bem triste perceber que a população é muito boa no discurso anticorrupção, mas desde que a lei seja aplicada ao vizinho, porque para si quer os benefícios da corrupção, o tal nojento jeitinho brasileiro que é um câncer do nosso Brasil. Mas eu sempre digo que acredito em milagres e acima de tudo na essência divina de todas as pessoas e por isso, pelo suporte divino que tenho, apesar de todas as dificuldades que é ser prefeita, eu não desisto e me fortaleço a cada dia, porque quero mostrar que é possível sim ser honesto e estar a serviço do povo.

Hoje tenho plena convicção de que a minha missão é essa, de ser uma mulher na política, num meio que ainda é muito masculino, minha missão não é competir com os prefeitos e sim ser somente uma prefeita com tudo o que a feminilidade nos dá. Desde hormônios à flor da pele, mas olhando para os pontos positivos de ser mulher, um olhar holístico para o todo, para a complexidade que é o cidadão, com toda a informação que ele traz e nós, do poder público, tendo que dar conta de tudo, e por anos de maus hábitos em que se usaram os serviços públicos como um pai que dá tudo e estraga o filho, nosso país precisa urgentemente rever suas políticas públicas e revisar as leis para que realmente se tenha serviços públicos de qualidade e que possamos atender realmente à população.

E como está sendo ser uma prefeita eleita pela espiritualidade? Posso dizer que é um baita desafio, por dois motivos, um pelo simples fato de ser mulher e ainda sermos tão poucas prefeitas no Brasil, e o outro pelo fato de me apoiar em trabalhos direcionados com minha equipe de frente em práticas orientadas por exemplo pelas constelações sistêmicas, o que muitas vezes gera confusão com bruxaria ou macumbaria, o que não tem nada a ver e pela falta de conhecimento as pessoas não entendem, e isso muitas vezes dificulta meu viés de trabalho. Infelizmente por eu ser diferente e fazer uma administração diferenciada sofro muito com uma oposição por oposição, que é a maioria na nossa casa legislativa e que além da burocracia que impera nos serviços públicos tudo isso se soma e vem contra mim, o que me faz sempre buscar meios de me fortalecer para continuar com minha nobre missão de fazer política e não politicagem, sempre tendo como meta o bem comum da população.

Posso dizer que ser prefeita não tem nada de glamur como já foi há tempos, para ser prefeito nos dias de hoje é preciso um quê de loucura, porque quando você coloca seu CPF à disposição até a sua morte estará vinculado a fiscalizações que nem sempre são justas, visto que os prefeitos dependem de todos os servidores, que por vezes podem errar e quem responde pelo erro somos nós. Então você assumir um município e toda a responsabilidade que essa função traz se soma aos tempos difíceis pelo descrédito das classes políticas, e só me mantenho de pé pela fé que tenho por estar sendo guiada para, mesmo diante de tantas adversidades, dar o meu melhor a cada dia.

Logo no primeiro ano de governo, sendo que fui eleita para o período de 2017/2020, aprendi bem rapidinho algumas lições:

– Tive que treinar o exercício da paciência, descobri que o P da paciência numa prefeitura deve ser bem maior que o P da paciência na iniciativa privada;

– Descobri que toda solução que se apresenta num primeiro momento como resposta a um problema 99,99% das vezes não pode ser aplicada porque ou tem uma lei que veda, ou o Ministério Público não permite ou o Tribunal de Contas tem um entendimento contrário, ou seja, em suma, tudo o que parece que é não é, e muitas vezes um problema aparentemente fácil de resolver fica, pela burocracia, insolúvel;

– O tempo na prefeitura é diferente do tempo comum, ou seja, o tempo para soluções dos problemas é sempre muito moroso, em contraste ao tempo que temos de gestão, que voa. Com eleições de dois em dois anos na verdade não temos os quatro anos de trabalho para os quais fomos eleitos, eles se resumem somente em dois, sendo de verdade mesmo que nos sobra praticamente um ano de trabalho, que é o terceiro ano de mandato. Por isso sou totalmente a favor da unificação das eleições, porque, além de o país economizar mais de 12 bilhões de reais por pleito, daria mais tempo de execução para os trabalhos dos prefeitos;

– Descobri que diferentemente do que eu pensava antes de entrar porta adentro de uma prefeitura, na sua grande maioria os servidores públicos trabalham muito e levam uma fama ruim pelo percentual deles que constato na minha prefeitura é menor mas que denigrem os bons servidores, o que é ruim para o país, pois toda a nossa vida gira em torno dos serviços públicos, então parem de só reclamar e vamos juntos valorizar os bons servidores que movem este país;

– No início do meu mandato, logo em fevereiro de 2017, descobri por que um amigo meu me falou que eu como prefeita deveria ir a Brasília literalmente passar o pires e pedir emendas para meu município, sendo que a moeda de troca com os deputados é o voto, então vocês podem imaginar meu desespero ao ver uma fila imensa na entrada do anexo IX da Câmara dos Deputados e essa fila dos prefeitos pedintes, porque é isso que nos resume nesse momento, eu até brinquei com os prefeitos da fila que seria muito bom se ao final da fila tivesse um Sílvio Santos dizendo "quem quer dinheiro? Hehe", mas encontramos um governo dizendo "contingenciamento"!!!! E levando em consideração o velho jeito da troca de emendas por votos eu fico mal na fita pois só temos 2.900 eleitores, o que, vocês já podem perceber, não me dá nenhum poder de barganha. Mas, apesar da desvantagem, consegui com meu jeito sincero e gentil de ser pedir encarecidamente ajuda para meu humilde município e graças a Deus existem deputados e senadores, dois em especial, que me ajudaram e ainda ajudam muito e já consegui muitas emendas e obras que auxiliarão nossa população. Por isso volto a dizer que acredito em milagres e na essência divina dos seres humanos. Nem tudo está perdido. Brasília não tem só político ruim, tem muitos que trabalham;

– Sendo prefeita pude observar que várias mudanças devem ocorrer no sistema para que o nosso país tenha uma mudança real. Uma das soluções passa pela alteração do tão falado pacto federativo, a pirâmide deve ser invertida, tudo acontece no município e os municípios enviam os impostos para a União, que fica com a maior fatia do bolo, nos devolvendo uma miséria através do Fundo de Participação Municipal, o que é muito pouco para sustentar as bases, que somos nós. Precisamos de vontade política para fazer as reformas, e o povo tem de fazer o que eu fiz, o famoso TBC – Tirar a Bunda da Cadeira – e fazer a sua parte. Eu deixei de reclamar de tudo o que achava que estava errado no meu município e vim fazer a minha parte. O povo brasileiro elege seus representantes e largam à mercê da sorte, não acompanham, não fiscalizam, são ótimos de reclamação e muitas vezes nem sabem do que estão falando;

– Percebo que o advento da tecnologia, a era da informação ainda não está sendo usada a favor dos serviços públicos, ainda é tudo muito burocrático, muito papel, muita falação, pouca ação e que somos muito amadores em planejamento. Estamos vivendo num emaranhado que parece não ter fim. Eu precisaria do livro inteiro para escrever minha experiência como prefeita. Mas não posso deixar de falar sobre um último tópico que irei abordar como prefeita terapeuta que sou!!!!

Prefeita terapeuta

Logo no início da minha gestão entendo todo o contexto dos desígnios de Deus para minha vida. Com a certeza de que fui eleita pela espiritualidade, me inscrevi para um curso de um ano e meio no Instituto Imensa Vida para a formação em constelações sistêmicas. Essa formação é baseada nos estudos de Bert Hellinger e de cara aprendemos algumas leis fundamentais para a nossa vida. Uma delas a da hierarquia da valorização de quem chegou primeiro. Nesse sentido nosso grupo, assim como outros grupos de constelações Brasil afora, percebeu a necessidade de constelar o Brasil e no meu grupo constelamos meu município. Ficou nítida a necessidade de integrar e respeitar todos os povos que estiveram aqui antes, como os indígenas, os portugueses, os negros, enfim, todos. Não vou entrar no mérito de todo o trabalho que é feito por ser extenso, mas quero deixar registrado que esses movimentos trabalham a essência do nosso país e que esse trabalho espiritual de resgate aos poucos vai tomando forma e trazendo a ordem que é tão necessária. Tudo é de novo uma questão de tempo e de paciência. Porém, quanto mais dirigentes políticos tiverem essa nova visão, que não queiram ser eleitos para cargos públicos somente pensando em benefício próprio, mas que venham com a missão de fazer pelo todo, mais rápido o Brasil pode sair dessa inércia, desse estado de zumbis em que a população se encontra achando que está vivendo, quando na verdade só está deitada em berço esplêndido, como diz o nosso hino.

Então eu clamo para que nós, a Nação Brasileira, saiamos da inércia do deitados em berço esplêndido para o estado de acordados fazendo o TBC e mudando nosso Brasil a partir das bases que são os municípios, onde o povo efetivamente vive. Se cada cidadão fizer o seu melhor cada dia, o além do seu umbigo para o todo, resgatando os valores éticos, em consequência teremos credibilidade e seremos respeitados como a grande Nação que somos.

Apesar de toda a dificuldade que enfrento diariamente, pois descobri para que prefeito serve, que é para levar a culpa, sou uma prefeita diferente, faço parte do exército de Deus que elegeu outros iguais a mim e juntos estamos colocando luz no mundo político. Ser prefeita para mim é uma missão divina e sou grata pela oportunidade de servir ao próximo. Que Deus seja por nós e que eu e os demais prefeitos do Amor que existem no Brasil consigamos cumprir nossa missão e dar dignidade e condições melhores de vida para o nosso amado povo brasileiro.

Vera Petry

Estou me tornando quem sonhei Ser!

28

Vera Petry

Gestora de Pessoas e Negócios. Mentora. Master Coach.
Superintendente de Operações na Têxtil RenauxView S/A.
Proprietária da Colaborare Gestão de Pessoas e Assessoria Empresarial.
Docente em cursos de pós-graduação e palestrante.
Coautora do livro *Vida Inspirações dos Guardiões do Farol*.
MBA em Liderança, Inovação e Gestão 3.0, MBA em Educação Executiva, pós-graduada em Administração e Desenvolvimento de Recursos Humanos, pós-graduada em Psicopedagogia, pós-graduanda da PUC-RS no curso de Gestão de Pessoas: Carreiras, Liderança e Coaching, pedagoga, analista comportamental na Teoria DISC®.

Decidida a trazer à tona todo o emaranhado de lembranças, pensamentos, sentimentos e experiências que refletem a pessoa que estou me tornando na marcha deste percurso chamado vida, escolhi a data de meu aniversário de 49 anos, 17/02/2019, como um momento de silêncio e interiorização para refletir e exprimir em palavras como transformei em realidade o sonho de ser quem escolhi ser.

São apenas (risos) 49 anos que levo na bagagem. Ao longo destes anos, acumulei uma riqueza de vivências e acontecimentos que, de uma forma ou outra, me ajudaram a encontrar o caminho e o melhor jeito para nele caminhar, ajustando-me ao percurso ou buscando novas rotas que me levem mais próximo de onde quero estar.

A vida como um caminho talvez seja uma boa analogia. Em ambos sempre há bifurcações, encruzilhadas, às vezes até becos sem saída. E nem sempre eles seguem como imaginamos. Como cantou John Lennon, a vida é o que nos acontece enquanto estamos ocupados fazendo outros planos.

Por conta de uma infância, e boa parte da adolescência, introvertida, sempre fui muito atenta em minha introspecção, invariavelmente ouvindo e seguindo os sinais que pudessem me levar para mais próximo daquilo que hoje identifico como "minha missão".

Uma de minhas crenças exalta a importância de abrir a mente, entregar-se ao processo e viver! Malgrado as inquietudes, algumas vezes temos que aceitar os acontecimentos, aprender com eles para, mais à frente, aproveitar as oportunidades e fazer o que deve ser feito, transformar o que deve ser transformado. Para mim, isto faz mais sentido e torna possível seguir com a convicção de que cada dia traz novas oportunidades para corrigirmos os rumos, chegarmos mais perto do que se busca, almeja e sonha.

Embora recheada de ricos ingredientes que tornaram meu repertório um meio agradável e satisfatório de honrar minha história, minha trajetória é relativamente comum. Como é simples e certo que, como muitos, também tenho um amontoado de dúvidas sobre tudo que poderia ter sido feito de outra forma para aproveitar, ou dissipar, tudo que a vida, generosamente, me concedeu. Amor e dedicação foram os mediadores de minhas escolhas.

Primogênita de cinco irmãos, nasci e fui criada em Joinville, Santa Catarina. Exceto pela opulência de amor, em nossa casa tudo sempre foi, como continua sendo, muito simples. E foi justamente a simplicidade deste opulento amor que nos incentivou e preparou a enfrentar a vida, a encarar o que viesse e seguir em frente.

Algumas vezes por imposição, outras por opção, desde cedo assumi responsabilidades na integração da família, em especial, entre os irmãos. Meus pais sempre foram, e continuam sendo, presentes, mas o compartilhamento das responsabilidades reforçou os laços entre mim e meus irmãos. Nossa conexão é algo divino, parental.

Muito antes de dar à luz minha filha, portanto, eu já vivia papéis de mãe e pai na lida com Evandro (*in memoriam*, mas sempre vivo em minha mente e coração), Tania, Leila e Maicon. Na construção desta fraterna e amorosa relação com meus irmãos desenvolvi valorosos aprendizados sobre o amor e a fé que hoje dedico ao ser humano.

Do meu pai eu trago as mais sólidas e positivas referências sobre o valor do trabalho. O senhor Evaldo trabalhou, até se aposentar, numa única empresa. Dele nunca se ouviu reclamar do trabalho. Pelo contrário, inúmeras vezes mostrava-se grato pelas condições laborais e por seu emprego, que lhe permitia formar e sustentar sua família.

Da minha mãe, dona Nair, absorvi a importância de não permitir que falhas na história de um ser humano sejam transformadas em rótulos ou marcas para uma vida toda. Uma história curada pode proporcionar a cura de muitos seres. A decisão e a coragem para lidar com o passado e construir um presente e um futuro melhor dependem muito do amor que você tem por si mesmo e pelos outros. Dona Nair me ensinou que o amor de mãe ama sempre!

E, quando a vida me trouxe para próximo daquele com quem construiria uma nova família, logo e sabiamente soube identificar a oportunidade. Meu marido provê a melhor de todas as condições necessárias a uma aquariana *workaholic*: concede e respeita a liberdade para que eu seja quem escolhi, decidi ser. Sempre presente, Rinaldo, meu esposo há quase 25 anos, é um companheiro nota mil. Seu humor invejável me ajuda a ver o lado positivo em quase todas as situações, seu jeito de ser racional e comedido me chama para o equilíbrio.

Aos 36 anos, tomei a mais nobre decisão da minha vida: ser mãe. Lara Sofia, com os seus olhos azuis da cor do céu, com sua doçura e vontade de ser e viver, me trouxe uma das mais valiosas lições sobre a importância de doar-se, de entregar-se totalmente à construção de uma relação de amor integral, pura, intensa, viva e eterna. Como uma canção, uma inspiradora poesia, Lara sussurra em meus ouvidos e mantém vivas e fixas em minha mente todas as reflexões acerca do amor irrestrito e sem medidas.

Quando engravidei, meu marido e eu tomamos a decisão

de que eu seria a mantenedora da casa e ele, com todos os apoios requeridos, se dedicaria a cuidar da nossa filha, de mim e tudo aquilo que faz parte da nossa estrutura familiar; de tudo para o que eu, pela vida cheia de atribuições, não conseguiria dar a atenção merecida. E assim estamos felizes há 12 anos.

Meu gosto por ler e escrever me acompanha desde os meus primeiros anos de escola. A leitura é uma de minhas paixões. Aprendi a gostar de ler devorando revistas em quadrinhos, que é o meu *hobby* até hoje.

Adoro estudar! Atribuo isto à minha primeira professora do ensino fundamental, com quem aprendi a importância da acolhida nos primeiros dias em que uma pessoinha chega para viver uma nova fase da vida. Não frequentei jardim ou pré-escolar, iniciei diretamente na primeira série do ensino fundamental. Muito tímida e com medo de ficar longe da minha mãe e dos meus irmãos, a minha adorada professora, Juçara Leal de Souza, me acolheu, me conquistou e me deu segurança. Lembro-me que ganhei dela uma lindíssima caixa de lápis de cor com 24 cores. Até hoje sinto o cheiro e me recordo dos detalhes daquele presente e entendo a âncora perfeita que este regalo foi pra mim durante todos os anos escolares e na vida.

Só estudei em colégio particular quando pude trabalhar para pagar. Nunca fui uma aluna brilhante, mas sempre fui bem-vista pelo meu comportamento, dedicação aos estudos e facilidade de relacionamento com a turma.

Minha vida profissional foi iniciada aos 14 anos de idade em um cartório. Tive a sorte de ser liderada por dona Doralina Rodrigues de Carvalho, uma mulher forte e competente, que me incentivou a sempre entregar o melhor em tudo o que fazia. As correções que ela generosamente apontava em meus comportamentos e na qualidade do meu trabalho foram valiosas. As experiências que acumulei ao longo de quatro anos em que trabalhei no cartório foram igualmente preciosas. Meu primeiro emprego me trouxe bem mais que um salário, me rendeu as primeiras lições sobre a relação entre líder e liderado, ambiente de trabalho e relações interpessoais – e que, coletivamente, contribuíram positivamente para o progresso de minha carreira, minha paixão pelo trabalho e para o desenvolvimento contínuo.

Minha segunda experiência profissional foi numa grande empresa, onde trabalhei por 12 anos. Comecei na área de faturamento, mas após três anos segui a oportunidade de trabalhar na área de Recursos Humanos. Aos 23 anos, já era supervisora de RH. Foi como se a Gestão de Pessoas houvesse me encontrado, e com isto eu me encontrei! Todos os temas da área de pessoas, sistemas e subsistemas de recursos humanos viraram meu foco de estudo e aprendizagem.

Também nesta empresa, tive uma importante vivência na área de Gestão da Qualidade com a qual aprendi muito! Foi durante esta fase que comecei a internalizar pensamento e ações alinhados à Gestão de Pessoas e Resultados.

Após esta linda etapa de minha vida profissional, fui convidada a gerenciar a área de RH de uma empresa média, cujo planejamento estratégico contemplava grandes sonhos e objetivos ousados, bem delineados para a área de pessoas. Nos oito anos que lá fiquei, vivi experiências e realizações fantásticas. Os sonhos viraram realidade e os projetos viraram resultados, o que possibilitou a perpetuação da empresa de maneira cada vez mais próspera.

Os desafios que me foram impostos naquela organização me proporcionaram a feliz oportunidade de identificar e desenvolver competências essenciais que geraram resultados fantásticos para a equipe, a empresa e para minha própria vida. Nesta experiência, assimilei que uma organização, quando bem gerida e determinada a fazer uma responsável gestão de pessoas, se torna um pilar social forte e cumpre a sua missão de preparar as pessoas para a vida.

Foi por intermédio desta vivência profissional que tive a oportunidade de conhecer com mais detalhes todas as áreas de uma organização, ampliando a minha visão de negócio e dos desdobramentos de pensamento e planejamento estratégicos em ações. Esta visão estratégica me capacitou a compreender e executar uma gestão eficaz de pessoas. Meu último cargo nesta empresa, diretora Administrativa e Gestão de Pessoas, colocava sob minha responsabilidade as áreas de Pessoas, Finanças, Controladoria, Suprimentos, Tecnologia da Informação e Apoio em geral. Ficará para sempre em meu coração e em minha mente essa fase de rico aprendizado.

Considero que meu perfil dominante e influente, meu amor pelas pessoas, por fazer acontecer e a disposição para idealizar e coordenar projetos foram atributos determinantes para alcançar minhas conquistas. Ser líder e gestora é algo relativamente fácil para mim. Nunca fiz nada sozinha. Sempre contei, como continuo contando, com pessoas extraordinárias com as quais construí e mantenho relações de confiança e parcerias de grande valor.

Esta disposição para idealizar, coordenar e realizar vem dos tempos que ajudava meus pais a cuidar da família. Em outras palavras, meu empreendedorismo vem de berço. A externalização profissional de minha veia empreendedora, no entanto, surgiu durante esta etapa multitarefada de minha carreira. Focada no fluxo de alta performance exigido pelo cargo, tomei a decisão de ser uma mentora, *coach* e consultora em Gestão de Pessoas e Negócios e criei minha empresa – Colaborare Gestão de Pessoas e Negócios.

Empreender não é fácil, demanda planos e estudos, implica escolhas. No meu caso, se por um lado estava ciente que para ser uma referência no escopo de serviços que minha empresa se dispunha a oferecer exigiria de mim muito mais horas de estudo, leitura e dedicação continuadas, por outro tinha a tranquilidade de saber que a vida de minha família (e a minha) estava nas boas mãos de meu marido.

Paralelamente à minha nova empreitada, em 2009, iniciei meu projeto com a Têxtil RenauxView S.A., a tecelagem brusquense que hoje figura entre as mais conceituadas do país. Iniciei como Gestora de Talentos com imensos desafios em uma empresa envolta em crises (econômico-financeira, mercado, produtos, alta rotatividade, absenteísmo etc.). Como competência atrai responsabilidade, quanto mais dificuldades meu setor ajudava a vencer, mais aumentava a carga e a complexidade dos desafios que nos eram impostos pela diretoria.

Para resumir esta rica experiência que já soma uma década, basta dizer que, por si só, renderia um volumoso livro com páginas repletas de desafios, realizações, fatos, contingências, transformações e muitos sucessos. Hoje, ocupo o cargo de superintendente de Operações (COO) que abrange sob minha responsabilidade as áreas de Gestão de Talentos, Comercial, Industrial, Engenharia, Qualidade e áreas de apoio.

Meu lema é ter as pessoas certas nos lugares certos e acreditar que, na maioria das vezes, as pessoas têm potenciais que elas mesmas desconhecem. Fazer com que entendam isso, e que ousem aplicar seus talentos, torna a gestão de equipes algo fantástico. Quando um líder entende esses aspectos, fica mais fácil formar e desenvolver equipes competentes e felizes. Este com certeza seria um dos capítulos, sob o tomo dos sucessos, do livro sobre a RenauxView.

Assim, além da minha atividade profissional na RenauxView, tenho a grata satisfação de atender muitos *coachees* e mentorados, oferecer a empresas consultoria em gestão de pessoas, e ser palestrante e docente em cursos de pós-graduação.

O fato de empreender em uma atividade paralela à minha vida na empresa me permite atuar com muito mais segurança, determinação, criatividade e inovação. Além disso, me incentiva a estar constantemente atualizada.

Há uma citação de Khalil Gibran que afirma que "o trabalho é o amor que se tornou visível". É exatamente isso que eu sinto! Estou sempre ocupada, sempre rodeada por pessoas, tenho inúmeros objetivos e metas a serem cumpridos na vida e na empresa, mas há em mim um desejo enorme para fazer tudo acontecer da melhor maneira possível.

Desde muito cedo, assumi a premissa de que empreender é decidir fazer, é realizar, seja em um negócio próprio ou em uma organização na qual as pessoas têm a oportunidade de utilizar seus talentos e competências compreendendo o significado do trabalho. Levei isso a sério na minha vida profissional e, se tive sorte ou não, percebo que pensar e agir assim me fez bem.

A forma como descrevi minha trajetória pode transparecer que não houve dificuldades, atropelos, erros, tristezas, solidão, desânimo e medos em minha jornada. Não é verdade, todos passamos por estas situações. Minha história não é diferente, mas, graças à minha obstinação em fazer acontecer, em chegar aonde quero chegar, em me transformar na pessoa que sempre quis ser, superei os aspectos negativos e estou agora onde estou, sou hoje quem desejei ser em meus sonhos.

Deixo para o final de meu relato duas cerejas que considero altamente relevantes à minha jornada.

A primeira foi transformadora e aconteceu quando tinha entre 17 e 18 anos. Em meus momentos solitários e silenciosos, incomodada e triste comigo mesma, num arroubo de maturidade e subsidiada por minhas leituras, tomei a decisão de vencer alguns medos e a timidez excessiva que me impedia de expor meus pensamentos, sentimentos e, de certa forma, concretizar realizações. Hoje eu entendo que, naquele momento, de forma autodidática, fiz empírica e disciplinadamente um autocoaching que me foi altamente benéfico.

O segundo é que, desde muito cedo, descobri que ser gestora de gente nunca foi nem será o meu trabalho: é a minha missão, é o que me move e me leva para o meu estado de *flow* e engajamento completo.

E assim eu sigo confiante de que estou me tornando quem eu sonhei Ser!

Viviane Thaís de Araújo

Minha alma traduzida no meu negócio

29

Viviane Thaís de Araújo

Consultora de Responsabilidade Corporativa e Desenvolvimento Humano. Especialista em Diversidade & Inclusão. Palestrante em temas que ajudam pessoas e organizações a terem relações mais humanas e sustentáveis. Graduada em Serviço Social pela Universidade Federal de Santa Catarina (UFSC). Pós-graduada em Gestão de Projetos Sociais, pela Universidade Gama Filho, MBA Empresarial, pela Sustentare Escola de Negócios e MBA Business Intuition, pela Antônio Meneghetti Faculdade (AMF).

Contatos:

E-mail: contato@vivianederaujo.com.br

www.vivianedearaujo.com.br

Eu não nasci para empreender, eu nasci para trabalhar para outras pessoas. Não tenho ideia de quantas vezes repeti esta frase durante grande parte da minha carreira profissional.

Faço parte da primeira geração da minha família que chegou à faculdade, em que a ambição pairava por conseguir um emprego numa boa empresa, com um bom salário, uma boa política de benefícios, e nela, alicerçar minhas expectativas de uma certa estabilidade ainda possível no início deste século.

Embora eu tenha começado a trabalhar aos 14 anos com o foco de pagar meus estudos e me preparar para a vida adulta, foi após concluir o curso superior que eu entendi o significado disso. Logo comecei a trabalhar numa grande empresa e senti orgulho de mim mesma e alegria por orgulhar minha família.

Eu valorizava muito ter um sobrenome que me chancelava profissionalmente, enquanto eu oferecia o melhor do meu potencial e desenvolvia minhas competências, respondendo com excelência a todas as demandas que me eram apresentadas. Muito jovem, eu acreditava que isso era suficiente para manter a tão desejada estabilidade.

Rapidamente entendi que não era estabilidade o que eu mais queria e sim ver o sentido do meu trabalho, o valor que ele agregava para aquele CNPJ e para os CPFs que dele faziam parte.

No entanto, durante quase toda minha carreira, trabalhei com a sensação de uma certa estabilidade, em grandes empresas, com ótimos salários, políticas de benefícios e com algo que eu não imaginava poder sonhar: uma carreira promissora.

Fui me fazendo profissionalmente em Joinville, cidade em que nasci e vivo muito feliz. Com uma atuação na área de Responsabilidade Social Empresarial, direcionada à Gestão da Diversidade num período em que o tema nasceu e foi ganhando espaço no mercado, eu fui me especializando, me realizando e, em gradativo crescimento, me tornando referência local no assunto.

Tenho que confessar: tantos momentos de alegria me ajudaram a olhar o ambiente empresarial com uma admiração impensável durante minha formação acadêmica em Serviço Social. Eu encontrara o meu lugar.

Eu sentia a relação *aprendizado-contribuição-realização* como um ciclo infinito. Aquilo me era tão caro, belo e profundo, que minha crença de que o "meu lugar" era o espaço protegido de uma grande empresa foi se fortalecendo e me cristalizando.

Eu mudava, mas mudava sempre para ambientes semelhantes, que me davam toda a estrutura e direcionamento para performar com excelência; e, sem modéstia, assim eu fazia.

Era quase que uma relação de amor. Eu tinha um imenso orgulho em carregar o crachá da "minha" empresa no peito. Lembro-me da sensação orgânica, do frio na barriga e do arrepio de felicidade sentida em todo o meu corpo quando, caminhando pelos corredores, eu me dava conta de como era feliz e projetava minha vida dali a muitos anos na mesma empresa, ou no mesmo tipo de empresa.

Porém, como toda relação de amor, veio a primeira grande crise. E, com ela, uma primeira oportunidade de empreender. Sem pensar muito (na verdade, sem pensar), me joguei nessa oportunidade e fracassei.

Muitos foram os motivos que levaram ao fracasso, mas com certeza o mais relevante de todos foi minha total falta de maturidade para dar um passo tão importante.

Com o fracasso veio a ressaca moral, recheada de vergonha e culpa, coberta com uma palavra que uma verdadeira empreendedora jamais pode carregar – o vitimismo.

Sem avaliar muito bem (na verdade, sem avaliar nada) os reais motivos do meu fracasso, botei o rabinho entre as pernas e voltei para o ambiente sagrado de uma grande empresa.

Foi um reinício maravilhoso, muito acima das minhas expectativas em todos os sentidos. Pude retomar minha identidade colada à identidade de uma organização e deleitar uma dinâmica que eu sabia de cor como lidar. Eu reencontrara o meu lugar.

No entanto, após uma fase bem-sucedida de projetos estratégicos, muito bem realizados e uma grande oportunidade de crescimento, me via insatisfeita, sem energia, sem ideias e sem motivo para estar na posição que me era confiada. Algo que jamais eu tinha passado em quase 15 anos de carreira. Entendi que não tinha mais sentido no que fazia. Estava perdendo a realização que sempre senti com meu trabalho, e com 36 anos vivia num total desconforto. Não me via mais útil e feliz naquele contexto, não me reconhecia mais naquele lugar. Sabia que podia mais. Eu queria mais, mas não sabia o quê.

No combo, uma performance medíocre, estranhamente abaixo da minha capacidade, e uma gravidez. Uma tão desejada gravidez, postergada por tantas vezes, que eu não tenho dúvidas, me salvou no período profissional mais obscuro da minha carreira.

Quando saí de licença, eu sabia que não queria mais voltar e, como a máxima 'cuide com o que pede' não falha, quando voltei, fui demitida. Foi um misto de alegria-tristeza-revolta-catarse. Uma confusão de sentimentos. Sabe a fábula "A vaca foi pro brejo"? Então, alguém matou a minha vaca, jogou a coitadinha do penhasco, e com a pobre "mortinha da silva" veio a decisão de empreender. Na verdade, esta decisão veio após o reconhecimento de que eu empreendera durante toda a minha carreira, trabalhando para outras pessoas. Perguntei, então, a mim mesma: por que não posso fazer isso por mim? **Fazer por mim**. Estas três palavras começaram a dar um novo sentido à minha vida.

Então, a decisão por empreender veio como um desafio para acessar minha força, assumir minha responsabilidade existencial e ser referência genuína na vida da minha filha, recém-chegada a este mundo lindo, minha garotinha Nina. Assumi comigo este compromisso.

Logo no início, percebi que a migração de uma carreira relativamente sólida, estabelecida com as verdades aprendidas sobre o que é sucesso no meu mundo protegido, para o desconhecido mundo do empreendedorismo, não seria nada fácil. Da tomada de decisão à criação de uma personalidade empresarial há expectativas e incertezas e um longo caminho, com escolhas, acertos e erros. Muitos erros.

Olhei para meus talentos e competências, para o meu *background* e rede de relacionamentos e cruzei com tudo o que vinha descobrindo sobre mim em anos de terapia, incluindo os aprendizados sobre a primeira vez em que me aventurei a empreender. Eu sabia o que me agradava, o que fazia com excelência e poderia oferecer ao mercado.

Com um perfil curioso, disponível e criativo, sempre liderei projetos que demandavam uma grande revisão de modelo mental e operacional nas empresas por onde passei e meu papel principal sempre foi engajar as pessoas para que promovessem mudanças nos seus ambientes e relações e, assim, ajudassem a gerar resultados mais sustentáveis para o negócio, para suas áreas de trabalho e para si mesmas. Eu decidi transformar todo o meu *know-how* em serviços de consultoria.

Não uma consultoria como eu estava acostumada a ver nas empresas em diferentes áreas, mas uma consultoria que eu estava acostumada a contratar. Um tipo de serviço que aprendi com uma grande consultora, Luzia Longo. Um tipo de consultoria-assessoria-mentoria, tudo junto e misturado. Durante muito tempo, tivemos uma relação cliente-consultora em que vivenciamos juntas este modo tríplice e, com este formato, criamos e realizamos coisas lindas!

No início da minha trajetória, Luzia já estava trilhando seu caminho empreendedor e, muito generosa, ela me estendeu as mãos. Ajudou-me a estruturar os primeiros trabalhos e me chamou para compor projetos importantes da sua empresa. Nascia ali um novo formato de parceria que se fortaleceu e foi encontrando a medida certa ao longo desta nova jornada para ambas. A esta pessoa única e irrepetível, minha parceira e grande amiga, o meu eterno agradecimento. Por tudo! Por tanto!

Utilizando meus conhecimentos acumulados durante meus 15 anos de experiência e a credibilidade que tinha no mercado, decidi atuar na Área de Responsabilidade Social e Desenvolvimento Humano, com especialidade no atendimento a demandas de Diversidade & Inclusão.

O início foi muito difícil. Era final de 2015, período de recessão econômica em que as empresas priorizaram seus projetos e demandas com altíssima restrição orçamentária. Em 2016, com a empresa formalizada, estabeleci outras parcerias e experimentei uma atuação em rede, recomendando colegas, sendo recomendada e compondo equipes em projetos, algumas vezes desconexos com a minha intenção de trabalho, meus talentos e paixões.

O perfil dos primeiros clientes e dos trabalhos realizados era muito diferente da expectativa criada na abertura do negócio. Pequenos trabalhos, pouco estratégicos e com baixo valor agregado. Sem contratos relevantes, o cenário de crise me exigiu criatividade para sobreviver.

Desde que abri a empresa tinha um desejo de criar uma solução que ajudasse as empresas a gerir de maneira mais assertiva um dos temas de Gestão da Diversidade mais desafiadores – a contratação e inclusão de pessoas com deficiência, exigida por uma legislação federal.

Tinha uma sólida vivência na área e uma lógica de concepção, gestão e avaliação que ajudaram significativamente as empresas por onde passei. Além disso, sabia me relacionar com todos os públicos envolvidos, mostrando-lhes que tinham papéis relevantes em cada nível da organização.

Com a prática de muitos anos, descobri que, para fazer um trabalho sólido, as empresas precisavam de muito mais do que um projeto bem desenhado. Precisavam influenciar as pessoas, convidá-las a construir e aprender a fazer, fazendo. Por que não oferecer todo este *know-how* ao mercado?

Compartilhei meu desejo com a Luzia e, juntas, criamos um curso prático aberto para qualificar profissionais responsáveis em liderar o tema nas suas empresas. Foi uma inovação para o mercado e gerou resultados muito positivos para os clientes, uma vez que, qualificadas, as pessoas sabiam exatamente avaliar as prioridades das suas empresas e propor soluções coerentes com a sua realidade, avançando, assim, rumo à conformidade legal.

Foi uma decisão vencedora que gerou receita para o negócio e nos referenciou como autoridades no tema, gerando futuramente contratos de consultoria. No entanto, o curso não foi suficiente para manter a empresa no rumo certo. A falta de foco e uma postura passiva em grande parte do tempo geraram resultados financeiros irrelevantes, e o final do primeiro ano foi repleto de frustração, ansiedade e incertezas quanto à continuidade da estrada empreendedora.

Naquele momento entendi que precisava investir no meu aperfeiçoamento como líder de um negócio. Não me via assim, até então. Busquei um estudo mais profundo que me ajudasse a crescer de maneira exponencial. Tomei uma decisão que mudou a minha vida e o meu negócio. Iniciei o MBA Identidade Empresarial, Business Intuition, uma pós-graduação conduzida pela metodologia FOIL – Formação Ontopsicológica Interdisciplinar Liderística, oferecida pela Antônio Meneghetti Faculdade. Uma formação presencial no Recanto Maestro[1].

Dois anos e meio imersa numa formação que elevou meus níveis de consciência, competência e autorrealização. Neste curso aprendi que o negócio é fruto e consequência do líder (de como é e está). A essência da pessoa deve ser a base para o que produz e oferece ao mercado, e a entrega depende da excelência gerada pelos sacrifícios realizados para criar a melhor solução, aquela que o cliente precisa e deseja.

Logo também aprendi que deveria tomar o caminho empreendedor nas mãos e me responsabilizar por definir o destino, as paradas, os atalhos e os companheiros de viagem em cada jornada. A responsabilidade pelo meu negócio é minha. Somente minha. Isso parece um tanto óbvio, mas para mim não era. Em anos vivendo no 'meu mundo protegido' desenvolvi uma certa dependência afetiva que sempre esperava por um direcionamento, uma aprovação e um compartilhamento de tudo, com todos. Mudei minha postura, assumi minha responsabilidade como dona deste negócio e, além de resultados, novas oportunidades surgiram. Desenvolvimento de equipes e lideranças para além do tema de Diversidade. Um novo mundo se abriu.

---

[1] Recanto Maestro é um distrito localizado nos municípios de São João do Polêsine e Restinga Seca (RS); um exemplo de colaboração entre as iniciativas privada e pública, de como a ciência, tecnologia e empreendedorismo podem contribuir com a região circunstante enquanto desenvolvimento econômico, ambiental, educacional, cultural e, sobretudo, humano.
Fonte: http://www.recantomaestro.com.br

Investi também numa formação de *Coaching* para conhecer novos métodos e ferramentas e aprimorar minha abordagem na área de desenvolvimento humano.

Aos poucos fui me posicionando, mas com o cuidado de manter minha liberdade para oportunidades inusitadas, porém coerentes com a minha essência e competência, sempre acreditando no que faço e entrego para o mercado. Tenho realizado projetos fantásticos em clientes fantásticos com parcerias fantásticas.

Ao longo da minha jornada, tenho acompanhado este grande movimento de empoderamento da mulher no mercado de trabalho, nos negócios e na sociedade. Como uma profissional que atua com a valorização da Diversidade, acredito que o *business* e a sociedade precisam muito destes 50% de talento existentes no mundo. Por isso, este movimento me alegra o coração e me faz ver maravilhosas perspectivas para o futuro.

No entanto, acredito numa equação um tanto desafiadora para que isso aconteça com coerência, consistência e constância.

A mulher precisa de oportunidade para fazer e autorresponsabilidade para fazer-se.

Como sociedade, já avançamos muito em comparação com nossa própria história. Hoje, como nunca, o mundo todo está muito disposto a favorecer o protagonismo da mulher. É um tema que está na concepção e implantação de políticas públicas em diversos países, é uma das grandes causas de movimentos sociais ao redor do mundo e tem conquistado espaço na pauta e nas ações de empresas globais que influenciam comportamentos em todo o planeta. No entanto, ainda temos desafios inadmissíveis. Mulheres ceifadas de todo o tipo de liberdade, sofrendo violência de inúmeras origens e vivendo em situações psicossociais desumanas. Tudo acontecendo neste mesmo mundo de oportunidades. É um grande paradoxo.

É para mim muito caro o movimento de desbravamento pelos direitos das mulheres que começou com as alemãs Clara Zetkin e Luise Zietz, no início do século XX e que continua no século XXI com mulheres como Malala Youzafzai, a jovem que foi baleada por lutar pelo direito de meninas a frequentarem a escola no Paquistão. Eu poderia aqui discorrer sobre tantas outras mulheres que, como elas, abriram e continuam abrindo caminhos para que possamos viver de maneira a contribuir para que este mundo seja um lugar melhor para todos. Sim, nós mulheres temos este poder.

Quando eu olho para minha realidade, compreendo e acolho este cenário de desafios com muita responsabilidade. Sinto-me uma pessoa privilegiada por ter liberdade e oportunidade de escolha, mas entendo que foram as escolhas que fiz que me levaram a conquistar e estar conquistando tanto. Compreendo e reconheço meu mérito, mas respeito e faço jus ao mérito de tantas mulheres que lutaram para que eu pudesse, por exemplo, estar aqui, escrevendo este capítulo. Por isso não posso e não devo errar contra mim mesma. A oportunidade me foi dada, devo honrá-la e fazer por merecê-la, a cada instante, por toda a minha vida.

Até aqui, nesses quase cinco anos de jornada empreendedora, tenho entendido que quase tudo depende de mim e o que depende de mim devo fazer sozinha. Tenho entendido que, no negócio e na vida, postergar é matar um tempo precioso que não tenho como recuperar. Tenho aprendido, também, que o meu problema é meu problema, portanto, sou eu quem deve resolvê-lo. Tenho aprendido a tomar para mim apenas o que é fruto do meu próprio mérito e que sempre devo ser honesta comigo mesma. Estas lições nem sempre têm sido frutos de um comportamento que me traz alegria e resultados. Por muitas vezes escorrego e levo comigo o meu negócio. É matemática consequencial.

Por fim, a mais importante lição aprendida até aqui é que

o desenvolvimento deve ser contínuo, infinito e que devemos amar saber disso e fazê-lo. A vida é movimento e nos convida momento a momento a fluir para evoluir. Se olharmos para dentro de nós com o amor que merecemos, aceitaremos todos os convites que a vida nos faz.

Estou concluindo a escrita deste capítulo dentro do avião a caminho da Europa, onde, dentre outras programações de estudo, participarei de um simpósio internacional na sede da ONU (Organização das Nações Unidas), em Genebra, cujo tema será *Formando Lideranças para o Desenvolvimento Futuro*. Não tenho palavras para descrever tamanha emoção por poder presentear minha mente, meu coração e minha alma com esta viagem, fruto de um trabalho árduo para me tornar uma empreendedora de verdade que não espera, vai lá e faz.

Tenho tentado com humildade, seriedade e coragem realizar a mim mesma e, por consequência, entregar para o mercado e para o mundo o que de melhor há dentro de mim.

E ao empreender meu negócio, com suas dores e delícias, tenho aprendido a empreender minha própria vida.

Que alegria!

UM LIVRO MUDA TUDO

CONHEÇA MAIS SOBRE A
EDITORA LEADER

REGISTRE seu legado

A Editora Leader é a única editora comportamental do meio editorial e nasceu com o propósito de inovar nesse ramo de atividade. Durante anos pesquisamos o mercado e diversos segmentos e nos decidimos pela área comportamental através desses estudos. Acreditamos que com nossa experiência podemos fazer da leitura algo relevante com uma linguagem simples e prática, de forma que nossos leitores possam ter um salto de desenvolvimento por meio dos ensinamentos práticos e teóricos que uma obra pode oferecer.

Atuando com muito sucesso no mercado editorial, estamos nos consolidando cada vez mais graças ao foco em ser a editora que mais favorece a publicação de novos escritores, sendo reconhecida também como referência na elaboração de projetos Educacionais e Corporativos. A Leader foi agraciada mais de três vezes em menos de três anos pelo RankBrasil – Recordes Brasileiros, com prêmios literários. Já realizamos o sonho de numerosos escritores de todo o Brasil, dando todo o suporte para publicação de suas obras. Mas não nos limitamos às fronteiras brasileiras e por isso também contamos com autores em Portugal, Canadá, Estados Unidos e divulgações de livros em mais de 60 países.

Publicamos todos os gêneros literários. O nosso compromisso é apoiar todos os novos escritores, sem distinção, a realizar o sonho de publicar seu livro, dando-lhes o apoio necessário para se destacarem não somente como grandes escritores, mas para que seus livros se tornem um dia verdadeiros *best-sellers*.

A Editora Leader abre as portas para autores que queiram divulgar a sua marca e conteúdo por meio de livros...

EMPODERE-SE
Escolha a categoria que deseja

- ### Autor de sua obra

Para quem deseja publicar a sua obra, buscando uma colocação no mercado editorial, desde que tenha expertise sobre o assunto abordado e que seja aprovado pela equipe editorial da Editora Leader.

- ### Autor Acadêmico

Ótima opção para quem deseja publicar seu trabalho acadêmico. A Editora Leader faz toda a estruturação do texto, adequando o material ao livro, visando sempre seu público e objetivos.

- ### Coautor Convidado

Você pode ser um coautor em uma de nossas obras, nos mais variados segmentos do mercado profissional, e ter o reconhecimento na sua área de atuação, fazendo parte de uma equipe de profissionais que escrevem sobre suas experiências e eternizam suas histórias. A Leader convida-o a compartilhar seu conhecimento com um público-alvo direcionado, além de lançá-lo como coautor em uma obra de circulação nacional.

- ### Transforme sua apostila em livro

Se você tem uma apostila que utiliza para cursos, palestras ou aulas, tem em suas mãos praticamente o original de um livro. A equipe da Editora Leader faz toda a preparação de texto, adequando o que já é um sucesso para o mercado editorial, com uma linguagem prática e acessível. Seu público será multiplicado.

■ Biografia Empresarial

Sua empresa faz história e a Editora Leader publica.

A Biografia Empresarial é um diferencial importante para fortalecer o relacionamento com o mercado. Oferecer ao cliente/leitor a história da empresa é uma maneira ímpar de evidenciar os valores da companhia e divulgar a marca.

■ Grupo de Coautores

Já pensou em reunir um grupo de coautores dentro do seu segmento e convidá-los a dividir suas experiências e deixar seu legado em um livro? A Editora Leader oferece todo o suporte e direciona o trabalho para que o livro seja lançado e alcance o público certo, tornando-se sucesso no mercado editorial. Você pode ser o organizador da obra. Apresente sua ideia.

A Editora Leader transforma seu conteúdo e sua autoridade em livros.